编译文库·马克思主义

郭刚 著

受江苏省社会科学基金资助出版
江苏省习近平新时代中国特色社会主义思想研究中心南信大基地

# 五四运动前赴日学人传播马克思主义研究

## Research on the Spread of Marxism by Chinese scholars who had been to Japan before May 4th Movement

中央编译出版社
Central Compilation & Translation Press

# 目 录

绪 论 ·········································································· 1

## 第一章 近代日本的日传西学与赴日学人的译介活动 ············ 7
第一节 近代日本的西学东传 ······································· 7
第二节 赴日学人的译介活动 ······································· 23

## 第二章 梁启超的"泰西社会主义" ····································· 34
第一节 "新民"视域下的社会主义思想引入 ················ 35
第二节 "麦喀士"与"社会主义"观 ···························· 44

## 第三章 同盟会学人的社会主义传译 ································· 53
第一节 孙中山"三民主义"中社会主义思想 ················ 54
第二节 马君武传译社会主义 ······································ 69
第三节 朱执信等译介社会主义 ··································· 77

## 第四章 李大钊的"马克思主义观" ···································· 83
第一节 李大钊的"马克思主义观"初露端倪 ················ 83
第二节 李大钊早期思想转型 ······································ 94

## 第五章 陈独秀的"马克思学说" ······································· 110
第一节 陈独秀的"马克思学说"最早来源 ·················· 110

第二节　陈独秀早期思想转型 ………………………………… 121

**第六章　20世纪初其他赴日先进分子传播马克思主义** ……… 133
　　第一节　赴日先进分子创办刊物传译马克思主义 …………… 133
　　第二节　李达、周恩来接受"马克思主义" ………………… 138

**第七章　赴日学人译介马克思主义的语境转换与思想转型** … 143
　　第一节　社会主义与进化思想：社会进化的近代解读 ……… 144
　　第二节　国民改造与国家建构：社会转型的问题意识 ……… 154
　　第三节　世界向度与中国特色：马克思主义早期中国化的历史
　　　　　　机遇 …………………………………………………… 167

**主要参考文献** ……………………………………………………… 176

**后　记** ……………………………………………………………… 190

# 绪　论

众所周知，马克思主义是以关注无产阶级解放乃至全人类发展为内容的政治思想主张，虽产生于西欧，却为全世界人民重视和崇尚。马克思、恩格斯毕生探索人类社会发展的"历史之谜"，以历史唯物主义为理论基础追求全人类的自由和解放，蕴含着引领人类文明前景的世界意义。正因为马克思主义理论贡献的"世界向度"，它才有可能被世界各国人民所认可和接受。

马克思主义早期传入中国的渠道主要有三条，分别是日本、欧洲和苏俄①，这是目前学术界一致的看法。这三条渠道承载着中国早期马克思主义传入的不同方式。若从传播源头上看，日本这条渠道最早，主要方式是赴日学人先接触了日文版的包括马克思主义在内的社会主义著述，而了解到马克思、恩格斯以及由他们创立的马克思主义学说，接着以创办报刊的形式将他们所接触或理解的社会主义学说带回中国。正如有学者指出的那样，五四前西方社会主义思潮涌进中国是源源不断的，于是人们有了广泛了解社会主义学说的机会，只是"包括对马克思、恩格斯创立的社会主义学说的了解几乎全部来自日语，或是欧洲语言原著的日文翻译，或是日语的社会主义著作"②，这是一个不可忽视的文化传播现象。20世纪初至五四运动的十余年内是中国社会大变动的转型期，也是报刊资料不断涌进的时代，大批的报纸杂志资料像潮水般涌入国内，开启了宣传新思想和引进西学新知的思潮。正

---

① 王刚：《日本语境下"学理的马克思主义"——兼论对马克思主义中国化的影响》，载《日本研究》，2009年第1期，第66页。

② [德]李博：《汉语中的马克思主义术语的起源与作用》，赵倩等译，北京：中国社会科学出版社2003年版，第79页。

是在西方思潮引进的过程中，马克思主义学说和理论文本也不同程度地被传播到中国；无疑，这些介绍马克思主义的报纸杂志很大程度上是途经日本辗转引进来的。对于这种历史事实，郭沫若的回忆能够佐证之，他曾指出"如果查阅一下文献资料，同样可以得出这一饶有兴趣的结论，即最先介绍马克思主义的是日本知识分子"①；而且，他坦言自己就是读 Kawakami Hajime（河上肇）的书才逐步了解到马克思。

历史已证实，马克思主义传入中国后引起了极大的思想启蒙和社会变化，包括中国共产党的创立以及之后中国革命的向前推进。那么，立足于那个时代，考察包括马克思主义在内的西学主要由何人和何种形式传入，以及这些人的思想受到何种程度的影响，还有他们的思想对中国近代思想启蒙有何意义，尤其是与早期马克思主义中国化的内在联系和发展轨迹如何等问题，对这些问题作出实证性的研究有着意义深远的历史价值。大量史料证明，赴日中国学人②（尤其是 1898 年至 1918 年期间）回传的日译西学③及其他们思想的转变为马克思主义中国化（潜在于中国思想的近代转型中）提供了丰富的思想资料和起到重要的促进作用。若想探究中国赴日学人传播社会主义、马克思主义活动，必须将马克思主义早期传播放在日译西学的大视域和语境中，通过确定为广泛"新知"的身份被译介，但不是直接的传播对象，也没有确定为唯一的传播刊物，而是考察不同刊物在经过不断选择、比较、筛选的过程中是如何认识社会主义或同情社会主义或迎拒社会主义等的译介活动，分析对社会主义思潮、组织和运动等传播的侧重点不同状况，形成合于各个学派或流派的传播方式、手段和目的，进而以赴日学人的思想变化为契机，探究日译西学新知逐渐被国人了解、同情与接受的过程。这一过程着重体现在

---

① ［德］李博：《汉语中的马克思主义术语的起源与作用》，赵倩等译，北京：中国社会科学出版社 2003 年版，第 80 页。
② 简称"赴日学人"，主要指赴日本求学的留学生（主体部分）、流亡日本的人士（如梁启超、孙中山以及一大批革命志士等）。
③ 此处"日译西学"主要指日本近代学者所翻译、编译、介绍西方学术和思想的论著，也包括他们深受西方学术思想影响而有的西学精神（具体可参见徐水生的《日译西学与中国哲学的近代转型——以居日期间的梁启超为中心》，载《武汉大学学报》（人文科学版），2010 年第 6 期；以及郭刚的《论梁启超汲取日译西学的启蒙思想——以进化论和民权说为例》，载《理论月刊》，2006 年第 3 期）。从广泛意义上说，日译西学还是日传西学，包括一切传入日本的西学书籍。

以下几点。

首先，日译西学新知不断吸引中国学人赴日从事译介活动。

19世纪60年代，日本为摆脱严重的民族危机，明治维新时期的新政府一方面不断派人到西方国家进行实地学习；另一方面在国内鼓励革新，大规模引进西方思想和翻译西方著作，推进了社会制度改革。对于明治维新时期的日本译介西学状况，张之洞曾感慨："至各种西学书之要者，日本皆已译之。"① 这一现象也表明，日本"文明开化"后的译介西学书籍所涉及的范围广、内容新和数量大，这些书籍如同潮水般地涌进日本国内，起着启蒙思想的重要作用。这从两个维度能够感受到西学涌进的浪潮：其一，西方思想名著被大量翻译出版，如穆勒著、中村正直译的《自由之理》，斯宾塞著、松岛刚译的《社会平权论》等二十余种。其二，日本学者编著或自著的介绍西方哲学思想的论著出版，如中江兆民编译的《理学钩玄》、浮田和民的《帝国主义》和幸德秋水的《二十世纪之怪物帝国主义》等。日本思想界正是在明治维新时代掀起了大规模引进西学活动，而且顺应国家崛起之时逐渐出现各种思潮涌动。这些恰恰给中国赴日学人打开了视野，引领他们效仿日本思想界从事翻译、出版活动，自觉地通过以西学传播的方式来启蒙国人思想和振兴国家。比如，赴日学人先后创办了《清议报》《新民丛报》《民报》等报刊，成立了湖南编译社、国学社、文学社等各种社团，其宗旨在于引进西方先进的思想（西方哲学文化为主），来应对时代的需要。值得一提的是，其中的思想家们渐渐打破"东夷"之偏见，主动向日本思想家（福泽谕吉、中江兆民等）进行学习、借鉴。最为显明的要算日本"西化"式的启蒙思想大大影响中国哲学思想（家）的转向，如福泽谕吉的"文明论"和"独立自尊论"、加藤弘之的"进化哲学"以及贺长雄的"宗教进化论"等，对梁启超的"文明进化论"、李大钊的民彝思想等形成有着直接的借鉴作用。

其次，赴日学人汲取日译西学后能够主动融入世界哲学的对话之中。

赴日学人通过日文本系统译介西方文化，并吸收欧美的近代思想，包含孟德斯鸠的《万法精理》（即《法意》）、卢梭的《民约论》（即《社会契约

---

① 张之洞：《劝学篇》，郑州：中州古籍出版社1998年版，第128页。

论》)与《教育论》、斯宾塞尔的《政治进化论》与《社会平权论》等,这些对中国学人具有极大的启蒙作用。中国学人也对这些文化进行改造和融合,综合创新了具有自身特点的中国近代哲学范式,如梁启超的"新民说"、孙中山的"物质文明和心性文明相待"和李大钊的"青春哲学"等。而且,这些思想家在引介和整合中不仅直接与西方"巨人"(如培根、笛卡儿、卢梭、霍布斯、孟德斯鸠、达尔文、斯宾诺莎、康德等)进行对话(如加以评论),而且由传统的天人关系、体用关系、理欲关系、知行关系等转向了进化史观、现实主义、个体生存哲学、科学精神的真理论、实践唯物论等问题意识探讨,直面中国近代思想出现的难题与转向问题,有着立足于世界现状,解决中国现实问题的历史重任。这种跨文化的融合形式标志着中国哲学初步与世界哲学相遇、交汇了。

最后,马克思主义的引入逐渐孕育出早期马克思主义中国化。

五四前的日译西学是汹涌澎湃的,引介了形形色色的西方思想文化以及社会主义思潮、组织和运动等,马克思主义正是在社会主义学说传播过程中被很早地引进到中国。赴日学人早期对马克思主义译介和研究曾影响着部分人的思想转向,并逐渐有了"马克思主义观"的形成、"马克思主义者"的身份诞生以及参与实际的社会活动。如,李大钊由起初的"青春哲学"转向"马克思主义观",陈独秀由早期进化论思想与"现实主义"相联系转向对"马克思学说"进行研究,李达在日本极短时间里大量阅读和介绍马克思主义学说,包括唯物史观、剩余价值学说以及与阶级斗争相关的理论书刊,并翻译出版和发表了相关著作和论文,为以后成为一名马克思主义者打下了较为扎实的理论基础。此外,像李大钊、陈独秀、李达等人参加了日本早期的马克思主义传播以及"社会主义研究""社会主义协会"等活动,积累了宣传和参与"社会主义"实践活动的经历。

需要指出的是,在对五四前赴日学人传播马克思主义的研究中,有两点值得重视。

其一,考察赴日学人的思想转变是理解马克思主义传播以及转向马克思主义者的重要参考依据,为洞悉马克思主义中国化的历程提供了时代化的思想基础。赴日学人综合创新的具有自身特点的思想范式虽然体现着自身的思想抉择发展历程，但他们无不以进化论作为思想武器，并用进化的眼光以西方新学来解决中国实际问题。然而，他们对西学新知的态度不尽相同。梁启超居日期间更多以博纳的态度在极短时间里以《清议报》和《新民丛报》为主阵地传播和汲取日译西学，而孕育出"新民说"与自由功利观，对马克思和社会主义持有同情的态度；孙中山接触西学较早且相对持久，所创立的"物质文明和心性文明相待"和"三民主义"是参照西方文化且融中西文化于一体，不仅赞誉社会主义思想，而且汲取马克思主义学说；李大钊的"青春哲学"和陈独秀的"进化思想"更是迎合时代进步而积极汲取日译西学的理论结晶，为日后接受马克思主义奠定基础。可以说，没有这些学者的思想转变，无法清楚呈现马克思主义传播的来龙去脉，也无法勾勒出早期马克思主义者的心路历程和历史痕迹。

其二，赴日学人对社会主义认识与解释为早期马克思主义中国化奠定了基础。明晰马克思主义传入中国过程中的各种传播形式、不同内容和接受程度，以及译介者的理解能力、评判分析和行动反应，能够为早期马克思主义中国化的传播理路和心理进路提供相对清晰的脉络。清末民初，包括马克思主义的社会主义思想引进有三种形式：一是作为西学中的一种学说被译介的，梁启超等人基本上是用这种形式的①；二是以探索中国的出路而被输入的，马君武、朱执信等同盟会学人大都采取这种形式；三是直接作为指导思想来引进的，如五四运动前的李大钊、陈独秀、李达等。其中，梁启超、朱执信等人零星地对社会主义学说以及马克思主义进行介绍，为马克思主义中国化提供了初步理论基础。应该看到，中国早期马克思主义的传播不是一帆风顺的，而是经过了筛选、鉴别到最后定夺的艰难抉择的历程。最初，知识分子们纷纷在各种刊物上介绍多种社会主义流派，传入了马克思主义、国家社会主义、无政府主义、基尔特社会主义、新村主义、泛劳动主义、合作主义、社会民主主义等思潮，打起形形色色的社会主义旗号，呈现出杂然纷呈的历史现象。随着客观现实的急剧变迁，尤其是俄国十月社会主义革命的胜利，

---

① 参见郭刚：《中国早期马克思主义的传播——梁启超与西学东渐》，北京：人民出版社2010年版。

为当时中国先进知识分子选择西学提供了有利的、互为比较的平台,其中有一些人慢慢认清科学社会主义,最终选择了马克思主义。这里,李大钊、陈独秀最具代表性。他们信仰马克思主义是由综合的历史因素促成的,有着社会环境、历史文化、个人因素等的合力机制,最终从一个有着资产阶级民主主义性质的学者转变为马克思主义的战斗者,这是他们不断追求西方先进思想的结果。虽然说赴日学人对马克思主义的传播已成一定规模,但这并不意味着他们一旦接触马克思主义学说便能转向成为马克思主义者,事实上是只有极少数人通过传播、学习、践行的过程,逐渐接受马克思主义学说,深受马克思主义思想"感染",且历经时代洗礼,最终成为坚定的马克思主义者。

# 第一章　近代日本的日传西学与赴日学人的译介活动

19世纪末至20世纪初的这一时期内，西方文化源源不断传入中国主要是以日译西学的形式。此时期的日本正在掀起西学东传的热潮，像进化论思想、自由民权思想、无政府主义、社会主义思潮、马克思主义学说等如春水般涌进国内。这些西学思想又通过赴日学人的译介活动，以日译西学的形式传入到中国。

## 第一节　近代日本的西学东传

近代日本的日译西学是与明治维新后走资本主义现代化这一运动相关，体现在新政府以改革政治、经济、文化思想各方面为内容，其中将积极引进西方的哲学、政治、历史、法律、教育等启蒙思想作为一大特色。日本向西方学习的内容包括技术、制度和文化，尤其是善于吸收外来思想形成本民族的文化意识，表现在推进近代化的进程不得不积极传译西方文化思想而作出了合于自身特色的选择性摄取，有着跨文化知识的转换和合于时代特征的新思想生成机制。起初，日本知识阶层的少数人出于求知欲以及对外来知识文化的好奇，特别对接触的新学知识需要转换成新词时，开始尝试做出汉字新词创制的工作。鉴于此，新词的创造和翻译便成了必不可少的一环，相关的大量新词就被创造出来。和制汉语作为社会变革的基础环节，在构建日本新的政治、经济、社会文化等方面充当了重要的角色。明治维新时期，日本引进西学新知是广泛的，如第一代启蒙家的西周、福泽谕吉、加藤弘之、津田真道等人，仿照早期兰学学者的造词法，开始创译新词汇，并展开大规模翻译活动。造词的本源是借助于汉语的原意，创意出合于西方本义的概念，如"生造"出了像文化、文明、哲学、美学、科学、国家、民族、社会、革命、民主、自由、法律、宗教、封建、阶级、经济等一大批新造汉语词，涉及像哲学、社会学、政治学、经济学、法学、宗教等不同学科。

## 一、明治政府的文明开化与学界译介西学团体的成立

明治维新是一次日本人民反封建反殖民压迫的具有资本主义性质的近代民族与民主运动，是日本实现近代化的源动力，它的成功揭开了日本近代史的新篇章。明治政府以实现日本民族的独立富强并建成现代化的国家为目标，通过实施三大改革政策，推行了以"富国强兵""文明开化""殖产兴业"为内容的三大国策，在政治、经济和文化等多领域采取一系列的革新鼎故措施。在政治上，保证国民的政治自由，彻底推翻封建幕府统治；在经济上，通过引进外资，发展工商业，扶植一些与政府有特殊关系的"政商"，确保日本经济快速良性地发展；在文化上，天皇向国民宣布有利于文化发展的五条御誓文，其中的第五条"求知识于世界，大振皇国之基础"，是主张学习西方的科学技术知识和思想文化，并通过兴办教育事业来提高全民族的文化水平，培养各类人才。这种把输入西学与振兴国家相提并论的举措，使得西学输入得到迅猛的进展。在明治政府"求智识于世界"的文明开化政策的推动下，以奖赏留学生的形式推动一大批学者出洋留学①，学成归国后则成为明治初期的核心人物。而且，明治政府还大力褒奖海外学者回国宣演和讲课。这样，回国日本学者大量地宣传资本主义思想，掀起近代性的启蒙运动，从而推动了近代化的进程。文明开化的政策也使得全国各地的报刊应运而生，译介西学成为理所当然之事，这样能够带来大量的西方自由民主思想就不足为奇了。经过很短的时间之后，日本不但在国力上得到空前的增强，一跃成

---

① 幕府末期，由幕府和各藩派遣的留学生共计不过100多名，而明治元年到七年共派留学生人数猛增到550名。

为能与西方列强相媲美的经济强国,而且在西学输入方面由最初是经过中国学习西方(汉译日式的输入西学)的方式,进而转向为中国通过日本学习西方(日译汉式的输出西学),于是来了个大逆转。这不能不说日本在接受新事物的态度上是积极的,以新思想推动社会进步是明显的。

明治维新是成功的,其中思想界功不可没,这主要表现为思想界人士的译介西学活动在于新政府的支持,同时反过来又对新政府的合法性起到了推波助澜的作用。在此良性状态的环境下,新建成的政府以最大限度的实惠政策为学术思想界提供了自由发展的空间。日本思想界发展在明治时期是一场波澜壮阔的改革,大体经历了由启蒙阶段到自由民权阶段再到帝国主义理论兴盛阶段的三个递进过程。所谓的启蒙阶段主要是指"启蒙期"而言的,这一时期的思想家大都因参加"明六社"①,被赋予了"明六社"为启蒙阶段的代名词。日本早期启蒙运动虽然时间短暂,但其中的一些代表者成为影响后世的关键人物,如福泽谕吉、加藤弘之以及中村正直等,他们的影响力在于将原本打下的深厚汉学功底与西学新知相杂糅,形成拥有"百科全书派"启蒙思想家的称号,代表着明治初期知识分子的文化进步象征"符号",是一群"唯一值得夸耀的启蒙"学者②。这些启蒙思想家不遗余力地介绍西学,将西方各个时期的思想不同程度地引进到国内,尽管内容庞杂,但主题相对明确,那就是以自由意志为鹄的,目的在于唤醒日本国人的思想觉醒,核心在于个体意识和民族意识,旨在通过推翻封建专制而获得个体自由和摆脱西方列强的压迫而实现国家崛起和社会进步。自由民权阶段是推进明治政府继续完成社会改革进程的政治运动,主要指继"启蒙期"之后的70年代至90年代出现的自由民权思想阶段,接着以掀起高涨的民族民主运动为标志,代表性的人物为植木枝盛、中江兆民等思想家。他们继承启蒙思想的精神,着重于西方民主政治的深入探讨,力争对个人的价值的确认,将争取个人的自由民权为己任。故而,西学新起的像英国自由主义思想和法国激进民主主义思想以及生发出的学派和代表人物,成为"自由民权"主要思想的来源。与

---

① 1873年7月建立,1875年11月因《明六杂志》的停刊而解散。
② [日]近代日本思想史研究会:《近代日本思想史》(一),马采等译,北京:商务印书馆1992年版,第38页。

此同时，欧美资本主义国家由最初的原始积累已相继进入到以资本输出为特征的资本——垄断资本主义阶段，与英法激进思潮相对立的德国学派，是西方兴起的坚持国权优先的国权论者，强调国家凌驾于社会之上的国家利益至上，也被引进到日本国内。必须承认，日本的帝国主义理论兴盛阶段是与日本思想界转向倡导国家利益、民族利益和集体利益至上有着紧密的关联性，从而解读了一种历史事件与思想产生互为谐调的合理解释。但这种解释内含着多元性的历史现象，既有主流社会思潮，又有非主流社会思潮，还有潜在的社会思潮，等等；在某个历史时期，帝国主义理论成为日本主流社会形态的社会思潮，是与日本社会发展有着相一致的历史标志，然而也出现了与之不相匹配的社会思潮，如社会主义、基督教和平主义运动的历史现象，见证了历史的合理性与合法性之间的不平等现象。作为人类社会未来发展前途而言，社会主义要比帝国主义更具合理性，但在当时的日本却不合法。深受日本政府欢迎的是日本帝国主义的国家主义思想，代表性的人物有德富苏峰、浮田和民等帝国主义理论家。尤其是甲午一战的胜利，整个日本逐渐被狂热的民族主义气焰所笼罩，西方的国家主义思想被德富苏峰等人大力引进和宣扬，国家民族至上性学说一时占据着日本思想界的制高点。这样，日本思想界在短短二三十年里出现了像国家主义、社会主义、基督教和平主义、帝国主义等理论，且风靡于日本国内，不无道理地说，其与整个世界思潮相一致。

与此同时，随着日本开始步入帝国主义阶段，随着日本工业经济不断发展和壮大，工人人数也逐渐增多，但工人的待遇却每况愈下，于是工人运动便此起彼伏地发展起来。幸德秋水将日本工人罢工现象视为社会主义运动的开端，认为在"日中甲午战争一告结束"后就开幕了①。实际上，日本工人阶级如同马克思所描述的在资本家剥削和压迫下处在恶劣的劳动条件中，从事着强度过大的劳动；针对工人悲惨的处境，工人自发掀起争取自身权益的运动，标志着工人运动的迅速发展。由于工人阶级是一群被剥削压迫最深的弱势群体，在面临强大的资产阶级时，展示出力量的薄弱性，决定

---

① [日] 近代日本思想史研究会：《近代日本思想史》（二），李民等译，北京：商务印书馆1992年版，第60页。

了不可能在短时间内对资本主义构成"威胁",争取所谓的权利是极其有限的;更为重要的是,工人阶级反抗资本家的斗争是一种无组织、无领导、自发的运动,进而需要以社会主义理论为指导,催生出有着研究性质的组织来领导工人运动。1898 年,社会主义研究会的成立,开始讨论"社会问题""劳动问题"等话题,代表人物有村井知至、安部矶雄、片山潜和幸德秋水等,他们以解决现实问题为导向,将"研究社会主义原理是否适用于日本"作为行动方案①。他们的行动是以"社会主义宣传旅行"为形式,在日本国内开展全面地普及社会主义思想的实际社会活动,是将社会主义理论与工人运动相结合的新尝试作为体验标准。在轰轰烈烈的国内宣传形势下,一大批先进知识分子,最具代表性的是启蒙民权思想者,逐渐认识到社会主义的"优势",不少人纷纷申请加入社会主义阵营之中。故而,经历"明治维新"洗礼后的日本思想界(人士)是空前活跃的,不只是将产生于 19 世纪中期的马克思主义在日本进行宣传,还开启了理论与实践相结合的新篇章。20 世纪初,日本不仅社会主义思想的传播阵地,而且组建了社会主义政党组织,如"社会主义研究""社会主义协会"等组织,在理论方面专门研究社会主义学说,在实践方面领导劳动工人运动以寻求解决日本的病态,点燃起日本社会主义运动兴起的火焰。

由上所述,明治维新时期的各种各样西方思潮不断地涌入日本,并影响着日本社会的走向与发展,不仅完成了国家整合和社会形态更替,包含着建成了一个民族独立的国家,走向了资本主义道路,而且西学新知不断传入,各种新思潮涌动,民众思想觉醒,民族精神振作。

## 二、译介西学概况

明治之前,日本人对西学的引进主要有两种形式:一种是通过汉译西学书籍的形式,另一种是以学习"兰学"的形式引入西方的先进知识。幕末时期的日本"为了要输入、吸收西洋文化而翻刻、训点,假助汉译本,即从中

---

① [日] 近代日本思想史研究会:《近代日本思想史》(二),李民等译,北京:商务印书馆 1992 年版,第 62 页。

国而摄取近代西洋文化",那时,"几乎有一本汉译西洋文化的书籍,不久在日本就会有翻刻本式训点本出版"①。与此同时,日本还将"兰学"作为学习西学的工具,以便学习西方近代思想和科学技术。素有"近代哲学之父"之称的西周于1862年受德川幕府派遣,与津田真道一起留学荷兰,旨在于通过"兰学"来汲取西学新知。在荷兰,西周不仅接受了孔德的实证哲学,而且认可穆勒和边沁的功利主义主张,还学习了康德等西方哲学家的哲学以及进化论之类的科学思潮。他三年后回国便从事着启蒙思想活动,大量介绍了西方哲学(尤其实证主义哲学),对移植西方哲学做出巨大的贡献。正因为西周引介大量西学来发起思想启蒙,鼓动起日本民族的时代精神,他也被誉为日本近代启蒙思想家的第一人。这一贡献主要表现为,他不仅打破了佐久间象山所说的"东洋道德,西洋艺术"的"洋学"阶段,在德川幕藩体制的学术中走出来,开辟出启发新时代的思想,而且在传播西方哲学之时,他还创译了大量的外来词汇。此处的"创译"是指西周在译介西方哲学范畴时融合了中国古代哲学思想,创造出中西合璧而意蕴深厚的像"哲学""理性""物理""心理"等词汇;这些创译词汇不仅是开启了日本近代哲学范畴的清晰化时代,而且为中西思想的交流以及中日近代化的进程做出了积极贡献②。在近代日本的启蒙思想初期,西周是最值得称颂为"百科全书"式的哲学家,在所传入的西学中还包含有社会主义和共产主义思想,其中的《社会党论之说》记载着共产主义、社会主义和无政府主义等思想,这些都为日本哲学转型与发展以及亚洲哲学的发展作出了开拓性的贡献。

然而,"汉译西学"和"兰学"的引进并非是持久的,伴随着外患的加剧,幕府不得不派遣国内人士到欧美各国进行考察、学习,更大规模地广泛引入西学。丸山真男对幕末维新引入西学描述为"急剧的、单方面的(输入过超的)文化接触",呈现出"西洋文化从大开的闸门奔涌而进",并把这种现象视为"后进国"学习"先进国"而接触外来文化的特殊方式,凸显出了

---

① 汪向荣:《中国的近代化与日本》,长沙:湖南人民出版社1987年版,第23—24页。
② 徐水生:《中国古代哲学与日本近代文化》,北京:文津出版社1993年版,第33—37页。

知识分子承担起的历史责任①。在西学文化涌进的浪潮中，"明六社"的成员充当了历史的主角，他们大部分接触过"兰学"，随后又学习了其他各国知识，而承担了思想启蒙的历史使命。由于他们都富有汉学修养，且基本上能够通过传统的儒佛思想来理解和接受近代西方新思想，故"明六社"被称为日本的"百科全书派"。此学社的思想家们结合当时的社会政治问题，创办《明六杂志》，主张"以其卓识高论，唤醒愚氓，树立天下的模范，以不负识者的期望"启蒙国人②，从而大量介绍了西方新知。他们对西学的接触与传播极其广泛，遍及了政治、法律、经济、历史、宗教、自然科学等各方面。譬如，明治初年的加藤弘之翻译了《国法泛论》，是对"天赋人权思想"有力的宣传，也是传播德国国家主义思想的开端；津田真道对西方的人权平等观作了热情的歌颂，引入了"四民平等"的思想，在日本国内得到极大的普及；中村正直对西方的自由观进行了广泛的传播，于1871年翻译的斯迈尔斯的"Self Help"（题名《西国立志编》）和穆勒的"On Liberty"（题名《自由论》），成为明治前期日本国内启蒙最广的畅销书。梁启超对中村正直的启蒙思想给予很高的评价，认为他是"维新之大儒"，"尝译英国斯迈尔斯氏所著书，名曰《西国立志编》，又名之为《自助论》"，对振起日本国民的志气，尤其对日本青年树立自立自重的志气，是"功不在吉田西乡下矣"③。可以说，梁启超的社会启蒙思想中"开民智"是深受中村正直等日本学者影响，对包括《自助论》在内的日译西学进行热情颂扬，陆续在《新民丛报》上翻译发表，传播国内来启发民智。

据日本学者江村荣一的研究调查，津田真道留学法国时所记录的课堂笔迹于1868年整理出版，名称为《泰西国宪法》，书中已经使用了"人权、国民的权利、民权、私权、公权"等日译西学概念。在津田真道看来，相对于国家，居民所具有的通权，即国民的权利包括：第一，人身自由权；第二，

---

① ［日］丸山真男：《福泽谕吉与日本近代化》，区建英译，上海：学林出版社1992年版，第14页。

② ［日］近代日本思想研究会：《近代日本思想史》（一），马采等译，北京：商务印书馆1992年版，第45—46页。

③ 梁启超：《自助论》，《饮冰室合集》专集之二，第16页。

住所不受侵犯之权；第三，自由活动权；第四，集会结社权；第五，自由思索、发表言论和出版物之权；第六，自由信仰以及参加宗教活动之权；第七，书信秘密受尊重之权；第八，自由支配其所有物的权利；第九，法律上众人平等之权；第十，所纳租税应以家产贫富为基准；第十一，请愿权；第十二，与国家所订契约，让国家信守之权。以上列举之权就是津田真道所认为的"私权"等于"自由之权"，也就是他在接受了法国教授 Fissering 的教义后，把所理解的"人权"等于"自由权"进行了简要总结后的内容。津田真道还把国民的"国政参与权"定为民权，同时为了与以上所列举的私权相对应，他把这种权利称为"公权"①。如此，津田对西学自由人权精神作了广泛意义的传播，并给予进一步的诠释。

与津田一样，加藤弘之在1871年出版的《国体新论》中也认为民权是"公事上的自由权"，把津田上面所列的十二条当作是天赋自由之权，看成为私事上的自由权。加藤弘之以这种天赋的自由权为出发点，结合日本国内的实际现状，并以质疑的口吻指出："我辈民众与天皇属同等人类，亦应成为拥有自己之思想，自由精神之人，何故要放弃自己之思想、自由之精神？岂有只把天皇之思想当作自己之思想的道理？如果只把天皇的思想当作自己的思想，那与牛马还有什么不同？"② 以历史为契机，明治时期民权论者所提出的要伸张民权，不只是因为它是人民的权利才应该得到尊重，同时还有一个不可忽视的"外患"的原因，那就是"欲巩固国家之根本，需先从伸张民权开始"，正如"只有弘扬民权之天道，国家才有可能走向富强"，是把民权看作实现国权伸张的手段③。这样，借助西学精神，通过倡扬民权来伸张国权，从而达于强民富国和抵御外强的目的。可以说，这是明治时期启蒙思想家们的共同愿望。

不无夸张地说，日本启蒙思想家们的先驱作用有着"维新之首功"的风范与影响力。值得一提的是，福泽谕吉曾被梁启超赞誉为"日本西学第一之

---

① [日] 江村荣一编：《自由民権と明治宪法》，吉川弘文馆1995年版，第9—12页。
② [日] 加藤弘之：《国体新论》，见植手通有《日本の名著》34，中央公论社，昭和56年版，第404页。
③ [日] 松尾章一著：《自由民権思想の研究》，日本经济评论社1990年版，第34页。

先锋"和"一时之泰斗",是由于有"日本演说之风,始于福泽谕吉氏"①的看法。在梁启超看来,福泽著书数量诸多,特别以输入"泰西文明思想为主",这样,"日本人之知有西学,自福泽始也;其维新改革之事业,亦顾问于福泽者十而六七也"②。福泽谕吉发表的《文明论概略》更是引起很大的反响,主旨强调"主权在民"的"社会契约说"。而且,福泽还是日本最早提出国权概念的人,所著的《分权论》对"国权""政权""治权"等概念作了详尽的阐释。对于日本早期的启蒙思想家,梁启超大都以崇敬的态度推崇之,还视加藤弘之为"德国学派之泰斗",承认自己"夙爱读其书",乃是由于其思想"影响及于日本学界者甚大"③。

在日本思想界中,自由民权思想家们的言论与口号和行动紧密相关,表现为思想与行动相辅相成。从日本思想家们所使用的西学中有关"民权""民约""平等""自由"等字眼来看,就可以明晰西学新知的自由思想被译介概况。如作为民权思想古典式的,不仅有英国的边沁、穆勒、斯宾塞为代表的功利主义和自由主义,而且有以卢梭为代表的共和思想。关于日本自由民权思想家们,中江兆民是对西学传播贡献最多的学者,其中以《理学沿革史》《民约译解》在学术界影响最深远,他本人也享有"东洋卢梭"的美称。不难看出,西方自由民权思想是在明治维新之后被大量译介到日本国内,使得日本国人不断接触西学新知,思想渐趋开放,这时期的思想家是以中江兆民、中村正直、加藤弘之等人贡献最具。但由于日本引入西学的渠道不同,加上思想方面的接受程度差异,日本思想界可大致分为三种思想趋势,即以福泽渝吉主张宣传个人的独立自尊与自由为代表的英国功利主义思想,以中江兆民重视天赋人权和平等观念为代表的法国自由主义思想,以及加藤弘之重视国家政体为代表的德国国家主义学说④。将这三种代表性的思想放在明治时期后的历史进程中考察,不难发现,日本思想界对法国启蒙民权思想最

---

① 《传播文明三利器》,《饮冰室合集》专集之二,第41页。
② 《论学术之势力左右世界》,《饮冰室合集》文集之六,第115—116页。
③ 《加藤博士天则百话》,《饮冰室合集》专集之二,第92页。
④ 王克非:《中日近代对西方政治思想的摄取》,北京:中国社会科学出版社1996年版,第64页。

为欢迎，且对国民影响力较大、相对持久。日本人冈本监辅在1879年著《万国史记》一书，专门提到了孟德斯鸠、伏尔泰和卢梭等西学"大儒"，认为"时有孟德斯鸠、伏尔泰、卢梭等诸大儒，各著书排击政治，主张自主之说，欲以抑君威、伸民权，读其书者，无不激昂奋励，以生一变旧政之心"①。关于引进西学改变民风之事，拥有"东洋卢梭"之美称的中江兆民不得不提，他撰写的《民约译解》是在当时日本最为详细传播卢梭的民权思想，随而带来日本的"民权之说泛滥"②，也由此引起自由民权运动逐渐达到高潮。纵观历史可鉴，"民权之说"一直延续至陈独秀创办的《青年杂志》之时，一些仁人志士仍是热捧着法国思想。

总的来说，明治维新之后的日本国内传播西学是盛况超前的。梁启超在《论学日本文之益》一文中对这一情景介绍为："日本自维新三十年来，广求知识于寰宇，其所译所著有用之书，不下数千种，而详于政治学、资生学、智学、群学等。""虽不无欠缺，然其大端固已粗具矣。"③ 不无道理地说，近代日本对西学的传播是极为广泛的。正是立足于这样的历史背景下，清末民初的赴日学人，尤其是梁启超、章太炎、李大钊、陈独秀等，受到的影响是巨大的。他们不但"思想为之一变"，而且对西学的传播也丰富多端。

### 三、日本社会主义团体与马克思主义的传播概况

关于日本社会主义团体的成立与社会主义思想传播，可以从历史维度上给予窥探。据文献可知，日本社会主义思想最早被传入国内是与"文明开化"分不开的。马克思主义是代表着无产阶级和广大劳动人民的最根本的利益，自19世纪40年代创立以来在实践中不断丰富、发展和完善无产阶级思想体系，并于19世纪六七十年代先后建立德国社会民主党、法国工人党和美国社会主义工人党，标志着马克思主义走向理论与实践相结合的历史进程。

---

① ［日］冈本监辅：《万国史记》卷十，上海申报馆仿聚珍版印，第17页。转引自熊月之《中国近代民主思想史》，上海：上海人民出版社1986年版，第303页。
② 《东海公来简》，《新民丛报》第十三号。转引自熊月之《中国近代民主思想史》，上海：上海人民出版社1986年版，第305页。
③ 《饮冰室合集》文集之四，第80—81页。

受文明开化的影响，社会主义学说传入日本是一种必然的选择。回溯历史，加藤最早于1870年介绍关于共产主义与社会主义学说的异同，在他的《真政大意》一书中提及了"两种经济学说大同小异，都主张消灭私有财产，将在政府帮助下，解决贫富悬殊的问题"，但他话锋一转，却认为二者对社会治安是"最为有害的制度"①。西周在《百学连环》也提及"社会主义运动"有着打破社会现状、实现社会变革的主张，与加藤一样是以维护新政权的姿态提醒政府"防患于未然"的。虽然日本知识界、思想界以打着"自由民主"的幌子来维护"现实"政府——他们是一群现行制度下的既得利益者，但他们倡导的天赋人权学说和自由主义着实起到国民思想启蒙的作用，尤其是劳动者们在社会斗争和实际生活中对社会主义持有相当的同情和理解，这样通过新闻、文章等传播途径，"社会主义""社会党"等新词汇逐渐地被日本民众所熟知。作为民权自由运动代表之一的中江兆民着重关注了国民争取民主自由的要求，翻译了西学中的社会主义思想，如《近世社会党之沿革》《社会党之主义》《社会党论》等译文，是将科学社会主义、空想社会主义、拉萨尔社会主义等形形色色的社会主义学说介绍给国人。随着日本国内形势的变化，明治政府所倡导的走向富国强兵之路，实际上是以牺牲民众的利益为代价的，于是引起下层民众以争取改善生活为口号的斗争，随而带来国内社会矛盾。这样，有着关注和同情下层民众的知识分子开始寻找西学中为劳动者阶层代言的思想理论，于是一些知识分子开始接受社会主义主张，并组织成立政党和大量宣传社会主义平等理念。1882年5月樽井藤吉组织成立了日本历史上第一个以社会党命名的政党——东洋社会党，宣扬社会平等，主张实施贫民救济，呼吁贫农阶层团结起来争取公共福利。1887年，"社会主义"一词的频繁出现标志着社会主义思想的流行开来，《国民之友》首期便开始连载亨利·乔治的文章译文，频繁引用"社会主义"②。随后，1892年佐藤勇作与酒井雄三郎等自由党左派人士成立社会问题研究会，1896年布川静渊等人成立社会学会，同年中村太八郎和木下尚江等人创立平等会，主旨

---

① 赵行大：《马克思主义在日本的传播及其特点》，载《日本问题研究》，1995年第5期。
② [美]陶慕廉：《战前日本的社会民主运动》，赵晨译，北京：中国友谊出版公司1987年版，第24页。

是关注劳动者和社会问题，标志着社会主义的组织团体相继成立。虽然这些组织团体成员的思想混杂，解决社会问题尚停留在改良阶段，但是对日本社会主义传播起到不小的影响力，尤其是社会主义在社会民众中的广泛被了解，标志着逐渐走进国民心理。

  19世纪末至20世纪初，日本社会主义思潮兴起，且涌现出一批同情工人运动的报刊，如《每日新闻》《万朝报》《社会新报》等，以及对工人运动产生重要影响的社会主义著作，如《现时之社会主义》《社会主义》《近世社会主义》《社会主义神髓》等，为社会主义运动创造了思想和舆论条件。村井知至认为，"现今社会之问题，虽占多数，要起于贫富二阶级之悬隔而已"，其根本原因在于"私有资本"，社会主义发展的目的就是废除资本主义私有制，"变资本之私有为公有"①。幸德秋水也指出，"'把一切生产资料从地主、资本家手中剥夺过来，移交给社会人员公有'，换言之，即消灭地主、资本家这个不劳而获的阶级，这就是'近代社会主义'"②。这一时期，日本掀起了新一轮发展工业的浪潮，工厂数量和个人人数都迅速增加，劳资双方因增加工资等问题所引发的冲突越来越多，引起的社会问题和劳动问题越发紧迫，随而发起了各式各样的罢工运动。这样，日本国内出现了"战前在理论上存在的那些问题，战后变成现实存在的问题，由此推动社会主义思想在日本的进一步发展"③。于是，关于社会问题研究、社会主义学说的传播在日本便进入一个新阶段，而且是越发的轰轰烈烈。社会主义传播在日本逐渐被民众欣然接受，越来越多的思想家参与其中。1901年，幸德秋水、片山潜、河上清等人创建了有着标志性组织的"社会民主党"，成为日本国内第一个社会主义政党；该党纲领虽将社会主义和改良主义相杂糅，却也明确以主张消灭阶级、合法的议会斗争以及土地与资本国有化等为要旨，尽管不久为政府取缔，但依然不失为开启了社会主义思潮的实践性尝试，标志着其揭开了

---

① 高军等：《五四运动前马克思主义在中国的介绍与传播》，长沙：湖南人民出版社1986年版，第47页。
② ［日］幸德秋水：《社会主义神髓》，马采译，北京：商务印书馆1997年版，第12页。
③ 谈敏：《问溯历史——马克思主义经济学在中国的传播前史》，上海：上海财经大学出版社2008年版，第367页。

社会主义活动以理论与实践相结合的序幕。而且，随之而来的是日本思想界出现了大量的社会主义翻译之作，推进了日本社会主义思潮发展的进程。最有影响力的是片山潜的《我的社会主义》和幸德秋水的《社会主义神髓》二文，在思想界产生巨大冲击。值得一提的是，《社会主义神髓》不仅在日本早期社会主义思潮的传播阵营中影响深远，而且成为中国早期马克思主义传播的重要文本。吴玉章曾在《回忆"五四"前后我的思想转变》中提到自己在"二次革命"失败后被迫流亡法国又重新受到欧洲社会主义思潮的洗礼时，回想起1903年在日本留学时读过的《社会主义神髓》，虽未能深入研究，具体内容印象不够深刻，却有一种时隔多年的油然而生的亲切感。著名学者梁漱溟也曾在民国初年读了张继译本的《社会主义神髓》，称自己"受书中反对私有制主张的影响，因而热心社会主义，曾写有《社会主义粹言》小册子，宣传废除财产私有制，油印分送朋友。"① 这些足以见证了日译西学中的社会主义思想已经激发起中国一部分先进知识分子的热情，并在他们思想中播下了"革命理想"的种子。

1904年，幸德秋水与堺利彦着手对马克思和恩格斯的经典之作《共产党宣言》进行译介，以章节形式发表在《平民新闻》周年纪念刊上，是为第一部日文译本的《共产党宣言》。从1901年至1905年，日本社会主义思潮开始有了广泛的社会基础，虽然其影响力仍然限制在早期的知识分子当中，但翻译的作品已经开始不断涌现，展现出社会主义思潮成为日本社会上的重要思潮之一。根据片山潜在《日本工人运动》一文中回忆，"当时一年期间，社会主义是在社会上流传最广泛，而且已经成为大家研究和讨论的话题"；"甚至一些名流学者也以谈论社会主义为时髦"②。

1906年3月，日本国内以理论性的形式面世的《社会主义研究》杂志创刊，幸德秋水和堺利彦合译《共产党宣言》登载在创刊号上，成为日本国内第一个全译本。同年5月，堺利彦摘译克卡朴的《社会主义史》中的《马克思》一文发表在《社会主义研究》上，标志着日本国内首次介绍马克思主义

---

① 梁漱溟：《我生有涯愿无尽》，北京：中国人民大学出版社2011年版，第4页。
② 金安平：《近代留日学生与中国早期共产主义运动》，载《近代史研究》，1990年第2期，第141页。

政治经济学的基本原理。这年 7 月,《社会主义研究》又介绍了恩格斯的《社会主义从空想到科学的发展》(幸德秋水和堺利彦合译),命名为《科学的社会主义》。从历史的角度看,这个杂志对赴日学人产生了较大的影响,并启发一大批期刊传播社会主义思想和马克思主义学说。这一时期,日本的社会主义思潮中的以幸德秋水为代表的无政府主义思想逐渐占据优势,拒绝在社会斗争中采取温和的竞选手段,而将社会主义运动引向"直接行动"的斗争运动。这样,"直至一九〇八年,幸德秋水及其思想,完全支配了日本的社会主义运动。"① 不过,这种"直接行动"的社会主义运动很快遭到日本政府的严厉镇压。

自 1901 年以来的近六年时间内,社会主义思潮在日本宣传的高涨使得马克思、恩格斯、社会主义等名词成为社会的主流话题。金安平说,"当时的日本,到处流传着社会主义书籍可以公开出售一些战斗性较强的理论著作虽在社会上被禁止,但在大学图书馆中却依然可以看到"②。值得一提的是,日本早期的社会主义思潮是融合不同形式的社会主义学说和纲领,既有正统的马克思的社会主义,又有巴枯宁无政府主义、拉萨尔的国家社会主义等的修正主义。因此说,在日本早期译介西学之中,马克思主义学说的传播不是纯粹的,而是与其他标榜为"社会主义"的形形色色学说相混杂的引进,并与国内的各种社会思潮交织在一起,使得各种社会主义界限不够明确。不过,这些早期传播社会主义学说的觉悟者,一方面对社会主义思潮由细枝末节的介绍和简短章节的翻译发展为系统地引入,另一方面开始由理论传播渐渐变成社会实践性的活动。对此,社会民主党中六个创始人,除了幸德秋水外,其他人都是基督教徒,表明当时的社会主义阵营以基督教社会主义者居多③。日本共产党的创始人、杰出的马克思主义者身份的片山潜也是马克思主义学说的传播者,对早期马克思主义传播的鱼龙混杂、真伪难辨以及存有严重错

---

① [美]伯纳尔:《一九〇七年以前中国的社会主义思潮》,丘权政、符致兴译,福州:福建人民出版社 1985 年版,第 193 页。
② 金安平:《近代留日学生与中国早期共产主义运动》,载《近代史研究》,1990 年第 2 期,第 141 页。
③ 卢坦:《日本明治时期的社会主义思想研究》,北京:中国社会科学出版社 2016 年版,第 108 页。

误问题,曾在《关于马克思主义在日本的诞生与发展问题》一文中评价这种混乱现象为"常见的弊病",表现为"把握马克思主义实质所显示的无能为力,以及马克思主义与改良主义、无政府工团主义的可笑的混同";但同时又认为"所有这些,都是人们研究马克思主义的一种尝试",并确实达到了马克思主义学说广为流传的目的①。同时,马克思主义学说在推进日本社会主义思潮进程中,一些非暴力手段的阶级调和论之类的思潮也被一股脑地引进和传播。

对于社会主义理论和马克思主义学说的引介,则有着理论碰撞和学界迎拒的文化心理。早在明治三十年前后,以片山潜和幸德秋水为代表的早期社会主义者有一个进步空间,片山潜早期曾是拉萨尔改良主义的拥护者,以基督教教徒的姿态审视社会主义理论,从某种意义上决定了他初期思想的基督教主义色彩;直到《我的社会主义》出版表征着片山潜真正意义上的接受社会主义,并开始借用"社会进化的次序"观点解释人类发展,揭示了"两个必然"的历史发展规律,即"资本制度的灭亡"和"劳动者的胜利"②。经过一段时间的"思想"洗礼,片山潜渐渐坚守着唯物主义阵营,一方面承继中江兆民的唯物主义精神,另一方面大量引入社会主义思想和唯物主义思潮。幸德秋水最初也是一个自由民权主义拥护者,直到发表《二十世纪之怪物帝国主义》一文中称自己为社会主义者,尤其是《社会主义精髓》一书对"社会主义是什么"以及唯物辩证法梳理出思想要点③。幸德秋水介绍马克思和恩格斯的著作,并以此来批判和谴责帝国主义乃至日本国内的不平等现象。当时,他们在理论上宣传唯物史观,对唯物辩证法有着时代性的理解,敢于宣传社会主义革命,并尝试将唯物主义精神与具体实践路径相结合,运用到工人运动之中,其中的表现力相当引人注目。随着理论理解的逐步到位,无论是片山潜还是幸德秋水,已经初步运用马克思主义辩证法和历史唯物主义

---

① 片山潜的《关于马克思主义在日本的诞生与发展问题》一文写于1933年的马克思逝世五十周年之际。原载《共产国际》杂志1933年第7—8期。1959年日本《前卫》杂志将本文刊载在该刊第5、6期上。

② [日]岸本英太郎:《片山潜、田添铁二集》,青木书店1955年版,第117—119页。

③ [日]近代日本思想史研究会:《近代日本思想史》(二),李民等译,北京:商务印书馆1992年版,第67—68页。

观点去解读历史发展问题,揭露资本主义罪恶,指出矛盾斗争不可调和的关系,且将理论与现实社会发展相结合,拥有实际的革命斗争实践。

当然,日本早期社会主义传播不是没有不足之处,不仅有一些不符合马克思主义的基本观点,而且"误解"成分也不少。例如,片山潜便以基督教的"社会主义"理解马克思的社会革命论,他所理解的社会进化思想潜藏着机械的经济进化论色彩。幸德秋水最初理解科学社会主义时常常加入"自由、平等、博爱"的资产阶级思想,与无产阶级革命论存在一定差距。

最值得称道的是,日本早期的社会主义者在传播社会主义思想之时,也试图用理论来指导社会实践斗争。1906年成立的"日本社会党"是第一个合法的工人党,先后领导了"反对东京电车费涨价斗争""足尾铜矿工人暴动"和"别子铜矿工人暴动"等工人运动,标志着日本社会主义运动由理论走向实践。通过有组织发动工人运动,日本社会党在全国的影响力不断提高,党员数量急剧增加,并于1907年前后在全国共建立了十五个党支部,这些见证着日本社会主义运动达到高潮。然而,正当日本社会主义运动如火如荼地进行,却就如何实现社会主义的问题展开讨论,日本社会党内部发生分裂现象,大体分为两派:一派是以片山潜为首的相对温和的"议会政策派",反对激进的斗争形式,而主张通过合法的议会获得议席的斗争形式来渐进实现社会主义;另一派是以幸德秋水为首的暴力革命的"直接行动派",属于激进的革命派,主张以推翻天皇统治来实现社会主义。两派斗争的结果是,有着激进主义倾向的"直接行动派"在日本社会主义运动中占据了主导地位,并扛着"无政府共产""无政府主义"的大旗,高唱革命歌曲走上街头"闹事",时常与日本警察发生冲突。这种主张暴力倾向的社会主义运动,在1910年的"大逆事件"被政府镇压,之后几年里此类运动几近消亡,半数的社会主义者作鸟兽散,其余的为"缄默的社会主义者",社会主义运动基本沉寂了。从历史的角度看,社会主义的"寒冬时代"一直持续到第一次世界大战。

作为"缄默的社会主义者"的堺利彦于1915年9月创办了杂志《新社会》,为宣传马克思主义思想而"扬起小旗"。作为主要执笔者的高畠素之由提倡"皇室中心的社会主义"转向国家社会主义的倡导者,首次将《资本论》完整翻译,既是日本也是亚洲第一个《资本论》全译本。受俄国十月革命胜利的影响，日本于1918年夏天各地陆续爆发因米价上升的民众动乱，堺利彦、山川均、荒畑寒村等人利用此形势发展相继创办了《青服》《社会主义研究》等刊物，以学习俄国革命的经验，宣传列宁主义。伴随着新的革命形势向前推进以及理论不断引入，工人阶级活动也在不断增强。

在这个时期及其稍后，以追求马克思主义真理的日本著名唯物主义哲学家的河上肇是对中国进步知识分子影响深远的学者，如在《社会主义评论》中首次提出马克思和恩格斯的"唯物史观"。尽管说，他对马克思主义的理解虽然带有东方传统文化和基督教色彩，却在研究辩证唯物论和历史唯物论的问题时，对"物质的社会观"和"物质的历史观"的解读基本接近于马克思主义"真理"。在河上肇看来，唯物史观是经济发展到一定程度的必然产物，因而提出了"所谓唯物史观，详细说来就是经济的唯物史观"[①]，包含着精神与物质关系的进化论思想。可以说，日本思想家在河上肇等马克思主义者的推动下，马克思主义在日本的传播更为广泛，社会主义研究更加深入，社会主义思潮不断发展，国内工人运动逐渐高涨。

## 第二节　赴日学人的译介活动

### 一、戊戌变法前的国内译介西学与赴日活动概况

自鸦片战争至戊戌变法之间，国人对西学的传播数量较少，了解极其肤浅，影响也小。很早的像魏源、龚自珍等少数先进知识分子和其后的洋务派领袖，他们都仅是从形式上而没有从实质上主动自觉地接触西方的"真谛"，从某种意义上说，他们所引进的"西学"还不包括西方的哲学、政治等在内的西方思想和精神。即便到了19世纪七八十年代，王韬、薛福成、马建忠、郑观应等早期维新派人士已认识到西方富强的原因在于经济政治制度，于是呼吁国人"采西学"，不仅主张西方的科学技术，更是强调以"西政"为要，

---

① ［日］河上肇：《河上肇全集》(5)，岩波书店1985年版，第154—157页。

注重拿现有的西方资产阶级民主制、君民共主的立宪制与封建专制的君主制进行比较，寻找适合中国的政治体制；从某种意义上说，这是拉开了对西方国家政治学说传播的序幕。但受历史条件的限制，戊戌前的这一长时期，中国的现状一直为保守派和地主改革派把持着（维新派人士势单力薄，尚未形成气候），西学的传播充其量是在"中体西用"的理念指导下进行的，且为数较少，影响甚微。之后，康梁等维新改良派人士更是向前推进一步，逐渐突破洋务派中体西用思想的局限，将求变、求强作为改革动力，主张仿效西方进行制度改革，以立宪法、开国会、兴教育等形式推动社会改革，同时以伸张民权与自由为社会进步的口号，通过树立人民主权来限制君主权力。他们在上海创办的大同译书局则明确以引进西方的政治、哲学思想为内容，打出"以东文为主，而辅以西文"的传播精神。应该承认，维新改良派对引进西学的主张是顺应历史潮流的，但因受国内封建制度限制，引进西学新知是相当有限的。

维新变法前，输入西学的活动是外国传教士通过报刊等媒介进行的，特别是对西学新知作了一些有益的传播，最为典型的代表人物有艾约瑟、丁匙良、李提摩太等人，他们在《中西闻见录》《西学启蒙十六种》《西学略述》《西学考略》《泰西新史揽要》和《万国公报》等报刊上都不同程度地介绍了西方思想和学说，这在当时获取西学途径不通畅的情况下，中国先进的知识分子对传教士的文化传播还是比较推崇的；然而应该看到，他们对近代西方先进知识的传播只是零碎的、片面的，而且是依据传播者的意愿有所引进的。鉴于此，有学者就指出，"在1840年后的将近半个世纪以内西学的输入是缓慢的，它对中国士大夫的影响是表面的，特别是和西方文化在十九世纪日本的迅速发展及其改造影响相比就更加明显……"① 所以，戊戌变法之前，由于受世局的限制，加上中国思想界自身的某些缺陷，西学在中国的传播力度不大。其中，被誉为"为中国西学第一者"的严复在天津《直报》上先后发表的一系列政论文章，包括《论世变之亟》《原强》《救亡决论》《辟韩》

---

① ［英］费正清：《剑桥中国晚清史》（1800—1911），北京：中国社会科学出版社1985年版，第314页。

等，以及随后翻译的《天演论》，不仅成为他变法思想的理论来源，而且开启了译介西学"精髓"的先河。严复所译介出的"天演""物竞""天择""淘汰"等术语，都渐渐成了报纸文章的熟语，成了一般爱国之士的口头禅①。虽然说，严复译介的西学相对于戊戌之后的译著数量则是少得多，不过其他人相比于"中国西学第一人"的译介情况，更是远远不及的。从当时整个思想界而言，20世纪初的前几年，国内的译书机构几乎无有增加，传播西学受制限的力度有增无减，形势不为看好，像上海的同文书局只是暗地里偷偷印发留日学人传递过来的文章。但形势恰恰相反的是，以一衣带水之隔的日本境内，中国赴日学人却掀起了轰轰烈烈的译介西学热潮。翻开近代以来西学传播的历史扉页，不难看出真正领导译书潮流而起主导力量的是那些有志救国的赴日学人。相比较而言，无论在传播规模上，还是传播数量上，抑或是在传播西学的"精髓"上，清末民初国内引进的西学远远赶不上同期赴日学人译介来的西学。

赴日学人的译介西学是与甲午之役后的赴日活动分不开的。作为"西学东渐"文化现象之一的日译西学的传入，是在一定的历史条件下发生的，其中无不与民族危难紧密联系在一起。就是说，国家和民族在政治、经济、文化等方面呈现出的危机，带来了赴日热潮这一历史现象。那些作为"先觉者"们，能够站在时代最前面，强烈要求学习西方，效仿日本实行变法维新。甲午战役失败后，洋务派人物的张之洞思想开放，主张广开学堂、多译西书、鼓励游学，其中的日本是最为合适的留学目的国。他在《劝学篇游学》开宗明义地倡导"出洋""游学"乃至于"入外国学堂"，并认为日本为"游学之国"的最佳选择地。无疑，这种言论对后来的赴日热潮起到重要的推动作用。可以说，赴日热潮最根本的原因是民族危机的刺激和国人觉醒的结果，这种危机性的刺激便形成了民族自尊心。民族自尊心上升到一定的高度就成为一种个人自尊心，这是外因转化为留日的内因之所在。在这批赴日热潮中，既有官派留学生，又有自费出洋留学人员，还有流亡者。据实藤惠秀所言，1903年赴日留学人数已达1000名，到1906年人数则迅速增加到

---

① 胡适：《四十自述》，合肥：安徽教育出版社1999年版，第46—47页。

8000名左右①。当时的赴日人员是来自全国各省，其中尤以东南沿海和湖南、湖北两省为多。

赴日学人大都拥有强烈的爱国热情，到达日本后的第一件事就是接触了早在明治维新前后传入日本的西方学说思想，并将传播西方的先进思想作为自己的历史使命，表现为"留日学生把介绍传播新思想新文化作为自己的神圣责任"②。翻译团体的组织设立就是与赴日热潮紧密相关的，留日热潮集中于1899年至1906年，而译书团体大都是在此期间建立的，是以出版刊物开展译书活动，不断进行着传播西学的工作。其中，他们以译介日文书为主要对象，日译西学也就被广泛地传播入中国③。随着赴日学人的逐年增多，他们在日本所创办的译介机构（包括团体、学社等）层出不穷，报刊数量像雨后春笋般地涌现出来，译介西学络绎不绝。以省为单位者，如《浙江潮》《江苏》《湖北学生界》《译书汇编》等，都大量专刊式地传播西学，是国内报刊所不及的。这些刊物译书多以宣传启蒙思想和革命思想为主，具有比较浓厚的政治气息。曾有学者说："留东学界，颇有译书，然多附载于杂志中，如《译书汇编》《游学汇编》《浙江潮》《江苏》《湖北学生界》各类，考其性质，皆借译书别具用心，故所译以政治学为多。"④《新民丛报》《民报》更不逊色。这时西学的传播已不是在特定的框架下受限制地进行，而是"肆无忌惮"地大规模地介绍西学。原因在于传播机构绝大部分设在国外，尤以日本为主。这些译介团体人数多寡不一，少则三五人，多则数十人。各个团体所译的书互有侧重，有的译介欧美法政，有的译介经济学，有的译介中小学教科书，等等。各种刊物多达数十种，有的以单行本印行，有的以丛书形式印行，也有的在刊物上连载。尽管这些刊物分属不同的政治派别，目标和宗旨也不尽相同，但在爱国情感上是一致的。故而，他们用尽各种救国策略，

---

① ［日］实藤惠秀：《中国人留学日本史》，谭汝谦、林启彦译，北京：三联书店1983年版，第1页。

② 王晓秋：《近代中日文化交流史》，北京：中华书局1992年版，第367页。

③ 具体可参考实藤惠秀：《中国人留学日本史》第五章，谭汝谦、林启彦译，北京：三联书店1983年版，第204—248页。翻译团体的设立可参见王晓秋：《近代中日文化交流史》，北京：中华书局1992年版，第369—373页。

④ 张静庐：《中国近代出版史料二编》，北京：中华书局1957年版，第98页。

从中寻找各种救国救民方略，各尽其能，不断更新译介内容，争先译介西方先进的文化知识。应该说，这对启发民智是极为有效的。

从历史的角度看，日译西学的传播数量和内容是极为可观的。这表现为20世纪伊始日本传译的西学数量逐年增长，成为中国输入西学的主要部分；如从1902年至1904年共译西书533种，日文321种，又从1900年至1911年，共译西书1599种，这两个时间段各占晚清100年译书总数的60%和69.8%①。不无道理地说，这在近代史上处于传入西学的顶峰期，日译西学的数量急剧增多。无疑，这种现象归功于一批批的爱国热血青年，肩负着寻求国家出路的志向，以追求自由和解放思想为动力，热情地传播西学。他们所译介的西书以社会科学为主，哲学的介绍也蔚然可观②。如《译书汇编》声称以国民启蒙为目标，达到"务播文明思想于国民"的目的，是以译书的手段达此目的，即所谓的"采择东西各国政治之书"，包含有《政治学》（伯盖司）、《民约论》（卢梭）、《权利竞争论》（伊耶陵）、《万法精理》（孟德斯鸠）等，多数是介绍自由民权思想、进化论和提倡民族自决方面的译著。除《译书汇编》外，还有《游学译编》、《新译界》、《政法学报》（由《译书汇编》所改）、《开智录》等，也大量刊载了西方的自由民主与人权革命思想译介文章。这样，"清末以后，随着留日学生的增加，西洋的书籍、概念、各种学说的翻译、重译及其改写通过日本大量涌入中国"③。其中，梁启超、章太炎、马君武、朱执信等人成为大量译介西学的主要代表人物。他们以饱满的精力不同程度地传播了西学，涉及西学的政治、哲学、经济、法律等各个领域，译介了西方的进化论思想、国家学说、社会主义学说（包括马克思主义）等。

## 二、通过期刊传入日译西学

随着赴日热潮的不断推进，赴日学人创办的译介机构不断增设，译介团

---

① 熊月之：《西学东渐与晚清社会》，上海：上海人民出版社1994年版，第13页。
② 见《世界哲学2002年增刊》，第278—279页；又见黄见德：《西方哲学东渐史》，武汉：武汉出版社1991年版，第56—63页。
③ ［日］狭间直树编：《梁启超·明治日本·西方》，北京：社会科学文献出版社2001年版，第96页。

体、学社层出不穷,译介西学络绎不绝。梁启超曾强调译书的重要性,"惟有译书"方能自强。由于日本的成功已"取经"于西方思想,即所谓的"泰西诸学之书,其精者日人已略译之矣";因而,通过译日书去涉猎西学,汲取日本成功的经验,这样,"以泰西为牛,日本为农夫"①,成功在望。赴日学人通过创办报刊大量译介西学,如《浙江潮》《江苏》《湖北学生界》《译书汇编》《新民丛报》《民报》等,以及回国后所办的报刊,如《青年杂志》(后改为《新青年》)等。介绍西学的主要代表人物有梁启超、章太炎、马君武、孙中山、朱执信、李大钊、陈独秀等,他们大量译介西学。

那么,赴日学人究竟在日本接触到哪些西学书籍?现在难以具体考证。不过,依据他们在日本所发表的著作或购买的书籍,我们不难发现,他们涉及的西学内容是相当丰富的,遍及了各门学科和专业,诸如哲学、政治、经济、历史、军政、财政、外交、宗教、教育、司法、文学、新闻、风俗等的社会科学知识,以及天文、地理、生物等自然科学学科。另外,他们通过博览群书,以"综合性"的形式将西学知识融会贯通于其思想体系中,而直接反映在他们的著作中,其中的全集、文集等就是明证。在他们看来,为了救国救民,必须做到"知己知彼",既要了解自己,又要了解世界;其中,不约而同地从国民"自身"改造上着手,成为他们译介西学的共性。鉴于这种举措,他们大都有"将世界学说为无制限的尽量输入"来启蒙国民,挽救国运的战斗精神。在西学"输入"的内容上,是以翻译西方的学术思想和著作为主体的,其中哲学、政治思想为核心部分。

在报刊林立的历史机遇下,梁启超居日期间通过自己创办的报刊对西方的各种思想和学说进行译介和传播,尤其发表了大量的西方哲学、政治等方面的文章。《清议报》和《新民丛报》是梁启超居日期间创办的传播西学的主阵地,也是在赴日学人所创办的报刊中较早的刊物,对传播西学新知做了大量工作。据统计,《新民丛报》专门设定政治、哲学、思想、科技、文化等栏目传播西方思想,且以"学说""学案"形式介绍西方学者,如古希腊思想家的亚里士多德、柏拉图,近代以来哲学家和政治家的培根、笛卡儿、

---

① 《饮冰室合集》文集之二,第54页。

霍布斯、斯宾诺莎、洛克、孟德斯鸠、卢梭、休漠、达尔文、伯伦知理、颉德、边沁、马克思等，都被梁启超介绍进来。可以说，梁启超对西方的政治（家）、哲学（家）和思想（家）是非常重视的。

首先，赴日学人对古希腊学说的广泛介绍，发表了一系列论文，像《希大哲学家柏拉图传》《希腊圣人苏格拉底传》《希腊哲学案》《希腊哲学家各派学说纲领》《亚里士多德外籀之术》《希腊学案》《希腊古代哲学史概论》《亚里士多德之中庸说》《柏拉图之政治学说》《亚里士多德之政治学说》《论古代希腊学术》，等等。如，梁启超、公猛分别从学术史、哲学史角度介绍了古希腊哲学，通过比较，二者既有共性，又有个性，还有互补性。梁启超带有些政治情感，多以推崇的眼光，倾向于"调和"；公猛更多以批判性地理顺各学派的传承和哲学家的思想，表现于现实更为激进。另外，章太炎批判性地引用泰勒士的"水"等思想作为立论的工具，融汇中西建构中华文化，具有强烈的爱国主义情怀。蒋观云着重介绍了苏氏的谈话法，涉及"爱智""正义"等定义，流露出对苏氏人格美的赞许，旨在唤醒国民为"正义"而斗争。章太炎介绍苏氏的"知德合一论"，来反对王守仁的"知行合一论"，强调知其至善，就要去行动；他还对柏氏的思想作了借用和批判。而且，梁启超指责苏氏的"无人有意作恶"，公猛也批判苏氏的"无道义之标准，乏真理之原则"等，指出苏氏的道德标准不确定，无法于现实生活中实施；马君武批评苏氏的思想里泯灭"帝民说"，也认为柏氏的理想国不可行。梁启超从国家的起源、政体分类以及三权分离等方面介绍亚氏。他赞成亚氏的"中等阶级统治的国家最好"，反对用革命的手段去改变政体，还认为"最大多数最大幸福"只为无政府主义的旗帜，等等。这些都与梁所主张的君主立宪政体相关，他是以政见释学术。蒋观云类似于梁的看法，同样介绍了亚氏的"中庸说"。他以亚氏与孔子的中庸思想作了比较介绍，具有独到之处。马君武在《帝民说》中简单介绍了亚氏的国家政体学说，不同于梁的是，他更强调国家保证个人幸福的重要性以及人人平等思想，其思想颇为激进。章太炎则用亚氏的"质料"反对基督教，为自己的观点作一佐证。梁启超平实地介绍了斯多亚派的"成德至善"和伊壁鸠鲁派的"快乐至善"。章太炎介绍伊派的"原子论"和道德学说。蒋观云用"中庸说"解释亚派的道德学说。

其次，赴日学人对近代西学进行详细而大量的译介。他们对西方中世纪经院哲学不屑一顾，对近代各国学说大为褒奖。一方面由于介绍的内容相当丰富，另一方面学界对其研究也相对多。相关的介绍论文有：《培根论》《培根之偶像说》《霍布斯学案》《英大教育家洛克传》《法大教育家卢梭》《英国哲学家霍布斯传》《悟性指导论》《培根传小传》《近世文明初祖二大家之学说》《洛克论主权》《卢梭学案》《法理大家孟德斯鸠之学说》《民约巨子卢梭之学说》《圣西门（一作西士门）之生活及其学说》《唯物论二巨子（底得娄拉梅特利）之学说》《注释卢梭氏非开化论》《英国大哲学家洛克教育论、卢梭民约论释叙》《民约论》《万法精理（未完）》《斯宾塞孟德斯鸠》《近代欧洲四大家政治学说》《笛卡儿之怀疑论》《近代第一哲康德之学说》《唯心巨子黑智儿学说》《康德之学说》《德意志哲学家列传》《唯心巨子黑智儿学说》《康德之事实与著作》《康德之知识论》《康德详传》《德国哲学家康德氏》《康德论理学及宗教论》《答铁铮》《视天论》《演说录》《斯比挪莎学案》等。梁启超介绍培根、笛卡尔二人的精神，培根的"归纳法"，对笛卡尔怀疑论的分析更加符合文本信息，纠正了严复将笛卡尔的"怀疑一切"视为不可知论的见解；以及章太炎的《无神论》《建立宗教论》《答铁铮》等对康德、费希特作了较为细致的分析。

赴日学人更多从精神上对近代西学进行传译。梁启超极力赞美培根、笛卡尔为近代新学术的"圣人"，详尽介绍了"四假相说""实验之法"和归纳方法。他大力倡导重实效，反对"空虚蹈循"，认为此是国人所缺少的基本精神。梁启超对笛氏的普遍怀疑及怀疑方法作了较全面评价，对其学说"放一大光明"于学术界深表同情，相借助笛氏的思想来清洗国民之"奴性"，"复其固有自由"，难道尚不为当务之急的事吗？梁启超介绍霍布斯的《社会契约论》。赴日不久的梁正热心于民主共和，所以对霍氏为"献媚一人而主张君主专制政体"加以鞭挞；他指出，霍氏的思想皆能从先秦诸子（如荀子、墨子）处找到，中国思想早有发达，却没有像西方进步如此快，"则后起者之罪也"。他实为激发国人奋起直追，可谓用心良苦。未署名在《新民丛报》上发表的《洛克之主权论》着重介绍了洛克的主权在人民手中，以立法权的至上性、立法权与司法权的分离说以及服从法律的绝对性为内容，旨在于中国实行西方式的自由主义和民主政法。章太炎则引用洛克的"人的精神如白纸"来佐证"人性无善无恶"，来反驳于人性善、人性恶等论点。梁启超介绍孟德斯鸠《论法的精神》一书中的法的起源、三种政体、三权分离说和对奴隶恶习的批判，以及卢梭的"民约之旨"，从而流露出他赞美民主共和，倡导自由平等思想，反对封建专制、奴隶制等，这与他的启蒙目的是相吻合的。马君武认为卢梭的社会契约论的主权在民的思想，即是"帝民"，"帝民说"的目的在于激励国民斗志，恢复民权，已到了刻不容缓的地步。马君武介绍法国百科全书派的狄德罗、拉美特利的唯物论，更为看重无神论思想，主张现实幸福的快乐，彻底否定那飘渺的天国，从而以无神论的精神冲决罗网，解放思想，激奋人心，激发革命斗志。这是随着国内外形势发展到一定程度时，出现此种思想便是自然的事，更为情不自禁的流露了。梁启超介绍康德学说时，将佛学、阳明心学与康德哲学揉合在一起，理出了"检点哲学"，突显了自由说，提出了"良心之自由"说，认为个人自由必须服从国家主权，此旨在维护国家有机体论。王国维认为康德哲学的精华在于时空因果等范畴，其学说仅为破坏，非为建设性。王当时深受叔本华的唯意志论的影响，对康德哲学认识不够准确，带有偏见。章太炎介绍了康德的星云说，接受过十二范畴论和时空论，却批判了"物自体"。这些都是为他以佛学唯识论建构其哲学而服务的。马君武最早对黑格尔的生平、学风、绝对唯心论、伦理学和历史哲学等专文详细介绍。马在文中赞美和歌颂一种创新精神、自由发展观等。章太炎以唯物论（经验论）者身份批判黑格尔"以有无成为万物本"的虚幻唯理论。章太炎批判谢林的绝对自由论（认为"完全自由"违反人的自然本能），认为莱布尼茨的单子为"原子"，以及费氏"系主惟我者"，这些都为他建构资产阶级哲学理论提供了思想资源的来源物。王国维以学术的眼光简略性地介绍了谢林、费希特、莱布尼茨等的思想。

再次是关于现代西学（包括马克思主义、无政府主义）有力的介绍，论文有《叔本华与尼采》《德国哲学家叔本华传》《德国文化大改革家尼采》《论叔本华之哲学及其教育学说》《尼采之学说》《介绍哲人尼杰》《叔本华遗传说后》《天演论自序》《斯宾塞尔劝学篇》《天演悬疏（未完）》《斯宾塞尔文集》《天言论初祖达尔文之学说及传略》《侯官严几道译群学肄言序》《大哲斯宾塞传略》《读弥勒氏之功利主义》《读斯宾塞社会平权论》《学术进化之大要（译斯宾塞学术论）》《斯宾塞尔原善恶》《论约翰穆勒之学说》《泰西达尔文学说》《吴新中书本天演论》《物竞论》《德意志社会主义革命家小传》《万国社会党略史》《无政府党与革命党之说明》《社会主义史纲》《无政府主义与社会主义》《法俄革命之比较观》等，以及《天义报》《新世纪》上介绍无政府主义。

　　赴日学人对现代西学也作了广泛的介绍，其中章太炎、王国维、马君武、李大钊等人贡献较大。章太炎介绍叔本华思想，认为叔氏系唯我者，"由于意欲盲动，而知识为之仆奴"，却认为尼采的超人思想"于中国前途有益"。王国维介绍了唯意志主义的代表叔本华和尼采，涉及叔本华的"生命意志"论以及尼采的"权力意志"论、"超人"等思想，且能身体力行，将其学说运用到学术研究上去，即是把哲学理论运用于文艺作品中，对他早期哲学和文学以及晚年的史学都起到决定性的支配作用。马君武介绍穆勒的"自由说""女权说"和实证哲学等理论观点，同严复一样，他从中国的当时社会需要出发介绍穆的学说的，极力倡导"有限的自由"等。提倡女权是那个时代的最强音，马独领风骚，认为女权的有无标志着国民文明程度的如何，也体现反封建有无彻底性。马君武介绍早期空想社会主义者莫尔的"华严界"（"乌托邦"）和著名空想社会主义者圣西门、傅立叶、欧文等，表明他对社会主义的同情与向往。成立于日本东京的"社会主义讲习会"介绍了无政府主义，"无政府之目的在于人类平等及人人无特权"，刘师培的贡献颇大。廖仲恺在区别社会主义与无政府主义时，介绍了后者。另外，《民报》刊物还介绍了巴枯宁等人的思想。

　　马克思主义作为西方哲学的一个流派，几乎与形形色色的社会主义学说和无政府主义思想学派的传播是同步的，介绍者主要是资产阶级革命派、资产阶级改良派、无政府主义者以及社会党人，多数持欢迎态度。陆祥深在研究中指出，"中国留学生还办了《游学译编》《浙江潮》《湖北学生界》《江苏》等一批报刊，这些报刊受到日本的社会主义思潮的影响，都曾发表过一些介绍社会主义思潮的文章"①。朱执信介绍马克思的生平传略、阶级斗争等,将德意志社会革命家小传"绍介于吾同胞",反对"满洲之日言立宪"。宋教仁在《万国社会党略史》中分析了阶级对立、阶级斗争的阵势,马克思与机会主义的斗争,旨在反对阶级压迫。叶夏生和廖仲恺都区别了社会主义与无政府主义,作了"黑暗与光明之别",让人们认识到社会主义的"神髓"。还有,对于马克思主义的传播,《天义报》是不可忽视的。

到了五四运动前后,一些国民党的知名人士纷纷撰写文章介绍马克思主义,这在客观上也推动了马克思主义在中国的早期传播。其中,《星期评论》是资产阶级革命派孙中山指定创办的刊物。据有学者统计,"《星期评论》共登载各种类型文章 455 篇,其中专门宣传马克思主义的文章有 50 篇左右,占其总数的 1/9,涉及马克思主义的文章更多",其中作为灵魂人物的戴季陶在该刊上共发表 131 篇文章,约占文章总数 30%,主要内容涉及劳工问题;而且,这些文章在数量和质量上与同时期的《新青年》相比都不相上下②。《建设》杂志又是孙中山领导下的理论刊物,由朱执信、廖仲恺、戴季陶等国民党人为主编,同样以宣传西学理论为要旨,也不同程度地宣扬马克思主义,成为五四时期的进步刊物。因此说,五四运动前的马克思主义也主要是通过日本传入到中国,并为马克思主义中国化奠定基础。若从 1902 年至 1918 年期间来看,日本早期马克思主义者的《社会主义神髓》(幸德秋水著,中国达识社译)、《近世社会主义》(福井准造著,赵必振译),以及稍后河上肇的《马克思的唯物史观》(渊泉译)等都被介绍到中国,这些日文的马克思主义著作与一些进步思想家转向马克思主义(研究),有着密切的关系。

总之,赴日学人居日期间以传播新思想为重任,将西方新文明"一一撷其实,咀其华,融会而贯通",其直接目的就是启蒙国民和挽救国家命运。同时,他们还拥有汇世界万流文化而合一炉冶之的精神,以弘扬中华文明为己任,其目的就是拥有与西方各国相同的文明程度,推进中国思想文化的转型。

---

① 陆祥琛:《社会主义思想在中国的早期传播》,载《党史研究与教学》,1998 年第 5 期。
② 沈传亮:《五四时期国民党人与马克思主义传播》,载《历史教学》,2002 年第 8 期,第 20—21 页。

# 第二章 梁启超的"泰西社会主义"

梁启超是社会主义在中国传播的先行者①。戊戌变法前,梁启超在国内零星地接触过社会主义的信息,却在他笔下没有出现"社会主义"字眼,之后他在居日期间(1898—1911年)曾受日译西学的吸引,以及日本社会主义运动的影响,将社会主义作为一种救国学说,不仅广泛传播社会主义,而且借用社会主义思想评论时事。从学理的角度看,梁启超以现实的思想启蒙和传统文化思想相类比引介和吸纳社会主义,既有对社会主义为"吾中国固夙有之"的认识,强调中国传统文化的"大同"思想等同于社会主义追求人人平等的理想,又能借助社会主义陶铸中国人的近代国民性来救国图存,实际上社会主义思想作为西学新知成为"新民"说的理论来源之一。更为可贵的是,他解释当时社会存在的贫富差距和社会矛盾现象,为社会主义的传播做出开拓性贡献。张灏认为,梁启超在"在过去的半个世纪中,对各个思想流派中的大多数知识分子来说,仍旧具有很大的吸引力,因此,其思想可以说是20世纪中国意识形态领域的一个重要组成部分,甚至在今天,它依旧是共产主义中国价值观体系的来源借鉴"②。同时,梁启超在引介包括社会主义思想的西学新知过程中,他的思想变化是极为明显的,对了解社会主义在中国的早期传播和近代思想转型有着重要的借鉴意义。

---

① 参见郭刚:《角力与诘难:梁启超对社会主义的传播》,载《长白学刊》2011第5期。
② [美]张灏:《梁启超与中国思想的过渡(1890—1907)》,崔志海、葛夫平译,南京:江苏人民出版社2014年版,第195页。

## 第一节 "新民"视域下的社会主义思想引入

对近代中国的出路,梁启超敏锐地意识到,民众的素质是政治改革的基石,培养新型国民是推行国家改革的前提。梁启超以顺应世界潮流大势来改造中国,强调国家富强应先以民族独立为要,国民性改造方案是最合理的价值取向。新思潮、新思想给了他探寻中国走向下国民启蒙的新视角,表现为大力引入西学新知进行思想启蒙,即所谓的"新民"。其中,将西学中的"社会主义"引介给国人,对国民意识具有前瞻性的历史启蒙作用。

梁启超居日期间通过广泛汲取日译西学,在《清议报》《新民丛报》上阐发了一系列启蒙国民思想的文章,孕成出铸造近代"国民"的新型方案——"新民说"。"新民"方法之一是"采补其所本无新之",所谓的"所本无"就是相对于我国传统本有的文化知识和智慧全新的东西,这些全新的资源在当时更多意义上来源于日译西学新知,即梁启超所言的独立、自由、权利、义务和公德等条目内容。梁启超不仅以"学案""学说"的专文形式介绍西方哲学(家)、政治(家)和思想(家)等,而且以"新民"形式间接地传播了西学新知。他从1889年开始连续在《论中国国民之品格》《新民说》《国民十大元气论》《论中国人种之将来》《积弱溯源论》等文章中较为系统地阐述了国民性改造的观点,主张以西方的国民资格为标准,摒弃现有的国民劣根性,培养起有着国家精神、社会公德、民主观念、自由权利、自治能力等的新国民。在梁启超看来,处于倚强凌弱的时代,中国崛起当务之急在于汲取西方精神文明来改造国民。其具体策略是,"取万国之新思想以贡于其同胞",同时又"不得不将其国古来误谬之理想,摧陷廓清,以变其脑质"①,让西学新风吹醒中国人沉睡几千年的旧梦,焕发出睁眼看世界而与时俱进的国民精神。一言以蔽之,国民性改造方案就是给国民"换脑",通过"广民智,振民气",提升国民的道德精神。这是梁启超办报的神髓所在,

---

① 《清议报一百册祝辞并论报馆之责任及本馆之经历》,《饮冰室合集》文集之六,第51页。

也是新民主旨。在这种办报理念主导下，明治维新以来的各种西方学说思想被梁启超一股脑地传进中国，其中有马克思主义学说与西方的天赋人权、达尔文的进化论、亚当·斯密的经济理论、伯伦知理的国家主义和卢梭的民权说作为思想启蒙的西学新知。

梁启超居日期间贯彻以"将世界学说为无限制的尽量输入"的精神大量在《清议报》和《新民丛报》上传入"西学"，成为"日传西学"第一人。这"第一人"的称号不仅在于传播文献数量方面，还有引进新词汇、新概念方面。他仅在《和文汉读法》引进日语外来词就接近200个，其中涉及有关哲学方面的就不少于几十个，且大都作了注释，如经济（理财学、资生学，打算）、主观的（内理应如是）、客观的（外形应如是也）、绝对的（完全无比者）、抽象（哲学译语，想其理由之义）、概念（大概想念）、积极（哲学译语，阳极也）、组织（构成）、个人（匹夫）、个人权（各人自立权）、具体（实象）、利润（利息）、团体（凡众聚之称）、空想（预想后来）、理想（就现在想）、观念（观而想念）、目的（宗旨）、结构（善美之意），等等。这些外来新词汇和进步思想成为国民改造和培养民族主义的重要素材。

相对于中国传统固有的民本思想，日译西学是梁启超新民内容的全新来源，也是迎合时代潮流的必要思想资源。而这些日译西学思想是中国所本缺乏的，为了适应时代进步，需要引进入国内，成为改造国民应具备的东西，即"新民"的基本内容。这样，梁启超新民的主要内涵就落实在用西学精神改造国人、获得民权，进而争取民族解放、人民主权和国家富强。不难看出，梁启超汲取西方文明思想是手段，关注国民道德进步是目的，这在当时是一件较为急迫且极为重要的事情。他认为，只要国民的道德水平提高了，几千年固有的奴性便易于摆脱掉，智与力也就容易解决，国家崛起就迎刃而解了。通过比较，中西国民的道德与智力差距巨大，表现为"泰西之民，其智与德之进步为正比例；泰东之民，其智与德之进步为反比例"[①]。面对这种境遇，只有呼吁全体国民提高道德和智力水平，做到能与西方列强"相埒"，方可有能力抵御民族帝国主义的侵略，免除外患。换言之，通过学习西方的文明

---

① 《新民说》，《饮冰室合集》专集之四，第137页。

成果，包括人权理论、自由精神等，经过自身的改造和发展，是能够达到东方文明与西方文明并驾齐驱的地步。这就是梁启超新民的最终目的。

梁启超将西方的文明成果放在进化论的知识背景下介绍，包括马克思主义学说、社会主义思想等进步理论，将林林总总的西学新知充实到他的进化思想之中，而拥有进步的历史观。《新民说》开篇说：世界上的国家有一百多个，能够屹然立于不败之地而左右世界者仅有四五个，原因就在于进化的结果。进化的内在因素在于强与弱的悬殊对比，体现在国家方面则由文明发展程度之高下决定的。西方的国民文明程度高，而中国尚缺乏国民意识，处于半文明时期。在《文野三界之别》中，梁启超介绍了西方学者将人类社会的文明进化历程分为三个阶段。他说："泰西学者，分世界人类为三级：一曰蛮野之人，二曰半开之人，三曰文明之人……此进化之公理，而世界人民所公认也。"① "泰西学者"指代不明，而核心问题在于进化的"三级"的提法，是经过日本学者译介到国内，尤其值得一提的是福泽谕吉的《文明论概略》②。梁启超汲取《文明论概略》中的进化思想，是以《春秋》中的"三世"说来比附"三级"，认为"皆有阶级，顺序而升"，并融入了社会主义的阶级论，同有社会进化的道理。这种比附有利于打通中西文明的理解和交流，让国人明白中西方有着相似的进化之理，能够在易于接受的语境转换的境遇下接受西方的进化思想，有助于思想启蒙，从而到达新民的目的。它也同时让国人了解到西方国家的文明是与进化相伴而来的发展过程，换言之，其文明发展程度是社会进化的产物。

关于社会进步的问题，梁启超认为"进步有等级"，不能一蹴而就。在社会进化过程中，民族文明程度是近代西方国家的标志。于是，梁启超明确地向国人昭示了西方国家在文明进化过程中所达到的程度，给国人指出了差

---

① 《饮冰室合集》专集之二，第8页。
② 福泽谕吉的《文明论概略》参考最多的乃是伯克尔的《英国文明史》和基佐的《欧洲文明史》，见郑匡民：《梁启超启蒙思想的东学背景》，上海：上海书店出版社2003年版，第56页。关于人类进化三阶段，可参考《文明论概略》第9—11页。梁启超对西学的传播以及自己思想的形成曾受到福泽谕吉的影响，对于此点，他是自认不讳。福泽在对西学的译介时，对原典时常做出有意识的"歪曲"。丸山真男认为他是这方面的大家，《文明论概略》就是一例。见丸山真男：《福泽谕吉与日本近代化》，区建英译，北京：学林出版社1992年版，第15页。

距和锁定了奋斗目标。他说:"十六世纪以来(约三百年前),欧洲所以发达,世界所以进步,皆由民族主义(Nationalism)所磅礴冲激而成。民族主义者何?各地同种族同语言同宗教同习俗之人,相视如同胞,独立自治,组织完备之政府,以谋公益而御他族是也。此主义发达既极,驯至十九世纪之末(近二三十年)乃更进而为民族帝国主义(National Imperialism)。民族帝国主义者何?其国民之实力,充于内而不得不溢于外,于是汲汲焉求扩张权力于他地,以为我尾闾。"① 无论是民族主义,还是民族帝国主义,都是进化之所使然,都是文明国的标志。因为种族之间的竞争体现在民族国家的强弱。又可以说,由于进化发展到一定的阶段,有无建立民族国家是决定其兴亡的砝码。民族国家出现并发达于世界上才是几百年的事,而且民族进化于至今,白色民族最具势力。在民族国家里,其国民强,国家便强。在白色民族中,条顿人是最发达而成为世界的主人翁,英国人(盎格鲁撒逊人)则为主中之主,强中之强。无论从势力范围,还是语言的使用范围上,英国人在世界天演进化中最具领先地位②。针对西方的强势,是否认为这种优势是生来具有的吗?梁启超的回答是否定的。他总结了西方白种人与他种人的区别在于:白种人好动,他种人好静;白种人重视竞争,他种人狃于平和;白种人进取,他种人保守;"以故他种人只能发生文明,白种人则能传播文明。发生文明者,恃天然也;传播文明者,恃人事也";最后所得到的结论是:"白种人所以雄飞于全球者非天幸也,其民族之优胜使然也。"③ 从而进一步论证了"优胜劣败,适者生存"之理。这无疑向国人昭示,民族之兴亡在于"种群"之间的全力竞争。"种群"指"国群",而不是"天下群";前者乃是西方强盛的原因,后者则是中国衰弱的缘故。然而,西方进化论并未能够明确指出"人类将来之进化的归宿"的"世界第一大问题",即所谓的为什么社会主义思想会横空出世?西方社会思潮风云跌宕对当时寻找中国出路的先进知识分子来说是在短时间内难以辨明的。但对梁启超而言,能够引介西学新知对启蒙人民的思想是有益无害的,并于1902年在《新民丛报》上发表的《进化

---

① 《新民说》,《饮冰室合集》专集之四,第3—4页。
② 《新民说》,《饮冰室合集》专集之四,第7—8页。
③ 《新民说》,《饮冰室合集》专集之四,第10页。

论革命者颉德之学说》一文曾多次提到"马克思"的名字,且介绍未来社会的"万国大同"理想。不过,他依据进化论观点,在《政治学大家伯伦知理之学说》里指出"今日欲救中国,唯有倡国家主义,其他民族主义社会主义当诎于国家主义之下"①。根据社会阶段论的观点,要挽救中国的存亡,先要推翻专制而走向君主立宪,等到民族国家强大到能够抵抗西方列强侵略时,再推进中国的社会主义建设,进而着手解决分配不均的问题,从而建立人人平等的理想社会。在这里,梁启超在褒扬进化论思想之时,又强调"平等"的重要性,实际上是与他将"新民"而救国视为义不容辞的责任,且拥有民族主义和国家主义情感分不开的。无论如何,基于近代中国饱受西方列强欺凌,哪种理论能够拯救中国于水深火热之中,那就是最合适的"救星"。

随着时代的向前推进,梁启超在日本旅居期间对社会主义的认识逐渐加深,认为西方国家种族之间的竞争来源于"强权",资本家与劳动者之间存在着不可调和的矛盾。他在《论强权》文中说:"今日资本家之对于劳力者,男子之对于妇女,其阶级尚未去……故他日尚必有不可避免之二事,曰资生革命(日本所谓经济革命)曰女权革命"②。当时的世界曾贯彻着"弱肉强食"的强盗逻辑,那就是:强权意味着强盛,强盛意味着不会被欺压,不被欺压意味着立于不败之地,不败方能左右世界。这虽是偏颇之见,但对当时的中国,乃至全世界,确实起到警钟和激励的作用。梁启超遂而也奉行国家强权政策,向国人展示了19世纪以来欧美各国所奉行的强权政策,指出帝国主义国家在物质文明发展到一定程度时,对外所进行的殖民统治和经济掠夺,而依靠的就是"优胜劣败,适者生存"这一公理。优胜劣败、弱肉强食乃是他们进行侵略扩展的砝码和理论基石,或为指导思想,抑或为最充足的理由。梁启超说:"生存竞争优胜劣败,此强权之所由起也。生存竞争与天地而俱来,然则强权亦与天地俱来,固不待言。"③"强权"概念既是一个生物化的过程,又是一个社会化的过程,具有进化之理。从历时性上看,强权从野蛮到半开化再到文明,从不发达到发达,由无强权到猛大之强权而又变为温和

---

① 《饮冰室合集》文集之十三,第69页。
② 《梁启超全集》,北京:北京出版社1999年版,第354页。
③ 《论强权》,《饮冰室合集》专集之二,第32页。

之强权，都是为强权所共有的特点。梁启超把这历时性的过程同样分为三个阶段，分别为据乱世、升平世和太平世。在此，"三世"说又得到了用场，真可谓是进化论的"万能"钥匙①。从共时性而言，则是同一种族内或种族之间的权利竞争，它同样应用在人类对动植物以及动物对植物的强权行径中。

梁启超把进化主义设定为普遍的公理，以此来解释中国现实未能进入文明进化的轨道而陷入困境之中，因而便没有推进国家富强；这是将进化与强权相结合的认识路径，旨在激励国民在逆境中为争取国家崛起而树立坚韧不屈的奋斗精神。梁启超承认进化是世界的一大公例，强调竞争在进化中的动力因素，但他所言的竞争并不在于侵略（侵占他国或侵入自由），而只是生存的必要条件。他所关注的竞争是国际间的竞争，即"外竞"，而不是指一个国家内的竞争，即"内竞"②。关于社会进步问题，梁启超承认社会主义必将替代资本主义，只是在世界竞争的环境下，社会主义尚不适合于中国，仅为建设未来理想社会的目标，这实际上是以进化论来调和社会主义的理解方式，同情社会主义并不意味着理解社会主义，也就谈不上会接受社会主义以及将其作为拯救近代中国的法宝，更不会助推其成为主流思潮。不过，这种传播形式为后来者接受社会主义思想提供了机会，进而将其逐渐发展成为近现代中国的主流社会思潮。可以说，进化论是梁启超思想的理论基础和价值取向，马克思主义学说仅是进化论的内容之一。

需要说明的是，居日期间的梁启超充分汲取日译西学中的先进文化思潮，对西方国家主义和社会主义思潮所作的初步认识是富有时代意义的，不仅使得国人智力顿开，而且为他"思想为之一变"提供了理论刺激和思想资源。这些理论资源不仅仅指西学新知，也离不开日本思想界的"再解释"以及思潮的蓬勃发展，其决定了传播的进化论思想、国家主义和社会主义思潮不可

---

① 张朋园认为，梁启超在介绍西方的进化论、自由主义、民权论，即引进了孟德斯鸠、卢梭、达尔文等人的思想时，"其早年所持的三世之义，亦自此放弃"。见他的《梁启超与清季革命》，中央研究院近代史研究所（台北）1982年版，第42页。应该正确地说，梁启超自从广泛地接受西方的进化论思想，他的进化思想突飞猛进，形成自己的进化史观，进一步修正和改进了自家的进化观点。至于说，梁启超完全放弃自家的"三世说"，是一种武断的说法，这至少在他的《新史学》等文章里，都还保有"三世说"的观点。

② 《二十世纪之巨灵托辣斯》，《饮冰室合集》文集之十四，第33—35页。

避免地附上日本版的烙印。梁启超对西方文明进化和公德精神的接触曾受于福泽谕吉的影响，其中《文明论之概略》对他的影响不少。梁启超在《文野三界之别》《国民十大元气论》等文中，曾引用"文明观"解释社会发展问题，区分了"形质之文明"与"精神之文明"，形成自己的"文明进化观"。在《文野三界之别》中，梁启超介绍了西方学者将人类社会的文明进化历程分为三个阶段，与福泽的"三阶段论"和中国传统"三世说"相关联。关于有效达到一定文明程度所具有的国民精神一事，梁启超又在《国民十大元气论》中说："文明者，有形质焉，有精神焉，求形质之文明易，求精神之文明难。精神既具，则形质自生；精神不存，则形质无附。"① 此处的"精神之文明"便指"民德"而言的，"形质之文明"指"民智""民力"而言。梁启超极为重视国民精神，视其为一国"元气"，是由国民元气所组成的。这种"元气"又可称"精神之精神"，乃是立国之本。在某种程度上来说，梁启超对文明的内涵、文明的发展阶段以及实现文明化的途径等问题与福泽谕吉的"文明论"思想有着较高的相似程度，尤其是像"形质""元气"等概念与福泽的"物质""风气"概念相仿，呈现出一种应时代之需的汲取精神。但是，梁启超并非奉行全盘的"拿来主义"，而是在面对内忧外患的中国与崛起的日本状况大不一样的境况下，他依然强调了公德的重要性。从这一点上而论，这与福泽的"公德私德论"是有差异的②。对于国民的认识，梁启超在辛亥革命后一段时间内对中国近代社会发展进一步剖析，对西方资本主义社会以及植根于中国国情有了相对清醒的判断，也对社会主义的认识加深，并开始反思近代中国的民族性格和国家出路，提出较为成熟的构想。

鉴于以上分析，可以说，在居日的十数年间，梁启超"读了大量的日本书籍，几乎涉及了日本所有的思想流派。这些流派的思想对他都产生了或大

---

① 《饮冰室合集》文集之三，第61页。
② 可参考福泽谕吉的《文明论概略》（北京编译社译，商务印书馆1992年版），《文明论概略》最多地参照了伯克尔的《英国文明史》和基佐的《欧洲文明史》。尽管从表面上看，三方（西方、日方、中方）思想吻合处很大，但是并非完全相同，而是有着各自的时代特色和国民风格，发生权变是正常的。只要稍微参照他们各自的思想，便可知分晓。

或小的影响，而他又通过他的《清议报》《新民丛报》等刊物影响国人，对中国近代产生了深远的影响"①。同时，他也成为了我国历史上第一个传播日译西学的集大成者。尤其值得一提的是，为了塑造全新的国民形象，梁启超成为日译西学的积极诠释者和使用者。梁启超将近代西学提升为普遍性的思想理论，遂而凝缩成为符合中国特征的理论武器，不过，其成分是驳杂多端，却又成为新民的内在养料，合乎中国口味的新鲜思想（至少在梁启超看来是这样）。他有信心地认为，若糅合西方各国学术思想于一炉而冶之，则会创造一种特别之新文明和新国民。因而有理由说，他不是从学术角度对西学作科学性的译介，只是从功利（实用）出发所从事的理性解剖，而为新民所用②。

日本国家主义思潮的形成对梁启超有着不小的影响。正是受到日本国家主义思潮的耳濡目染，他寄希望于中国也能形成国家主义浪潮，建立一个强大的民族主义国家来抵抗外敌的侵略。同样地，像"民族""民族主义"以及"民族主义国家"等名词则是在西方列强的侵迫和刺激之下的产物，是西方近几百年以来所新有的，也是中国自古以来所缺乏的。③ 近代思想家以此来抵抗帝国主义的侵略，维护国家的自由与独立。梁启超等人所设定的民族国家，只强调外竞，不主张内竞，即对外不对内。他们反对狭隘的民族主义，不赞成革命派的民族革命。不无夸张地说，在梁启超的思想里是没有"民族革命"一词的。但他不反对社会革命，尤其对恶政府深恶痛绝。他一生自始至终的都在主张民族国家，虽然在《欧游心影录》提出"世界主义的国家"，较以前有所变化，但都是与世界形势的变化相一致的。即是说，在辛亥革命之前，中国所处的世界是帝国主义列强共同虎视眈眈于弱国的时代，中国建

---

① 郑匡民：《梁启超启蒙思想的东学背景》，上海：上海书店出版社，2003 年，第 282 页。
② 郭刚：《论梁启超的国民启蒙逻辑历程》，载《长白学刊》，2010 年第 1 期，第 148 页。
③ 梁启超通过多视角多层面透视历史现象，引进化竞争思想，对国民起到激励作用。他所提倡的竞争进化、多元结合、动态平等、文化交融的民族观，充满了忧患意识和爱国情怀，贯彻着变革意识和发展意识，表现了积极进取和乐观向上的民族精神。他不仅将民族一词首先引入我国，较早地将西方民族、民族主义的界说引进思想界，而且将传播与创新相结合，赋予民族、民族主义更科学的理性精神，更具东方特色。"梁启超最早将'民族'一词引入我国"，并赋予新意。（安静波：《再论梁启超的民族观》，载《学术交流》，1999 年第 6 期）

立民族国家有利于消除外患与内忧。而在第一次世界大战之后，世界形势发生了变化，帝国主义列强内部发生了经济危机，外部相互敌视、制衡，其矛头不仅仅对准弱小国家，而且要对付本国民众和其他帝国主义。因此，联合全世界受压迫的各民族主义国家一起来抵制帝国主义的侵略，又是当时的形势决定的。于是，由一国民族转向世界民族的大联合，由一国争取自由与平等发展到全世界的和平与平等，体现了梁启超反对霸权主义和强权政治、爱好和平的强烈愿望，与当今世界的主题不是很吻合吗？从这点上说，梁启超的民族主义国家观是以国家崛起为现实历史责任，并以"世界主义的国家"为目标，是与社会主义思想相关联，表现出各种思想相互激荡、激烈碰撞。同时，他展现出的是一位国际主义者，"大同理想"永远没有丢，也是不可能丢的。应该说，梁启超主张建立民族国家，从本质上起到了反帝反封建的历史作用，拥有建立世界大同的终极理想。

最后不得不再次提及的是，梁启超居日期间创办的《新民丛报》所设定的新民救国方案，传播西方的学说和思想，像亚当·斯密的经济思想、康德和费希特的德国古典哲学、边沁的功利学说以及托马斯·莫尔的空想社会主义等，实际上是与马克思主义学说有着相关联性，旨在唤醒国人救亡图存，进行国民性启蒙与改造。他虽然自己也未必自觉地专门介绍，也不够系统和全面，但为国人了解社会主义思想所产生的时代语境和文化精神提供了广阔的视野，也为他的"反复多变思想"提供了滋养源泉。而且，他在短短十几年的时间里先后倡导"开明专制论""过渡时代论""宪政主张"等主张，便是不断汲取西学新知的综合性"产物"，包括西学中的进化论思想、社会主义思想等，不无道理地说，这些西学新知都是梁启超"易变"的思想资源。正是梁启超所传播的包括马克思主义在内的西学精神才逐渐启开近代的国民意识，虽然他认为底层民众不具有完备的"国民性格"，主张维护现有的社会秩序和通过少数精英的渐进性的改良来推动社会变革，但在力倡民权、宪政方面促进了国民人权思想的萌芽，促进了国家观念的觉醒，唤起了国人的爱国之心。无疑，这些都是梁启超传播西学的巨大贡献。

## 第二节 "麦喀士"与"社会主义"观

19世纪末20世纪初，社会主义运动不仅披靡欧美，而且越过重洋，震撼中国东邻日本，因而，日本成为亚洲地区社会主义思潮的中心和基地。日本国内出现了"社会主义研究""社会主义协会"等组织，已有《社会主义》（村井知至著）和《近世社会主义》（福井准造著）等书问世。《社会主义》带有浓厚的基督教社会主义倾向，涉及"欧洲现时之社会问题""社会主义之本领""社会主义与道德""社会主义与美术""社会主义与教育""社会主义与妇人""理想之社会""社会主义与劳动团体""社会主义与基督教"等问题，文中提到马克思（译为"卡尔氏"）提倡社会主义，组织"万国劳动者之同盟会"。《社会主义》是国内出版的第一部译自日语的社会主义著作。《近世社会主义》对西方社会主义来源、社会党不同派别主张以及英法德的社会主义等作了介绍，书中批评英、法两国的空想社会主义，又不赞同无政府主义观点，认为前者有"井蛙之见"，后者则有"粗暴过激之议论"，都不是最好的选择；进而，还提到马克思批判蒲鲁东的《关于贫困之哲理》（今译《贫困的哲学》）而著的《自哲理上所见之贫困》（今译《哲学的贫困》①。不仅如此，该书更是介绍了《共产党宣言》《资本论》等马克思主义经典著作，曾对马克思的剩余价值学说和社会主义必然代替资本主义等思想作了论述。通过比较，《近世社会主义》专门介绍马克思生平及其学说，成为那个时代最早传播马克思主义的译著。这些为赴日学人对马克思主义在中国的广泛传播创造了有利条件。

马克思及其所创立的马克思主义就是在此时传入中国的。世纪之交的中国先进分子以大规模传播西学为己任，对马克思先后作了不同程度的传播。其中，社会主义被当成一种学说介绍到国内，梁启超较早接触到社会主义思潮，而且他的传播持久性较强。这对中国早期社会主义的传播以及五四时期

---

① 姜义华：《社会主义学说在中国的初期传播》，上海：复旦大学出版社1984年版，第91页。

社会主义运动所产生的影响是不可忽视的。早在赴日的不久（1901年间），梁启超在《南海康先生传》中曾提及社会主义："（康）先生之哲学，社会主义派哲学也。泰西社会主义，源于希腊之柏拉图，有共产之论。及十八世纪，桑士蒙、康德之徒大倡之，其组织渐完备，隐然为政治上一潜势力。先生未尝读诸士之书，而其理想与之暗合者甚多。"此时，梁启超理解的社会主义如同大同理想社会，与康有为的大同思想相去无几。故而，他又接着说，其"理想之国家，实无国家也；理想之家族，实无家族也。无国家无家族则奈何？以国家家族尽融纳于社会而已，故曰社会主义派哲学也。"倘若说，这时的梁启超对社会主义的理解还相当肤浅，对马克思及马克思主义尚未了解的话，那么，经过一年的社会风潮和思潮的洗礼，通过对在北美大陆已形成巨大势力的社会主义和日本国内的已隐然蔚风的社会主义思潮之研究与探赜，他对"社会主义"这一概念也有了相对程度的了解，可以说，是同时代的中国人所不可望及的。

在次年的《进化论革命者颉德之学说》一文里，梁启超借助颉德之言介绍了"麦喀士之社会主义"，称麦喀士（即马克思）为"社会主义之泰斗"。不过，马克思是被视作以现在主义为基础的社会党，与"尼志埃（即尼采）之个人主义"同时介绍的。"麦喀士谓今日社会之弊，在多数之弱者为少数之强者所压伏；尼志埃谓今日社会之弊，在少数之优者为多数之劣者所钳制。二者虽皆持之有故、言之成理，要之，其目的皆在现在，而未尝有所谓未来者存也"。因为此两大思想在德国"最占势力"，作为引介对象亦是理所当然之事。然而，梁启超是把它们作为批评对象的，仅为现在国家主义思潮中的样本，而不是未来主义者。可以说，梁启超是在自己的著作中最早提到马克思名字的中国人，而其介绍内容既是较多的，又是零碎的、片断的。

当年，梁启超又在《干涉与放任》一文中将国家学说分为干涉与放任两大主义，其中放任主义等同于个人主义，即自由主义；干涉主义等同于社会主义，又可称为"帝国主义"。他认为20世纪将是由干涉主义与放任主义竞争时代转向干涉主义的全盛时代，也就是由"国家恃人民而存在"的时代转向"人民恃国家而存在"的时代。放任主义的兴盛，使得自由政策发挥到极致；自由竞争的盛行，便带来了资本主义社会中富者愈富、贫者愈贫的情况，贫富差距拉大，出现资产者与无产者的阶级对立，引发社会斗争，"于是近世所谓社会主义者出而代之"。由此说，社会主义是干涉主义的结果，更是历史发展的产物。此处，梁启超对社会主义再次下了定义："社会主义者，其外形若纯主放任，其内质则实主干涉者也。将合人群使如一机器然，有总计以纽结而旋擎之，而于不平等中求平等。"此时，他对社会主义的理解是从国家干涉主义的角度立论的，迎合了世界的发展形势。故而又说道，"社会主义，其必将磅礴于二十世纪也明矣。故曰：二十世纪为干涉主义全盛时代也。"这时的定义和看法已与以前所言及的社会主义大相径庭。可以说，这是他对社会主义逐渐深入了解的结果，遂而向前推进了对社会主义的传播。

翌年，梁启超大部分时间游历美洲（正月出发，十月返回）。刚达美国不久（四月二十九日），纽约《社会主义丛报》总撰述哈利逊氏访问梁启超，规劝中国若实行改革，必从社会主义着手。① 在此途中，他与美洲的社会主义者进行了不少的接触，这在次年发表的《新大陆游记》中可得到证实，"余在美洲，社会党员来谒者凡四次……其来意皆甚殷殷，大率相劝以中国若行改革，必须从社会主义著手云云"。此时的梁启超虽视极端社会主义"不可行"，但认为日趋健全的国家社会主义"采用者甚多"，并认为"社会主义为今日全世界一最大问题"，乃是重视社会主义的。又接着说："吾所见社会主义党员，其热诚苦心，真有令人起敬者。……其于麦克士（德国人，社会主义之泰斗）之著书，崇拜之，信奉之。……社会主义之蔓延于全世界也亦宜。"特别是哈氏向梁启超全面介绍了各国社会主义运动的境况，且赠有社会主义纲领等小册子和丛报，使得他获知了全球社会党成员正以几何级数增长，社会主义在不及十年的时间内将为全球政治界的第一大势力，等等。应该看到的是，此时的梁启超正"迷信"于递级的社会进步而心系改革，尽量避免极端的破坏行动，对当时的社会主义并非完全接受；相对而言，他也仅为部分程度的了解，尚缺乏完全正确的认识。

紧接着，同年年底梁启超在《二十世纪之巨灵托辣斯》一书中，再度重

---

① 见丁文江、赵丰田主编：《梁启超年谱长编》，上海：上海人民出版社1983年版，第322页。又见《新大陆游记》，《饮冰室合集》专集之二十二，第41页。

申社会主义为干涉主义。不过，他明确区别了干涉主义的两种形态——社会主义与帝国主义，不再对二者混淆不清。"夫帝国主义也，社会主义也，一则为政府当道之所凭藉，一则为劳动贫民之所执持，其性质本依相反也"。此时，梁启超最终明白了社会主义实"为劳动贫民"谋利益的。不仅如此，他还将社会主义的产生放在当时历史背景下，认为社会主义乃是自由竞争的结果，由于资本自由竞争而逐渐进入垄断，力争"大食小"，大资本家为达到竞争的目的，获得高额利润，以廉价购买原料品，缩减劳力之"庸率"，延长劳动时间等手段。总之，资本家通过垄断原料生产与资本，致使"劳力者病""消费者病""生产者亦病"，造成贫富两极分化，日趋冲突，"而社会问题所由起也，于斯时也，乃举天下厌倦自由，而复讴歌干涉。故于学理上而产出所谓社会主义者，于事实上而产出所谓托辣斯者。社会主义者，自由竞争反动之结果；托辣斯者，自由竞争反动之过渡也"。而且，从梁启超的表述中也可推出帝国主义时代只不过为一过渡时代。他说："托辣斯者，生计界之帝国主义也，夫政治界之必趋于帝国主义，与生计界之趋于托辣斯，皆物竞天择自然之运，不得不尔。"他批评那些视帝国主义为庞然大物而大惊小怪者，只要正面对之，认清其本质特征，就不必可怕了。他进而断言："二十纪以后之天地，铁血竞争之时代将去，而产业竞争之时代方来，于生计上能占一地位与否，非直一国强弱所由分，即兴亡亦系此焉。"他预测20世纪为经济竞争时代是有深思远谋的，事实在20世纪末我国仍在强调"以经济建设为中心"的重要性，其超前意识是不言而喻的。不仅如此，梁启超在这篇文章中还涉及两个重要问题，即资本主义社会中的基本矛盾和帝国主义过渡论。关于资本主义社会中的社会矛盾问题，即资本家与无产阶级的矛盾和社会生产的无政府状态与生产力高度发展的矛盾。恩格斯在《社会主义从空想到科学的发展》一书中，正是从资本主义的自由竞争出发，分析生产的社会性以及生产资料与私人占有的关系，带来生产力的高度发展，却与全社会生产的无政府状态构成矛盾，结果必然造成生产过剩和经济危机，于是社会主义在无产阶级与资产阶级矛盾斗争中得以产生。从历史维度上看，梁启超关于帝国主义过渡的论述，比列宁等人的观点要早。

1904年，承《二十世纪之巨灵托辣斯》之后，梁启超又在《新民丛报》

上发表了《中国之社会主义》一文，认为社会主义作为资本主义发展进程中产生的"特产物"，成为人类未来世界的"大同"目标，"概括其最要之义，不过曰土地归公，资本归公，专以劳力为百物价值之源泉"①。他基本陈述出社会主义的本质特点，对社会主义的认识更进一步；对马克思也有了新的认识，"麦喀士曰：现今之经济社会，实少数人掠夺多数人之土地而组成之者也"。而在此文中，梁启超对社会主义颇为同情，并将其纳入中国传统文化之中进行比附，把社会主义与中国历史上的井田制和均田减赋一类的主张相附会，认为"中国古代井田制度，正与近世之社会主义同一立脚点"。这在当时而言，虽然说在某种学说（此处指社会主义）初传入中国伊始，用中国传统已有的东西来比附外来的新鲜思想，是能够被国人理解，而富有亲近感，且容易接受；但这种附会是不够准确的，非科学性的，有时会误导国人，而引发不必要的或相反的作用。可以说，马克思主义早期中国化进程中，包括赴日学人在内的译介者对社会主义学说的传播都不约而同地选择了选用中国传统文化中固有的像井田之法阐释、附会西方社会主义学说，成为那个时代的一种解释化、可被接受的文化心理。随着个人对内外境遇的反观与体征，梁启超的政治思想也在波荡起伏，在确保救国安民的大前提下，此时的他不仅主张君主立宪制，而且竟提出了"开明专制论"，对社会主义与社会革命越发认识而越感到它的激烈性、斗争性和破坏性，已使他有时望而却步，甚至于有时望而生畏，更甚至于有时到了不屑一顾的地步。那主要在于他感到社会主义和社会革命于中国现实不可行的缘故，并不表明他对社会主义反感。而事实上恰恰相反，只不过认为那是未来的事，未来之理想罢了。可以说，他向往社会主义犹如渴望共和政体，在内心深处期望之、瞻仰之。在梁启超看来，各种学说与理论的引进、鉴别与取舍是必要的，是一切做学问和立思想所应该具备的。尤其当前正居于列强环视、民不聊生之境地，更需要寻求切实可行的思想来挽救中国。故而，社会主义作为一种学说体系被引介和筛选是在情理之中的事。

1906年9月，梁启超又在《驳孙文演说中关于社会革命论者》中说：

---

① 《梁启超全集》，北京：北京出版社1999年版，第392页。

"社会主义学说,其属于改良主义者,吾固绝对表同情;其关于革命主义者,则吾亦未始不赞美之,而谓其必不可行即行亦在于数百年之后……两者(即改良与革命)之最大异点,则以承认现在之经济组织与否为界也。(即以承认一切生产机关之私有权与否为界)。"他此时期内对社会主义的态度可窥见一斑,是与中国之现状紧密相连的。由于社会主义可能会有改良与革命两种情况,梁启超择取的范围(无论维护,还是批判)就相当广泛了。即是说,它可作为就事论事的两刃剑,就社会主义的前景而言,是绝对无挑剔的,梁启超欣喜欢迎之;就取得社会主义胜利所采取的革命手段,他深表遗憾。①因此在与革命派发起论战之时,则举起批判的矛头对准革命派的破坏的一面。在同年发表的《开明专制论》中,梁启超就社会革命问题与革命派发起论争。他指出社会革命的可怖性,特别陈诉下层阶级的破坏性。为避免世界列强的"渔翁得利",以及像赤眉、黄巾之类的起义破坏,在复有"欲以野蛮之力杀四万万人之半,夺其固而有之",是一种非人道主义之举,应竭力避免。那种"博一般下等社会之同情,冀赌徒、光棍、大盗、小偷、乞丐、流氓、狱囚之悉为我用,惧赤眉、黄巾之不滋蔓,而复以而煽之",必然使国家"亿劫不可复"。这是他对社会主义革命性的一面的揭示与批判。我们从中看出,梁启超已经晓得阶级矛盾的基本内涵,并结合当前形势针对中国的历史与现状进行理论上的析理,探悉的结果便是,中国若实行阶级性的革命斗争势必造成像赤眉、黄巾之类的流血战争,不仅国内造成混乱,民众遭殃,更为严重的是会带来外国列强借为平内乱而瓜分中国的口实,那时的中国就可想而知了。另一方面,梁启超也确实无暇静下心来对阶级矛盾作为斗争的手段进行深思,即便有所思,也是表层的,因为他过高地抬价了帝国主义的个体势力,没有真正辨别他们之间的利害关系,即互相之间的防范、牵制、攻讦、消解、蚕食等关系,这会从整体上消弱帝国主义对中国的侵犯程度;同时过度漠视了下层国民的反抗意识(只一味地强调奴性太强,殊不知以他为代表的启蒙人士通过他们的思想和行动已经潜在地影响了国人)、战斗性意识、自我保全意识等。随着形势的发展,以毛泽东为代表的中国共产

---

① 梁启超并非完全否定之,赞成与排斥相对而言,尤其在中国的现状下不可立即实行之。

党人，汲取前人的经验教训，立足于世界性前沿，经过深层次的分析，而大胆运用了马克思主义的阶级斗争学说，历经艰苦卓绝的斗争，最终取得了新中国的胜利。这与其说是个人的局限，还不如说是时代赋予他的局限性。应该说，是时代给他开了个不小的玩笑。可惜！可叹！

1907年，梁启超在《社会主义论序》中从世界范围的角度看，认为社会主义的出现主要是由于经济问题上的分配不均造成的，标志着他以"经济问题"的眼光再度关注社会主义了。他说："世界之问题亦多矣，而最大者宜莫如经济问题；经济问题之内容亦多矣，而今日世界各国之最苦于解决者，尤莫如其中之分配问题。坐是之故，而有所谓社会主义者兴。"并认为社会主义至少在解决经济问题上占有重要地位。在此期间，他虽然对中国实行社会主义并非赞同，但对社会主义深表同情。

由上分析，梁启超接触社会主义近七八年的期间里，通过读日文书、游历欧美各国以及与革命派争论，对社会主义的了解越来越丰富，已看到社会主义在世界舞台上的位置，并依然认为"我国今当产业萎靡时代，尚未有容此问题发生之余地"。但是，他对社会主义革命持有同情，而且保有远见，认为"社会革命，恐怕是二十世纪史唯一的特色，没有一国能免，不过争早晚罢了"①。梁启超对于欧美国家实行社会主义表示赞赏，认为欧美国家已有无产阶级和有产阶级的分殊，而无产阶级处于被剥削被压迫且极度贫穷的社会地位，"目前最迫切之问题，在如何使多数之劳动者地位得以改善"，实行社会主义是"适合于多数人地位上之要求"。② 这是他对社会主义的根本态度的写照。鉴于此，有学者将梁启超传播马克思主义学说称为"是中国社会主义思想传播与发展史上一个重要的环节，在一定的广度与深度上为科学社会主义在中国的传播与确立也奠定了一定的基础"③。可以说，梁启超对马克思主义早期中国化的探索起到了铺路石的重要作用。

梁启超理解社会主义的文化资源是建立在中国传统文化类比基础上，且

---

① 《欧游心影录节录》，《饮冰室合集》专集之二十三，第8页。
② 《复张东荪书论社会主义运动》，《饮冰室合集》文集之三十六，第1页。
③ 王继平、郑赤建、肖军芳：《中国社会主义思想通史简编》，长沙：湖南人民出版社2007年版，第29页。

以释义的"相似度"作一传播的,易于被国人理解。他认为,社会主义观虽来源于西方社会主义思潮,却与中国传统的大同理想相暗合。这种文化暗合的思想早在日本学者身上存有,如幸德秋水初步接触社会主义学说时,就把社会主义与中国的大同社会相等同看待,认为社会主义的根本要旨就是从资本家那里将生产资料夺回来分配给全体社会成员所有。梁启超还把社会主义的主要内容看成是"干涉""公有"与"均平",将大同思想与社会主义思想结合起来,传播马克思理论、社会主义思想。这种掺杂了中国传统"均平""大同"理念的社会主义,是一种学理上的牵强附会,却直接构成梁启超介绍社会主义的历史局限,也成为了梁启超社会主义观的渊源之一。

梁启超将社会主义作为先进思想引介到国内,赞成采取渐进改良的方式实现社会主义,反对社会革命,主张社会改良。对中国当时能否实行社会主义持保守的态度,社会主义的主要内容是"干涉",有着革命推翻政府、打倒一切的暴力倾向。在他看来,社会主义产生的原因是自由竞争导致的贫富差距悬殊,社会主义的实现方式是革命。梁启超认为实现社会主义的过程不应操之过急,而应该采取稳健的态度以渐进改革的方式进行。他反对革命这条途径实现社会主义,曾言"我本质尚为较良之社会,才有期望实现社会主义者们所希望的'黄金世界'",避免重蹈欧美国家现在的"凄风惨雨之气象"①。他强调"革命没有实在的好处,或者企图用别的办法来实现劳资之间的平等,那也只能导致失败"②。他反对由暴力革命途径实现社会主义。梁启超主张以"渐进性微变"的方式代替"传导性巨变"③,梁启超重视中国国家安全的社会环境,对存有社会暴动的社会主义运动是持保守的态度。当然,梁启超早期思想还深受德国俾斯麦的国家社会主义政策和基尔特社会主义思想的影响,将社会主义分为国家社会改良主义和极端社会革命主义,并以赞同中国先以社会改良为主。

---

① 梁启超:《杂答某报》,夏晓虹辑《饮冰室合集》集外文(上册),北京:北京大学出版社2005年版,第436页。
② 转引自[美]列文森:《梁启超与中国近代思想》,刘伟等译,成都:四川人民出版社1986年版,第292页。
③ 罗荣渠:《现代化新论——中国的现代化道路》,上海:华东师范大学出版社2013年版,第97页。

梁启超还把社会主义看成以分配问题为价值取向的社会形态，需以发达的生产力作支撑。基于阶级立场的不同站位，则决定了认识社会问题的取舍不同。梁启超以知识阶层的视角对中国当时生产力发展状况、阶级构成与外部势力等国情进行分析，对于贫穷落后的国家是否能够实行社会主义，他认为，生产力发达的社会才具备实行社会主义的条件，中国生产力贫乏的落后状况是不容许建立社会主义，也就意味着在中国实行社会主义的条件还不成熟。于是，他主张当时的中国应以资本主义的生产方式来发展生产力，同时注意分配的合理性，实现合于人道主义经济组织。马克思主义认为："把分配看成并解释成一种不依赖于生产方式的东西，从而把社会主义描写为主要是在分配问题内兜圈子，这是对社会主义的误读"①。并从生产与分配之间关系的角度分析当时中国的首要任务是优先发展社会生产，而不是社会分配，准确地说是重视生产而兼顾分配，基于此，梁启超是不赞成在当时中国立刻实行社会主义。从这点上看，生产问题和分配问题是关系到国计民生的核心问题，也构成为国民经济的基本问题，具备一种智慧的洞察力。当然，梁启超没有认识到社会主义的实质在于生产力决定生成关系之时而先进的生产关系对生产力所具有的促进作用，这种超前意识被中国共产党人所理解且用于社会实践当中。

不过，展望未来社会发展，梁启超对社会主义运动的发展前景是看好的，认为社会主义代替资本主义是西方社会的前进方向，并对未来中国定会实行社会主义抱有信心。由此说，在梁启超看来，社会主义替代资本主义只是时间问题，社会替代论犹如社会进化论是一种历史趋势，不可阻挡。从历史的角度看，梁启超对社会主义的早期传播开启了中国人认识马克思主义学说的先河，起到了启发后学的作用。

---

① 《马克思恩格斯选集（第3卷）》，北京：人民出版社1995年版，第13页。

# 第三章 同盟会学人的社会主义传译

中国同盟会是由孙中山在日本东京组织领导的革命组织——由兴中会、华兴会等多个团体集合而成，标志着第一个统一的全国性资产阶级革命政党的诞生。中国同盟会的机关报是成立于1905年的《民报》，以民族、民权、民生的三民主义作为该报的根本宗旨。其中，针对社会主义及其是否适用于中国之类的问题展开激烈的辩论，《民报》曾与《新民丛报》展开一系列论战，论辩双方阐发各自的立场、观点和主张，辩论尤为激烈而持久。正是论战时期的《民报》为了驳论的需要而宣传资产阶级革命派的纲领，译介、阐释或引用了有关西方社会主义学说的内容，对马克思主义传播起着助推作用。在《民报》发刊词中，孙中山就表达了对欧美资本主义发展带来的严重社会问题不满，以及对蓬勃兴起的社会主义运动的同情，包括对马克思主义思想的关注。这时期《民报》的主要撰稿人所引入的社会主义思想是广泛的，代表人物有朱执信、宋教仁、廖仲恺、胡汉民等。《民报》发布的"辩驳"《新民丛报》的十二条纲领中，明确把"提倡社会主义"列入了双方论辩的内容，先后发表译介社会主义学说的文章十余篇，包括《德意志社会革命家小传》《欧美社会革命运动之种类及评论》《万国社会党大会略史》《社会主义史大纲》《进步与贫乏》《无政府主义与社会主义》《无政府党与革命党之说明》等，内容涉及《共产党宣言》和《资本论》的有关信息以及第一国际活动的情况。

## 第一节 孙中山"三民主义"中社会主义思想

在中国,工人阶级早于资产阶级而存在,是由于外国资本主义早于中国资本家在华开办厂矿企业,所遭受的压迫和剥削是世界罕见的;随着"师夷之长技以制夷"政策推进,中国资产阶级也萌生了,却是深受外国列强和封建官僚的排挤,在外国资本主义的夹缝中成长起来,所以中国资产阶级与工人有着特定时代下的联系性,表现为他们之间具有共同的革命性一面,尽管他们之间存在着各种微妙的关系,但在民族利益面前,他们之间的矛盾可以暂时成为次要矛盾。在更多情况下,受资产阶级的影响和推动,中国工人阶级参加了推翻清王朝的旧民主主义革命斗争,共同抵制外国列强的侵入,二者"天然地"成为统一战线中革命斗争的重要动力。故而,研究中国资产阶级不得不放在中国社会各阶级关系(特别是与工人阶级的关系),以及不同历史阶段中进行考察。

孙中山自称是"中国社会主义者"①,可想而知他受社会主义的影响是不小的。徐复观先生说:"由戊戌变法发展为辛亥革命,中国第一次才出现了以孙中山先生为首的知识分子集团的革命,真正出现了秀才造反,不但推翻满清,而且推翻了两千多年来的专制。此惊天动地的事件,若不想到与西方文化接触后所发生的伟大影响,便无法加以解释。"② 由于不像梁启超、李大钊、陈独秀等人早期仅受日译西学影响,孙中山曾早年旅游欧洲,之后才接触到日译西学。所以,我们首先有必要澄清孙中山具体接触到哪些包括社会主义学说在内的日译西学,进而才能研究他对日译西学的借鉴程度。可以说,正是由于孙中山青年时代很早地受过较为系统的近代西式教育,接触过西学,故而随着革命形式的变化和个人遭遇的变迁,他才能很快地接受日译西学。表现为孙中山在日本相当一段时间里大量地接触了日本学者及其他们译介和传入的包含社会主义的西学思想。

---

① 孙中山:《孙中山全集》(第1卷),北京:中华书局2006年版,第273页。
② 转引自李维武:《徐复观学术思想评卷》,北京:北京图书馆出版社2001年版,第267页。

孙中山曾经对一位日本朋友说："余一生嗜好，除革命外，惟读书而已。余一日不读书，即不能生活。"① 而且，孙中山是有一种把读书服务于"革命"的理念，曾指出："我无所谓专攻，我所攻者乃革命之学问，凡一切学术有可以助我革命之知识及能力者，我皆用以为研究的资料，以组成我的革命学。"② 至于对"一切学术"的摄取，孙中山尤其强调"读书要读新出版的名著，这样才能渊博，才能吸收新知。阅读专著也很要紧，这样学问才有系统"③。不难看出，孙中山是以阅读新学为旨趣的。

那么，孙中山在日本读了哪些书？当前尚不可考；但对于孙中山购买的书籍，从现有资料和从学术界已做过的研究中可以获取一些信息。如，1989年上海孙中山故居曾内部出版《上海孙中山故居藏书目录》，1992年重新修订了此目录。根据中村哲夫的研究报告显示，故居内藏书总目为1932种，总册数达5230册，语种包括中文、英文、法文、德文、俄文、日文六种不同语言的书籍，而英文书又占据了绝大多数，其次为日文书，其中社会科学类的书籍是孙中山收藏的重点④。藏书内容涵盖政治、经济、军事、历史、医学、哲学、教育学以及天文、地理、工农业等多种学科，涉及英、美、日、法、德等多个国家和地区内容。在这些藏书中，其中很大部分是从日本购买或邮寄过来的。当然，这并非否定孙中山从欧洲各地获取书籍和西学，而事实上，他很早且持久地接触着西学，但因早期逃避捕杀的危险，携带大量的书籍是极不方便的；相比较而言，在日本就大不同，不仅日本朋友远远多于欧洲的朋友，况且日本的一些朋友是至交或为追随者；尤为值得一提的是，日本仅为"一衣带水"的邻邦，而欧洲路途则遥远得很，购置书籍的方便程度可想而知了。还有重要一点是，孙中山自避难于日本的很长时期内频繁往来于中国与日本之间。所以，综合这些因素可以推知，这些藏书绝大部分是从日本购买的。

---

① 《孙中山轶事集》，上海：上海三民公司1926年版，第157页。
② 尚明轩等编：《孙中山生平事业追忆录》，北京：人民出版社1986年版，第694页。
③ 尚明轩等编：《孙中山生平事业追忆录》，北京：人民出版社1986年版，第837页。
④ ［日］中村哲夫：《关于上海孙中山故居藏书》，丁日初主编《近代中国》第4辑，上海：上海社会科学出版社1994年版，第37页。

若论及孙中山在日本期间接触到的日译西学,虽不能具体到哪些内容,但其购买数量仍是很大的,且能表现出他学习西学的精神是充足的。据悉,孙中山刚到日本时,便有日本侦探监视孙中山活动动向,从获知的报告中得到零碎的消息,曾提及他终日埋头读书,同时还经常光顾日本丸善书店等地方购买书籍①。此说明,孙中山流亡日本后,集中精力读书、获取新知,是其继续开展革命工作的滋养来源。姜义华根据东京日本桥区街三丁目的丸善株式会社的发货清单,以及请求付给书款的信件整理而成的《孙中山从丸善购入的书籍》清单显示,1914 至 1915 年间孙中山仅从丸善一家所购买的书籍达 150 余种,"其中日文书 9 种,法文书 10 种,其余全部为英文书"②。在孙中山购买的这些书籍中,更多为了革命形势所需,阅读书籍侧重于西方政治学、哲学,还有紧跟时代特征的西方伦理学之类的书目。他购买的政治类书籍最多,如关于世界革命形势的《法国革命》《英德问题》《德国的入侵以及真正的德国危险》《德国和下一次战争》《战争与和平》,以及政治权利、政府管理方面的《澳大利亚联邦的形成》《民主政治的危险》《普鲁士政府的管理原理》等书目;其次是哲学和伦理学的书籍,包括柏格森哲学思想,涉及"伦理学""心理学""社会学"等领域,如《当代伦理学》《知识与生活》《精神生活》等。

如此,"孙中山究竟阅读了哪些西方哲学著述?这些著作使孙中山究竟在一种什么思想基础上去思考?"据姜义华研究,"有两种直接的资料,有助于剖析这两个问题。一是 1914—1915 年间孙中山从丸善株式会社三次购入的书籍目录;二是上海孙中山故居现存的孙中山生前藏书目录"。姜义华认为:"两种资料互相印合,表明孙中山在酝酿撰写《孙文学说》时,哲学上的直接准备或主要资源,并非欧洲启蒙时代的哲学,如法国的唯物主义、英国的经验主义或德国古典哲学……也不是 19 世纪中叶以来风靡一时的实证主义及 20 世纪初风头正健的实用主义,而是以叔本华……为代表的怀疑、批判乃至

---

① 参见俞辛焞等编译:《孙中山在日活动密录——日本外务省档案》(1913·8—1916·4),天津:南开大学出版社 1990 年版,第 7—8 页。
② 姜义华:《孙中山思想发展学理上的重要准备》,丁日初主编《近代中国》第 4 辑,上海:上海社会科学出版社 1994 年版,第 37 页。

否定近代物质文明、理性主义、科学主义，而倡导精神追求、非理性化及人文主义的哲学。正是他们本人的著作以及他们的追随者、诠释者的著作，使孙中山产生了浓厚的兴趣。"① 应该值得注意的是，孙中山购书这段时间，伯格森与倭铿的学说在日本有很大的影响。这也在李大钊等人思想里有所体现。

正是抱有救国的强烈愿望和持有"与时俱进"的态度，孙中山一生都在追求真理。换言之，为了拯救国家而走上国家富强的道路，孙中山是不断汲取世界上先进知识的，体现为"得欧风美雨之吹沐""循世界进化之潮流"②；而且，他以"集合中外的精华，防止一切的流弊"③ 为动力和目的。正是在此精神指引下，孙中山接受了大量的西学。早在青年时代，孙中山对欧洲文明便持开放的态度。对于西学新知，他"于泰西之语言文字，政治礼俗，与夫天算地舆之学，格物化学之理，皆略有所窥；而尤留心于其富国强兵之道，化民成俗之规；至于时局变迁之故，睦邻交际之宜，辄能洞其间奥"④。这是一种"对欧洲文明采取开放态度"⑤，希望做到"步武泰西，参行新法"⑥。随着革命形势的变化，孙中山更加注重吸取西学新知，要求人们重视"发现文明国家之新精神"⑦。其具体表现在"持中国近代之文明以比欧美，在物质方面不逮固甚远，其在心性方面"，"不如彼者亦多"⑧；这是指西方文明程度远远高于中国，不仅表现为科学技术和器物方面，而且在于承载着国家精神的政治文化和心性文明方面，这些都应当是中国努力迎头赶上的。从文献资料的爬梳中可知，孙中山居日期间对日传西学的获取是广泛而又丰富的⑨，如从创办的《民报》主旨和内容上可以窥见包括他在内的同盟会成

---

① 姜义华：《大道之行——孙中山思想发微》，广州：广东人民出版社1996年版，第331、333页。
② 孙中山：《孙中山全集》（第6卷），北京：中华书局2006年版，第412页。
③ 孙中山：《孙中山全集》（第9卷），北京：中华书局2006年版，第353页。
④ 孙中山：《孙中山全集》（第1卷），北京：中华书局2006年版，第8页。
⑤ 孙中山：《孙中山全集》（第1卷），北京：中华书局2006年版，第86页。
⑥ 孙中山：《孙中山全集》（第1卷），北京：中华书局2006年版，第15页。
⑦ 孙中山：《孙中山全集》（第3卷），北京：中华书局2006年版，第2页。
⑧ 孙中山：《孙中山全集》（第6卷），北京：中华书局2006年版，第180页。
⑨ 当然，这并非否定孙中山早在旅欧期间就接触了马克思、乔治、穆勒、孟德斯鸠等人的思想，而且也不会排除其对他之后的思想发展有着深远的影响；但必须承认的是早期的接触只是初步的，这从孙中山赴日之前的文献中很少留下很深的影响加以佐证，且恰恰证明的是在居日期间及之后的文献里，他受西学精神和日本思想（家）深深感染极为明显。

员传播和接受外来文化的情况。自从赴日之后，他便在三民主义的讲演中表示中国要以日本为榜样，通过学习日本来学习欧美，并超越欧美。

孙中山居日期间正值日本思想家宣传互助的无政府主义思想，受其影响，他的伦理思想中也注入了博爱、平等、互助的基本道德规范。进而，孙中山在进化论中加进了互助、仁爱的内容，反对优胜劣败的思想，主张和平和公理，强调野蛮时代才讲天然淘汰，认为"世界进化由野蛮而至文明"①，而在道德文明时代要讲公理和良知。他指出，人类进化原则"与物种之进化原则不同：物种以竞争为原则，人类则以互助为原则。社会国家者，互助之体也；道德仁义者，互助之用也。人类顺此原则则昌，不顺此原则则亡"②。人类进化以互助为原则，"人类进化之主动力，在于互助，不在竞争，如其他之动物者焉。故斗争之性，乃动物性根之遗传于人类者，此种兽性，当以早除之为妙也"③。孙中山曾按人性道德增长程度的不同而把人类进化过程划分为不同的发展时期，直到"消灭兽性，发生神性，那么才算人类进步到了极点"④。这里，孙中山指出了人性进化是由兽性而神性而人性，并把进化区分为物质进化和心性进化，西方为科学发达的物质进化，主张弱肉强食，中国为道德进步的心性进化，旨在追求仁爱和平。

值得一提的是，孙中山居日期间广泛接触社会主义学说。应该承认，孙中山在英国"伦敦蒙难"将近一年的流亡生涯中，以比较的形式对马克思及其社会主义学说深表同情，而且在不同场合还流露出心驰向往的态度。因为孙中山当年潜心阅读的大英博物馆图书馆，也正是马克思下了数十年功夫在那阅读、研究和写作《资本论》的地方，孙中山后来的著述中提到了这一点："有一间图书馆，其中所藏的书籍总有好几百万种，无论关于什么问题的书籍都是很丰富的。马克思便每天在那间图书馆内去研究，用了二三十年的功，费了一生的精力，把关于社会主义的书籍——不管他是古人著作的，或者是时人发表的——都搜集在一处，过细参考比较，想求出一个结果。这

---

① 孙中山：《孙中山全集》（第5卷），北京：中华书局2006年版，第188页。
② 孙中山：《孙中山全集》（第6卷），北京：中华书局2006年版，第195—196页。
③ 孙中山：《孙中山选集》，北京：人民出版社1981年版，第334页。
④ 孙中山：《孙中山全集》（第8卷），北京：中华书局2006年版，第317页。

种研究社会问题的办法,就是科学方法。故马克思所求出解决社会问题的方法,就是科学的社会主义。"① 他还说:"社会主义的派别很多,马克思主义不过是其中的一派。我在欧洲的时候,与社会主义各派领袖人物都有过接触,各派的理论也都研究过。我参酌了社会主义各派的理论,汲取它们的精华,并顾及中国的实际情形,才创立三民主义。"② 可以断定,孙中山早年接触马克思主义和社会主义学说对他的影响是深远的。对于此,孙中山夫人同样提及,"孙中山在伦敦蒙难期间,开始萌发了社会主义思想","他知道马克思和恩格斯,他也听到了关于列宁和俄国革命活动的消息。早在那个时候,社会主义就对他产生了吸引力。他敦促留学生研究马克思的《资本论》和《共产党宣言》,并阅读当时的社会主义书刊。"③ 梁启超也曾经说过:"孙逸仙,他不是个学者,他眼光极锐敏,提倡社会主义,以他为最先。"④ 无论是从孙中山自己的说法,还是他人的看法,都不可否认他很早了解了社会主义理论和马克思主义学说。

我们考察促使孙中山吸收马克思主义来创立他的三民主义的根本动机,一方面在于时代变迁和世界环境变化,主要在于孙中山赴日后的中国现实社会的变化,另一方面则是日本思想界(包括思想家)的影响,特别是孙中山与一些日本社会主义者的实际接触有着密切的关联性,这是极为重要的方面。孙中山自己就曾说过:1903 年,他流亡东京时,曾与日本《共产党宣言》的译者幸德秋水就社会主义问题交换过意见⑤。幸德秋水创办的《平民新闻》经常刊登支持孙中山领导的中国革命运动的文章。这一年夏天,孙中山在日本会晤过幸德秋水,二人就社会主义实行方法、革命问题进行过多次讨论。那段时间,深受日本思想家的感染,以孙中山为代表的一大批赴日革命者真诚地认同欧美正在勃兴的社会主义运动。1903 年 12 月,孙中山在《复某友人函》中便写道:"所询社会主义,乃弟所极思不能须臾忘者。"他指出,中

---

① 孙中山:《孙中山全集》(第 9 卷),北京:中华书局 2006 年版,第 363 页。
② 王耿雄等:《孙中山集外集》,上海:上海人民出版社 1990 年版,第 245 页。
③ 《宋庆龄选集》,北京:人民出版社 1992 年版,第 527、537 页。
④ 梁启超:《中国近三百年学术史》,上海:东方出版社 1996 年版,第 36—37 页。
⑤ 魏宏远:《孙中山年谱》,天津:天津人民出版社 1979 年版,第 59 页。

国"贫富之悬隔,不似欧美之富者富可敌国,贫者贫无立锥,则我之措施当较彼为易也","今日吾国言改革,何故不为贫富不均计,而留此一重罪业,以待他日更衍惨境乎?此固仁人所不忍出也。故弟欲于革命时一齐做起"①。1905年5月,孙中山在布鲁塞尔会见社会党国际执行局主席王德威尔德和书记胡斯曼时,更清楚地表示"中国社会主义者要采用欧洲的生产方式,使用机器,但要避免其种种弊端";这就是要使中国从"中世纪生产方式将直接过渡到社会主义的生产阶段"②的看法。之后,幸德秋水还亲自撰文提倡中国革命家应与日本的社会主义者携手合作,其本义蕴涵着他们俩的最早合作之见证。

孙中山居日期间随着对社会主义了解的深入,在把马克思主义与无政府主义相比较之后,认为马克思主义才是真正的社会主义,"无政府主义之学说,得以逞于当时,而真正纯粹之社会主义,遂湮没于云雾之中,缥缈而不可以迹。厥后有德国麦克司(马克思)者出,苦心孤诣,研究资本问题,垂三十年之久,著有《资本论》一书,发阐真理,不遗余力,而无条理之学说,遂成为有统系之学理。研究社会主义者,咸知所本"③。于是,他基于对社会主义的追求而崇仰马克思,并把马克思本人尊为"社会主义的圣人"。同时,他对马克思及其著作热情地给予了高度评价,认为"马克思之《资本论》,主张资本公有"④;"马氏之资本公有,其学说得社会主义之真髓"⑤。他指出,马克思"所著的书和所发明之学说,可说是集几千年来人类思想的大成。所以他的学说一出来之后,便举世风从,各国学者都是信仰他,都是跟着他走"⑥;"现在研究社会问题的人,也没有哪一个不是崇拜马克思做社会主义中的圣人"⑦。

孙中山居日时期及之后对社会主义的了解相对广泛和比较深入,他认为,

---

① 孙中山:《孙中山全集》(第1卷),北京:中华书局2006年版,第228页。
② 孙中山:《孙中山全集》(第1卷),北京:中华书局2006年版,第273页。
③ 孙中山:《孙中山全集》(第2卷),北京:中华书局2006年版,第506页。
④ 孙中山:《孙中山全集》(第2卷),北京:中华书局2006年版,第515页。
⑤ 孙中山:《孙中山全集》(第2卷),北京:中华书局2006年版,第518页。
⑥ 孙中山:《孙中山全集》(第9卷),北京:中华书局2006年版,第362页。
⑦ 孙中山:《孙中山全集》(第9卷),北京:中华书局2006年版,第360页。

"有主张废资本家归诸国有的,有主张土地均分于贫民的,有主张归诸公有的"①。这与实行土地公有、"耕者有其田"的思想是一致的,有着"生产资料公有制"的情怀。在介绍社会主义基本内涵的基础上,他特别强调了社会主义的"人道主义"本质:"社会主义者,人道主义也。人道主义,主张博爱、平等、自由,社会主义之真髓,亦不外此三者","社会主义之主张,实欲使世界同立于平等之地位,富则同富,乐则同乐,不宜于贫富苦乐之不同,而陷社会于竞争悲苦之境"②。孙中山还特别强调社会主义所具有的经济性质,指出:"社会主义既欲谋人类之幸福,当先谋人类生存;既欲谋人类之生存,当研究社会之经济。故社会主义者,一人类经济主义也。经济学者专从经济一方面着想,其学说已成为完全之科学,社会主义系从社会经济方面着想,欲从经济学上根本解决,以补救社会上之疾苦耳。"③

而且,孙中山指出了社会主义的分类,"所谓社会主义者仅可区为二派:一即集产社会主义,一即共产社会主义。……夫所谓集产云者,凡生利各事业,若土地、铁路、邮政、电气、矿产、森林皆为国有。共产云者,凡人在社会之中,各尽所能,各取所需。……两者比较,共产主义本为社会主义之上乘。然近日一般国民道德之程度未能达于极端,尽其所能以求所需者尚居少数,任取所需而未尝稍尽其能者,随在皆是。……则主张集产社会主义,实为今日唯一之要图。凡属生利之土地、铁路收归国有,不为一、二资本家所垄断渔利,而失业小民,务使各得其所,自食其力,既可补天演之缺陷,又深合于公理之平允"④。孙中山的社会主义不外乎集产社会主义或曰国家社会主义。国家社会主义的特征就是大资本,主要生产资料皆归国有,即使引入外国资本,也是为国家所用,"以外资从事建设生利事业,开辟市场,兴建工厂,建筑铁路,修治运河,开发矿产,举凡一切天然物产皆归公有,各种新事业之利润悉归公家。"⑤

---

① 孙中山:《孙中山全集》(第1卷),北京:中华书局2006年版,第327页。
② 孙中山:《孙中山全集》(第2卷),北京:中华书局2006年版,第510页。
③ 孙中山:《孙中山全集》(第2卷),北京:中华书局2006年版,第510页。
④ 孙中山:《孙中山全集》(第2卷),北京:中华书局2006年版,第508—509页。
⑤ 孙中山:《孙中山全集》(第5卷),北京:中华书局2006年版,第479页。

这样，孙中山在对马克思主义的理解基础上，始终本着"社会主义"精神进行中国国情论域的阐释，仅仅把马克思主义归结为社会主义，继则把社会主义纳入其三民主义思想体系，进而把社会主义等同于他的民生主义，从而深植于其社会革命理念之中，成为构成三民主义思想体系的核心要素。孙中山说，"至若社会主义，一言以蔽之，曰社会生计而已矣"；社会主义为"吾中国固夙有之"，"考诸历史，我国固素主张社会主义者。井田之制，即均产主义之滥觞；而累世同居，又共产主义之嚆矢，足见我国人民之脑际，久蕴蓄社会主义之精神，宜其进行之速，有一日千里之势也"①。因此说，孙中山在日本避难时接触社会主义，认为"社会主义之精神，而和平解决贫富之激战"，从而整合社会主义精神改造成中国式的三民主义。孙中山早年所形成的对社会主义的看法一直贯穿于他一生的观点之中，他还说："共产主义是民生的理想，民生主义是共产的实行；所以两种主义没有什么分别，要分别的还是方法。"② 他一再重申："民生主义就是社会主义，也就是共产主义，不过办法各有不同。"③ "民生主义就是共产主义。……因为三民主义之中的民生主义，大目的就是要众人能够共产。不过我们所主张的共产，是共将来，不是共现在。"④ 孙中山的民生主义是通过解决社会财富不合理占有的问题，处理好分配问题，实现"国利"和"民福"间的平衡，创建人人平等、"贫富相均"的理想社会。

不仅如此，孙中山还把实行集产社会主义作为当下的社会形态。他指出："主张集产社会主义，实为今日唯一之要图。凡属于生利之土地、铁路收归国有，不为一、二资本家所垄断渔利，而失业小民，务使各得其所，自食其力，既可补救天演之缺憾，又深合于公理之平允。"⑤ 这种以实业为基础，注重与民生息息相关的土地、矿产、铁路等，都应当收归国有，达到无剥削、无压迫的社会形态，是物质文明的基本内涵。在孙中山看来，广义的"实

---

① 孙中山：《孙中山全集》（第2卷），北京：中华书局2006年版，第507页。
② 孙中山：《孙中山全集》（第9卷），北京：中华书局2006年版，第381页。
③ 孙中山：《孙中山全集》（第9卷），北京：中华书局2006年版，第388页。
④ 孙中山：《孙中山全集》（第9卷），北京：中华书局2006年版，第389—390页。
⑤ 孙中山：《孙中山全集》（第2卷），北京：中华书局2006年版，第509页。

业"泛指一切与国民生活息息相关的产业或部门,涉及农、工、商各部门,以及国家建设层面的铁路交通、水利设施和轻重工业发展等,发展实业能够推进"国有化"发展,为国家民生发展打下坚实的物质基础。而且,他以调和资本主义社会经济和社会主义社会经济,"使之互相为用,以促进将来世界之文明也"①。由此看出,他学习西方物质之学的目的并未仅仅局限于发展中国资本主义,还要为社会主义做准备,为世界大同而奋斗不息。

孙中山认为,精神文明建设的核心是道德建设。"要正本清源,自根本上做工夫,便是在改良人格来救国"②。孙中山借助西方进化论的观点,反对"一味服从""甘为落后"③的奴隶道德,而主张有着社会主义精神的"人道主义"道德哲学。在民国成立之初,自认为是社会主义者的孙中山又曾说:"社会主义者,人道主义也。人道主义,主张博爱、平等、自由,社会主义之真髓,亦不外此三者,实为人类之福音。"④ 孙中山还用这种博爱、平等、自由的精神坚决反对帝国主义为加紧压迫和奴役世界人民而鼓吹的弱肉强食的强盗道德行径,并指责被压迫人民"只图目前之私,不顾长久大局"的愚昧自私思想,提出了扶弱济倾,被压迫人民奋起自救、相互支援、共谋解放的新道德思想。

对于社会改造问题,孙中山提出"物质文明与心性文明相待,而后能进步"⑤的主张。在物质文明方面,主要指"机器与钱币之用",其能"使人类安适繁华";在精神文明方面,文字是文化传承、精神传播的中介和载体,人类通过文字的手段,以文化的启蒙而达到精神上的提升,因而文字"则以助人类心性文明之发达"⑥。这表明,孙中山能够比较客观地从整体性上来看待中国的物质文明和精神文明建设,指出"发展文明,非仅关于财富一方面(即物质文明),并负谋人民之幸福与安全(精神文明)"⑦,是集"物质文明

---

① 孙中山:《孙中山全集》(第6卷),北京:中华书局2006年版,第398页。
② 孙中山:《孙中山全集》(第8卷),北京:中华书局2006年版,第286页。
③ 孙中山:《孙中山全集》(第1卷),北京:中华书局2006年版,第51页。
④ 孙中山:《孙中山全集》(第2卷),北京:中华书局2006年版,第510页。
⑤ 孙中山:《孙中山全集》(第6卷),北京:中华书局2006年版,第180页。
⑥ 孙中山:《孙中山全集》(第6卷),北京:中华书局2006年版,第180页。
⑦ 孙中山:《孙中山全集》(第6卷),北京:中华书局2006年版,第525页。

与心性文明相待"的社会改造精神。因此，文明不仅仅表现于机器、钱币等衣食住行层面的物质需要，更体现了国民的精神进步与道德进化。换言之，人类的进步既在于物质生活（条件）的改善，又在于道德的进步，二者缺一不可，成为社会进化的本质，却不是社会进化中的一方进步而另一方退步的历史现象。相比较而言，物质文明提供物质财富的丰实，精神文明更多给予一定的归宿感、安全感、幸福感的力量。

必须承认，在孙中山思想体系里，"物质文明与心性文明相待"理论最终落脚于道德建国的主张，是类似于福泽重视"智德"。他更把道德提升为"革命之精神"的层面，蕴涵着无限的能量，是为道德对革命理论不足的弥补，能够起到鼓舞人心、激扬斗志的作用。孙中山提出"革命之主义""革命之道德""革命之精神"①，其包含政德、党德的政治道德、政治心理以及军人的革命精神。在道德发生论方面，孙中山吸收了西方诸学说思想，尤独偏重于尼采、柏格森等人的非理性化及人文主义哲学，怀疑、批判乃至否定近代物质文明和科学主义②。孙中山指出："从前学说，准物质进化之原则，阐发物竞生存之理……今世界日进文明，此种学理，都成野蛮时代之陈谈，不能适用于今日。今日进于社会主义，注重人道，故不重相争，而重相助，有道德始有国家，有道德始有世界。"③ 但是，在以缺乏一定科学基础的哲学思想作为基础时，加上社会物质条件不具备、革命的现实手段和道路不清楚，而片面强调道德上的激励（即道德说教）是危险的，往往表现在失去现实广大的群众基础，容易缺失坚实的力量。

尤其值得一提的是，孙中山一生都在读历史之书，同时也读现实之书，并将二者有机地结合，融会贯通于中西古今文化于一身，而育成出改造中国现实的哲学理论——"三民主义"。可以说，孙中山的"三民主义"蕴含着丰富的社会主义学说。孙中山是个注意顺应时代潮流的人，他的思想能够"适乎世界之潮流，合乎人群之需要"，有着与时俱进的品格和批判精神。他

---

① 孙中山：《孙中山全集》（第6卷），北京：中华书局2006年版，第519页。
② 姜义华：《论孙文学说人文精神的新构建》，载《孙逸仙思想与二十一世纪论文集》，"国立"台湾师范大学三民主义研究所1992年版，第697—708页。
③ 孙中山：《孙中山全集》（第3卷），北京：中华书局2006年版，第25页。

认为，挽救国运，实现国家富强，"须有一定之主义，始可以成仁，始可以成功"①。而三民主义就能成救国救民之仁。根据现有文献材料可知，孙中山于1903年12月在复某友人书中所说的实行"社会主义"与"平均地权"，是在不使中国像欧美国家那样贫富悬殊而发生"不平均"的"大冲突"之观点中，是他第一次提到社会主义，并涉及民生主义与社会主义的关系；同时，他指出"欧美国势已为积重难返，……富者富可敌国，贫者贫无立锥"，因此，"今日吾国言改革，应为贫富不均计"②。此时，孙中山已经看出资本主义、帝国主义国家贫富悬殊，民生问题则将成为阶级斗争的根源，而主张国民共同对社会财富进行占有。而且，自那时起，孙中山一直把他看成是国际社会主义思想的一分子。武昌起义后，孙中山从海外回国，在上海宣称"余实完全社会主义家也"③。民国初年，孙中山在大量演讲和文章中，仍然称民生主义就是社会主义，只是他认为把社会主义译成民生主义更适合中国国情。孙中山关于民生主义的"平均地权"等思想，是深受美国经济学家亨利·乔治和英国经济学家约翰·穆勒的单税社会主义思想的影响。

因而居日期间及之后，孙中山就多次提及民生主义与社会主义的关系，主要表现在他最初有感于欧洲社会主义运动的蓬勃发展，接着又深受日本民权主义运动和日本的社会主义思潮及其工人运动的感染，为他寻求中国出路而提出的。在此阶段，他开始对工人阶级深表同情，这主要表现于他目睹欧美资本主义国家尖锐的阶级对立和冲突，对工人境遇及其斗争深表同情，认为"工人者，不特为发达资本之功臣，亦即人类世界之功臣也"，"工人受资本家之苛遇而思反抗，此不能为工人咎也"④。他还说："夫吾人之所以持民生主义者，非反对资本，反对资本家耳，反对少数人占经济之势力，垄断社会之富源耳"，而且"民生主义，则排斥少数资本家，使人民共享生产上之自由。故民生主义者，即国家社会主义也。"⑤ 1905年春，孙中山在布鲁塞

---

① 孙中山：《孙中山全集》（第6卷），北京：中华书局2006年版，第24页。
② 陈锡祺：《孙中山年谱长编》（上册），北京：中华书局1991年版，第299页。
③ 孙中山：《孙中山全集》（第2卷），北京：中华书局2006年版，第580页。
④ 中国社会科学院近代史研究所中华民国史组编：《孙中山年谱》，北京：中华书局1980年版，第154页。
⑤ 孙中山：《孙中山全集》（第2卷），北京：中华书局2006年版，第338、339页。

尔访问第二国际主席王德威尔和书记处书记胡斯曼时,说明了中国社会主义者的目标、目的在于,"防止一个阶级剥夺另一个阶级的现象,就如欧洲各国所发生过的那样"①。这就是说,孙中山不仅看到贫富悬殊,而且看到了贫富悬殊造成的阶级对立,更认识到这种对立是产生于一个阶级对另一个阶级的剥削。无疑,这种在经济基础上的阶级划分依据是源于西方学术思想,尤其是社会主义学说。而且,在此基础上,孙中山还憧憬地认为,作为革命的"先知先觉",他早就找到了拯救中国的方法,那就是可以预先免除"阶级战争"的民生主义,实行"均无贫"的社会主义,使"中世纪的生产方式将直接过渡到社会主义的生产阶段"②。

"民生主义就是社会主义"是孙中山在不同场合中对自己民生主义思想的精神性的概括,其实质有着一定的政治倾向和理想追求。在一些著作和讲话中,孙中山从更广泛的意义上解释"民生",指出"民生就是人民的生活——社会的生存、国民的生计、群众的生命便是"③。民生主义具体内容是"平均地权""节制资本",缩小消除贫富差别。孙中山把通过"平均地权""节制资本"所建立的社会叫作"大同社会",即他心目中的"共产主义社会"。这种以"土地国有""发展经济"和"调节分配"为内涵的民生社会主义观,是在近代中国探寻国家出路的一种尝试。1912年10月,孙中山在上海中国社会党的演说中,对他理想中的"大同社会"作了一个大致的轮廓描绘:"共产云者,即人在社会之中,各尽所能,各取所需。如父子昆弟同处一家,各尽其生利之能,各取其衣食所需,不相妨害,不相竞争,郅治之极,政府遂处于无为之地位,而归于消灭之一途。"④ 很明显,孙中山所向往的"大同之世"是借鉴了科学社会主义学说中的"各尽所能,按需分配"的共产主义精神。

而且,孙中山阐释"民生主义"更是站在人类发展史的大视域中,对一

---

① 中国社会科学院近代史研究所中华民国史组编:《孙中山年谱》,北京:中华书局1980年版,第70页。
② 孙中山:《孙中山全集》(第1卷),北京:中华书局2006年版,第273页。
③ 孙中山:《孙中山全集》(第9卷),北京:中华书局2006年版,第355页。
④ 孙中山:《孙中山全集》(第2卷),北京:中华书局2006年版,第508—509页。

切剥削现象进行批判,特别是针对资本主义国家中经济剥削的愤恨尤为明显。他对资本家,特别是垄断资本家的本质在深刻认识基础上,能够爱憎分明地站在人民群众一边,是难能可贵的。孙中山的民生主义在本质上就是"打破社会上不平等之阶级",消灭"贫富阶级"差别——"如大富豪、大资本家,在社会上垄断权制,一般人民日受其束缚驰骤,陷于痛苦。故常有富者田连阡陌,而贫者地无立锥之叹"①。这说明孙中山对资本主义社会深刻剖析,曾与西方社会主义学说对资本主义的批判相关。

但在孙中山看来,消灭"贫富阶级"差别不是"一刀切",而是能够通过体现着"各尽所能"的进步观来看待社会发展。他在理论上对民生主义和资本主义、社会主义和共产主义作了关系性的梳理。他作出进一步的区别和联系:"民生主义与资本主义,根本上不同的地方,就是资本主义以赚钱为目的,民生主义以养民为目的";"社会主义,实为今日唯一之要图";"民生主义就是社会主义,又名共产主义,即大同主义";"民生主义就是共产主义,就是社会主义。所以我们对于共产主义,不但不能说是和民生主义相冲突,并且是一个好朋友"②。孙中山在看到西方社会贫富悬殊的情形和资本主义的各种弊端时,便认同了社会主义思想,而提出了民生主义,并将民生主义解释为社会主义。从这点上而言,我们不得不承认孙中山对西学的理解是相当广泛的。然而,我们也不可否认,虽然民生主义的终极目的与社会主义有吻合之处,但孙中山把社会主义的来源看作是财源平均主义,并以他所理解分析的社会主义来源、目的和本质当作"可师马克思之意"的"意",而与民生主义划上等号,这显然与马克思主义的原意不相符合。

孙中山在土地国有论方面还广泛吸取了西方学者亨利·乔治"单税社会主义"思想。亨利·乔治在《进步与贫困》中极力鼓吹土地改革运动,要求把土地收归资产阶级国家所有,把地租变成交给国家的赋税,通过单一税制,资本主义的一切弊端就可以自行清除。这一观点也合于孙中山对社会主义的理解模式,而欣然接受之。孙中山曾说过:"外国有一种单税法,最为可采。

---

① 中国社会科学院近代史研究所中华民国史组编:《孙中山年谱》,北京:中华书局1980年版,第285页。

② 孙中山:《孙中山全集》(第9卷),北京:中华书局2006年版,第355页。

视地价之贵贱,为抽税之多少,办法亦最为单简。"① 他还认为"其发阐地税法之理由,尤为精确,遂发生单税社会主义之一说","深合于社会主义之主张"②。按照乔治的思想,孙中山也限定了民生主义的两大内容为土地问题和资本问题。在孙中山看来,中国自古是农业大国,农民数量庞大,变革土地制度是解决农民问题的关键,实行土地公有政策,使得耕者有其田,不仅可以极大调动农民的劳动积极性,同时也会促进社会生产力的发展。从国家层面看,土地国有能够逐步消除贫富分化现象,是解决好社会贫富不均的根源问题。

不仅如此,孙中山还接受了美国资产阶级学者摩里斯·威廉的学说,把民生问题看成是社会经济、政治和一切历史活动的中心、重心或原动力,把他的宇宙观称为"民生史观"。民生是什么呢?孙中山解释说,民生就是人类求生存的活动,"就是生存问题,这位美国学者最近发明适与吾党主义若合符节"③。孙中山以此来批评马克思主义,指出"民生为社会进化的重心,社会进化又为历史的重心,归结到历史的重心是民生,不是物质";"人类求解决生存问题,才是社会进化的定律,才是历史的重心。马克思的唯物主义,没有发明社会进化的定律,不是历史的重心"④。他认为,马克思主义既然没有弄清社会进化的原动力,自然不能用它解决社会问题。相反地,民生则是社会进化的原动力,而由民生孕成出的民生主义是包含社会主义的,即"所谓社会主义、共产主义与集产主义,均包括其中"。无疑,这种包容性不仅体现出孙中山接受了社会主义,而且更为重要的是他把社会主义放在民生主义理论体系之中。唯物史观认为,生产力和生产关系、经济基础和上层建筑的矛盾运动是推动社会发展的内在规律,其中的生产力是推动人类社会发展的根本动力。通过比观,可以断言的是孙中山的民生史观只是人类历史发展的表象,而不是发现社会发展的基础和本质。不过值得肯定的是,民生主义虽不合于马克思主义思想本身,却为马克思主义在中国的传播起到重要的思

---

① 孙中山:《孙中山全集》(第2卷),北京:中华书局2006年版,第374页。
② 孙中山:《孙中山全集》(第2卷),北京:中华书局2006年版,第514页。
③ 孙中山:《孙中山全集》(第9卷),北京:中华书局2006年版,第365页。
④ 孙中山:《孙中山全集》(第9卷),北京:中华书局2006年版,第365页。

想载体作用。

## 第二节 马君武传译社会主义

马君武是早期的同盟会成员,也是中国近代史上杰出的翻译家,对西学的传播做出了不小的贡献。他大半生都在从事对西学的翻译和介绍,其中在辛亥革命之前的居日期间,译介的西学比较多,占据他译介西学数量的近一半。辛亥革命之前,马君武在日本共度过了6年(1901年—1906年),这期间他把一大批西方政治、哲学、自然科学、社会学等著作介绍进来。仅在1902年至1904年的三年左右的时间里,他就翻译了达尔文的"进化论"、卢梭的"民约论"、赫克尔的哲学思想、穆勒的自由主义政治学说和斯宾塞的女权学说。翻译之余,他还撰专文介绍上述思想。从1901年至1911年辛亥革命前,他发表宣传上述学说的专文就有22篇[①]。其中,比较著名的有《达尔文物竞篇斯宾塞女权篇合刻》《弥勒约翰〈自由原理〉》《斯宾塞〈社会学原理〉》《唯物论二巨子学说》《唯心派巨子黑智儿学说》《帝民说》《社会主义之鼻祖德麻司摩儿之华严界观》《圣西门(一作西士门)之生活及其学说》和《社会主义与进化论比较》等。

马君武于1901年底赴日。初期,他与梁启超等维新人士接触较多,为《新民丛报》投稿大都以维新进步之意为内容。但在1903年,马君武通过宫崎寅藏的介绍结识了孙中山,他思想内部的革命激情得到了催化,渐渐疏离了维新思潮,转而积极宣扬革命性学说。他的身份的变化促使他翻译西学内容有了不小的转向,同时译介西学内容的变化则渐趋又使得他的思想有了根本性的转型。这一时期,马君武的译著主要呈现两个方面的特点。一是致力于翻译社会达尔文主义的书籍。可以说,对于进化论的迷恋贯穿了马君武整个学术思想生涯,他一生都是热衷于关于人类历史不断前进、进化的理念。对于斯宾塞的《社会学原理》的翻译,其实也反映了马君武依据社会政治制

---

① 曾德珪:《马君武文选》,桂林:广西师范大学出版社2000年版,第371—374页。

度的有机发展来思考人类历史的见证。更重要的是，社会达尔文主义所透露出的那股蓬勃向上、积极进取的气息，与马君武身上独特的激昂气质非常吻合，所以他一生都在实践这套理论。二是致力于翻译西方经典的政治原理著作，如约翰·密尔的书籍。梁启超曾说，见到马君武译介的《自由原理》一书时"惊喜怀跃"，称其是继严复《天演论》之后"吾国得第二之善译本"。马君武对自由主义学说的热情拥抱也昭示着他对于自由平等观念的热爱，以及对于建立共和国的企盼。而且，在他的思想中还蕴含着对民主建构和民众力量的重视。

　　马君武在日本六年的时光里广泛传播了西方政治学说、哲学思想，尤其传播西方哲学理论为多，涉及哲学、法律、政治、公民、主权、政府等学科新理念和精神，输入西学中像"唯物论""无神论""主体""客体""绝对""相对""精神""物质""自由""归纳法""演绎法"等新词汇，以报刊形式传进中国。放在20世纪初叶的中国社会背景来看，输入西学新知的直接结果是启蒙民众思想，间接也带来了革命武装运动的开端，随着社会形势的发展，二者更加凸显出相辅相成的历史意蕴。从二者的辩证关系上看，西学的输入不仅能够开启民智，摆脱封建专制思想的禁锢，而且以争取自由平等权利来武装国人的民主革命头脑，成为推翻封建专制制度和建立民主共和国家的主要思想理论武器。马君武对西学的传播便是起到这种作用，传播内容蕴含着进步思想。陈启伟教授就认为，马君武是我国最早唯一介绍唯物论哲学的学者①。从介绍对象的前后顺向上看，马君武最早对狄德罗哲学思想的简略介绍，仅涉及哲学的前后转变、思想的进步而已，但对其能以"深思"的哲学不断求得思想的进步，以及对自由的论及无所惮缩，作了大量渲染。很显然，传播目的旨在表明狄德罗拥有思想的自由和敢于与权威相抗衡而无所畏惧的精神，是值得中国人借鉴的。不过，他指出狄德罗的"哲学之识见，固经若干时之踌躇而奋定也"，指出西方学者在某个点上起初还相信上帝的灵魂不死，后来"废然自改其前说"，而成为了无神论者了。马君武还认为，

---

① 陈启伟：《清末法国哲学东渐述略》，载赵敦华主编：《外国哲学》（第15辑），北京：商务印书馆2002年版，第263页。

狄德罗有着如此这般脱胎换骨的无所畏惧的革新精神，是"发唯物论之端"，之后的拉美特利则为"唯物论学派放一奇彩"。需要说明的是，关于马君武的这一论断是违背历史事实的，而恰恰与历史的事实相反；实质上是拉美特利发其端，大放异彩于唯物论的则是狄德罗。这些介绍表明马君武是青睐于"唯物论"派的，只是对法国唯物主义学说脉络不是很清晰罢了。在他看来，无神论等同于唯物论，尤其在反对上帝宗教神学方面，无神论看似更彻底、更具有向权威的挑战性；换言之，它更富有时代进步的象征性。因而，有着医生身份的拉美特利用科学证据来说明精神的生理基础，反对唯神论、灵魂不死，更值得马君武"欣赏"了。基于此，马君武对他"令人相待"是有根据的。在文中，拉美特利认为唯神论的谬误在于"信上帝之实有者，莫非无根之说，而空虚无效验之事也"；这种非实有的上帝是不会给人生带来幸福快乐的，反而为今世造成危害，故"欲世界之快乐，非无神论建于人人之脑中以后不可"。无神论者是不赞成"灵魂之说"的，灵魂是人构思出来的，人所具有的"知觉思想力"不是灵魂，而是人体中的一部分而已，即"脑是也"。人脑不同于动物之处就在人的思想知觉力，是"因人脑组织特异"造成的。所以，"灵魂之说，幽渺而无据，……灵魂者，空名也，无物可见也"，灵魂不死是大谬也。倘若说灵魂为人体的一部分，"必与其身同死，此无可疑也"，而"人既死矣，何一分能不死而独存乎"？基于此，"人当图此身之幸福，而不当图无据灵魂之幸福；当图实际之幸福，不当图虚幻之幸福"。这意味着人要从实际出发，注重于实效性的东西，却不要以虚幻的东西进行捕风捉影式的追求，而无所适从。这种敢于从实际出发，冲破一切宗教禁锢，以激进的自由思想和大无畏的战斗精神，激励了人民的斗志，迎来了法国的大革命，同时赢得了人民的赞誉。

接着，马君武介绍唯物论的"唯物"观。唯物论"因是知国家、真法律之性情及道德上之自由，信公理而不信真神"，故而，能够"必破宗教之迂论，除愚朦之习见，而后见理即真，卓然独行，流万人之血而不顾，犯一世之怒而不恤，惟知有真理真福，而不知其他"。"真理"指倡自由除愚昧，就是以为所欲为之大无畏的气概和无神论精神冲决网罗，走向光明；"真福"则指力改社会腐败，挽救同胞于困苦之中，昌明人民的知识等，从而尽实际方面的义务。所以,马君武由此大呼:"伟矣哉,唯物论之功乎!"唯物论可谓大快人心,既摆脱了权威的束缚而解放思想,又给社会带来了福音。可以说,这就是他引进唯物论精神之所在。在民族危难、百废待兴之际,他用唯物论(或无神论)来破除封建宗教迷信,冲决封建网罗,有利于振奋人心,激发革命斗志。所以,马君武情不自禁地表露出以唯物论来救国保种的想法,喊出"欲救黄种之厄,非大倡唯物论"之类的话。如此,"马君武敢为唯物论大力鼓吹,在当时的启蒙运动中真是独树一帜的,只可惜他嗣后的活动并没有为'大倡'做很多的工作。除译介外,他本人从未写过有关唯物论哲学的研究论著"①。查看他以后的事迹和论著,事实确然。

马君武曾以《社会主义之鼻祖德麻司摩儿之华严界观》《圣西门(一作西士门)之生活及其学说》和《社会主义与进化论比较》(以下分别简称为《华严界观》《学说》和《比较》)等三篇文章以论、述、译、评相结合方式专门介绍了空想社会主义、社会主义和马克思的唯物史观和阶级斗争学说,追述了社会主义的来源,提到了社会主义社会的特征、社会主义学说与达尔文学说的相同和相异之处,体现的是以进化论思想解释马克思主义的唯物史观。在马君武看来,正是社会主义的出现才使进化论思想变得更加完善,使得达尔文主义内容更加完整。从当时译介的文献看,马君武是最早全面地介绍空想社会主义的学者。虽然严复是中国近代史上第一个译介传播了西方进化论学说,但他仅把 Thomas Henry Huxley 的进化论学说著作 *Evolution and Ethics* 的第一、二章译成中文,取名《天演论》。但《天演论》中的达尔文进化论思想是简单的、不全面的②。他还是最早在中国宣传马克思主义学说的学者。

《华严界观》载于 1903 年第 12 期《译书汇编》上,在文中,马君武对莫尔的《乌托邦》作了较为全面的介绍。他认为莫尔的乌托邦是一种新学说。那么,何谓乌托邦?"华严界者,人意所创造理想所组成之极乐世界也"。在这个世界中,人人贫富平等,没有界限,合力协作,相互给养,雍容乐群,没有自私自利、奢靡怠慢等不良现象。马君武依据进化论的观点,

---

① 陈启伟:《清末法国哲学东渐述略》,载赵敦华主编:《外国哲学》(第15辑),北京:商务印书馆2002年版,第266页。

② 曾德珪:《马君武文选》,桂林:广西师范大学出版社2000年版,第18页。

认为"人群之大患,莫甚于局于现在而不思将来,蔽于一方而不见八面"。而莫尔则能近思远虑,爱恋着全欧人民,劝讽着当时社会的困苦情状,高引远指,憧憬着未来美好的社会生活。针对当时现实社会中的富者结群而敌贫,强者恃力而凌弱,莫尔为人民构想出一个未来世界,以人类自然的道德为整个世界的元气,以安宁、平等、和乐、自由四德,为其世界的光明,人人以社会劳动为共同的福祉,"人人受公教育,刑律极平,教化雍容,国民敦睦"。这样的社会实与现在的社会相反,真可谓是现在社会的宣战书。

《乌托邦》共分二卷。第一卷指出现实社会的压迫、剥削、不平等、严酷的刑罚和战争等现象,造成"人事萧条,凄凉满目、贫人及罪人加增之速",从而体现出封建贵族与劳动人民的矛盾对立,是一种剥削与被剥削、养活与被养活的关系,其主旨在于同情广大劳动人民,痛恨不平等的现实社会。第二卷乃是"放大光明"的未来社会,与现实形成强烈对比的是,由现在社会的苦痛,方能见未来社会的美好。马君武对莫尔的华严界的构画与设想作了详细的绍述,从而表明处于苦难的人民向往无饥饿、无战争、无峻法、无专制、无贫富差距,一切平等,土地公有的美好未来生活。那么,这种乌托邦式的社会真能实行于今日吗?马君武的回答是否定的。在他看来,莫尔写此书的意图不过想借以为当时的社会政治罪恶"照镜"。因为当时尚为君主专制时代,对于改革的言论不能直说,"故托之于诡谲之诞词也"。他视莫尔的乌托邦仅作为谏言的工具,不是真正地为人民指明未来的方向。这表明了他对空想社会主义尚未达到实质性的了解。尽管如此,莫尔还是从现实问题出发,指出人民穷乏而不能独立的原因就在于"土地产业问题"上,即是大多数的土地产业为少数人所占据的缘故。从现实来看,虽然莫尔的学说大多不可行,但在当时确实能够起到了一定的社会效应。故而,马君武对莫尔高度赞扬,认为"德麻司摩儿者,实仁慈之社会改良家也,实人群历史上之社会罪恶大批评家也,实提出新社会之大理想家也","实共产主义之开辟大祖师也"。马君武同时指出,极早于莫尔的柏拉图,与后起的法兰西社会主义创始人——圣西门、傅立叶,其四人学说最相近,都属于伟人的思想。马君武相当看重伟人的思想,认为"伟人之思想,终非梦呓,终非幻说,其叹息终可慰,其希望终可达。人类社会改良之原动力为何物乎?聚群喙而议之,不能不归诸伟人之幻想,匹夫之空论也。"这从中可以看出,马君武觉察到所谓的乌托邦也不是捕风捉影、无中生有的无稽之谈,而是有事实根据和历史根源的。现实的中国正需要这种学说思想,注重舆论的力量,倡导思想解放,对于改变社会风俗、国民奴性,反对封建压制等无不裨益,它给中国社会的发展提供了思想导向。

仅隔两个月,马君武又在《新民丛报》第 31 号上发表了《学说》,是继《华严界观》之后对圣西门、傅立叶二人的介绍。他认为,圣西门是始倡法兰西社会主义第一人,虽生活艰辛困苦,实野心勃勃("大野心者 Eagerambition,即无界限之大希望也"),力图改革社会。而圣西门最为精到之处在于,以为先有物产以供人生之需所利用,而后有社会的产生;社会的归旨在于合人民群众的能力,去开拓地球。其《新基督教》一书最能体现其社会主张,以为"社会之人,既相平等,而如兄弟,则社会之中,必不应有贫富悬绝之阶级。盖人人相待遇如兄弟,乃世间良社会组织之要素也"。对于圣西门的主张,其徒弟都作为金科玉律去传播。尽管他的门徒在思想上有所更新,其主旨在于发扬光大了他的社会思想,传播了他的社会主义,即"皆实行社会主义,弃绝私产"。

关于傅立叶,与圣西门的社会主义不尽相同的是,"圣西门之社会主义,主中央集权;而佛礼儿之社会主义,主地方及个人之自由分治"。因此,傅立叶更加重视个人问题。他认为要想救治社会的罪恶,莫不如先救治自身的罪恶。而救治的方法就是"克己"。傅立叶倡其学说,先"自行之",而后"世人行之";他一生固守着利他主义,以牺牲个人利益促进群体进步。其社会主义是以神理论(即自然之乐天主义)、世界论、心灵论三者为基础的。傅立叶也设想了一个美好的理想之境:"每一非能曲之人,同居一宫,广大美丽,人人安适,无虐政压制之害恶。一般官吏,皆由选举。""非能曲之男女,自由恋爱,自由合并,自由分离,尽人之力,从事力作,聚其产物,量人民力作之量而分配之……"马君武认为他所设想的制度不可实行,"以人类之天性及社会进化之实理言之,则其制度之窒碍甚多"。因为他不知道人类天性中有自利的一面,自由也不可能没有界限,等等。但读傅立叶的书,他着力批评资本主义社会的丑恶现象,揭露专制政府的罪恶,并赋予了个人自由的社会主义内涵，只不过他所设想的社会是以人的各种情欲和谐发展为根本的，不乏有深刻的启示意义。

尽管《比较》一文，是以比较的形式出现，实质上却是对社会主义总结性的介绍，但它最早地发表在《译书汇编》第二期上。从介绍的内容上来看，《比较》对西方社会主义的理解包含有空想社会主义、小资产阶级社会主义、无政府主义、机会主义和科学社会主义等，代表人物主要有圣西门、傅立叶、勃朗、蒲鲁东、拉萨尔、马克思等；虽然介绍的不准确，但基本勾勒出了社会主义的轮廓，在学术界开拓了一崭新的学说。马君武以为，自圣西门以降，社会党人都以经济发达作为国家的主旨，把社会看成是一个发达不息的有机体；自古至今，人类共经过了"三级"。何谓"三级"？"三级者，谓由家奴变为农仆，由农仆变为雇工"，如今的社会已发达到一定的高度，雇工成为劳动者阶级。社会党人坚信，未来的日子必然消灭阶级差别（即资本家与劳动者之阶级差别），实现社会共和，共和资本，共和劳动，共和营业，实行一切平等。

马君武指出，马克思和拉萨尔都是黑格尔的弟子。黑格尔主张社会历史观，拉萨尔也有进化的经济观。马克思"以唯物论解历史学"，主张"阶级竞争为历史之钥"，与达尔文发明天择物竞的生物进化道理相同。不过，达尔文与社会主义在所谓"发达"一词上有分歧："达氏以为物种竞争，最宜者存；社会党人以为人群当共同和亲，利益均享，其异甚矣。"在"争利"一事上，二者更是自相矛盾，达尔文以争利作为社会竞争、鞭策社会进步的驱动力，社会主义主张以不争利视为社会进化的良性原则。然而，"民数问题"则成为二者相连结的焦点。"民数问题"就是马尔萨斯的人口论，其理论是：（一）天然形势上的事实，即人群的繁殖，其数将增殖到无量数；（二）天然生计上的事实，即我们所居住的星球的产物不能随人口数量的增长而增加，有限的资源不能供养不断增长的人群的生计。针对这两种事实，二者提出了不同的解决方案。达尔文以"争自存"作为解决的良法，以为"人类之社会，争自存之活现象也。人群之历史，争自存之活绘画也"，他以"争自存"作为历史发展的驱动力，认为"争自存之事，与人群之历史相终始而不息，固也"，"自私利者，人群之天性，进步之鞭策也"。若从人类历史发展的角度来看,"争自存"是有着第级嬗变的,"人群最初之争自存,止争存其生命而已,与禽兽无以异。及时代愈近于开化,其竞争遂变为争高尚之自存,而争权利争幸福之事兴焉……"社会主义则以社会道德和知识的进步作为社会进步推动力,以为人类社会发达不息之处作为人类的道德知识不断进步的原因。因为"道德及智识既进步,而物质也,生计也,独停滞而不进步,此必无之事也"。即是说,物质、经济的进步又可反作用于道德和知识的进步。而且,社会主义以"合大群以谋公利",去解决民数问题,以道德和知识的进步来免除一切天然的灾祸。马君武认为它仅是奇思妙想而已,并将社会主义与达尔文视作西方最具影响力的势力,二者虽相反,但都有其存在的现实性价值。"虽然,社会之进步也,不徒以争自存为单纯之原理,若平均和亲之类,亦为社会进步不可少之原理焉"。这样,社会进步与发达,并驾齐驱,相得益彰,"其义乃完可也"。马君武还认为,马克思的思想为大同思想,但对其以阶级斗争为革命手段而能"一蹴而致"理想世界的说法,持怀疑态度,以为是"诚大不可必之事"。

马君武认为,两种主义相互结合,与时俱进,必定带来社会的发达,即有道德发达,带动政治、经济、交际等方面的发达。首要的是,道德发达为人类发达的一大要素,为人类发达进步的"大原"。社会的进步就是改造旧社会进入新社会,改造现有不完全的道德为完全的道德,这其中竞争起了潜在的动力因素。不进则退,所以竞争不可缺。然而,人类一方面利用竞争促进步、出天才,另一方面利用竞争求和平、防紊乱。社会的进步固然要以"争自存"为动因,但"所谓争自存者,非个人与个人争自存之谓也","国体和亲者,人群发达之良果,而争自存之利器也"。马君武将"争自存"的涵义扩大到民族与民族、人种与人种、国家与国家之间的相互竞争,以国家为单位的通力合作、共同促进。那是由于"社会之文明愈进,争自存之事愈广大,人民之团结愈多而固"等。这些观点的引介对中国的现状无不益哉!对于加强民族团结和个人奋进起到鼓舞、激励以及振奋人心的作用。

马君武从长远的利益出发,认为社会是进步不息的,从而赞叹中国的现状,憧憬社会主义的前景;虽然现今的中国想要变专制制度为社会主义制度是难上加难,但若要从现在做起,"是必变其道德,变其智识,变其习俗,变其组织,由下等之社会生计,变而为上等之社会生计"的。改造国民道德、智识以促进社会进步和国家复兴,是当时有爱国热情的先进知识分子不约而同的共识。与梁启超拥有同样看法的是,社会经济问题被提到了解决中国实际问题的议程上来;即是说,要想改变中国的现状以及未来的社会发展,就要从经济上着手。这真可谓英雄略见相同也!但同梁启超对社会主义时时作"戒备""提防"相异,马君武则由衷地欢迎社会主义,且认为,"社会主义之所由立也,凡怀热心图进步之国民,未有不欢迎社会主义者。社会主义既行,则人群必大进步,道德、智识、物质、生计之属,必大发达,此世界之光景一大变。达尔文所谓适于天择之最宜者 fittest,将于是焉在"。他对社会主义极为赞美,以为达尔文主义进步的最优(极至)便是社会主义。这种视社会主义为社会进步的未来之方向、美好的世界之曙光,确有唯社会主义不取之嫌。可以看出他对社会主义是何等地崇拜,真是达到了信仰倍加、顶礼膜拜的程度。不过,其介绍社会主义旨在勉励国民去有意识地培养那些社会主义条件下的优良品质,给国人指明前进的方向。这无疑也是先从国民的素质入手,只要全体国民的素质达到一定的程度,就会有新的国体、政体。这类似于梁启超所言的,有新国民,何怕无新政府。近代学者之用心良苦,一览无余。

## 第三节 朱执信等译介社会主义

在西学传播过程中,同盟会学人通过中国同盟会机关刊物的《民报》也对译介社会主义学说做出了一定的贡献,而且数量可观。其中,朱执信以"小传"形式第一个介绍了马克思,宋教仁从世界形势视角介绍了社会主义学说,廖仲恺通过分析社会主义与无政府主义的本质区别,从而引进了社会主义"神髓"。

其一,朱执信介绍马克思。

朱执信是中国激进的民主主义思想家,也是民主革命派的活动家和理论家。由于他的激进思想,于1904年留学日本后便积极接触了孙中山和其他许多革命党人，次年又加入中国同盟会，担任评议部议员兼书记，兼为《民报》的编辑。从此，他"以身许国"，献身于改变国家命运的宣传革命理论活动，特别是专门介绍马克思、恩格斯生平及其学说，公开承认阶级、阶级斗争，认识到革命群众的力量，踏上探索中国民主革命的征程。1905 年至 1907 年间，朱执信积极参与同资产阶级改良派的大论战，通过"以文章发挥真理"的形式捍卫和阐发了孙中山提出的"三民主义"。特别一提的是，1906 年初他在《德意志社会革命家小传》中以采用"夹叙夹译""译评结合"的形式，按照自己的理解，片断地译述了《共产党宣言》和《资本论》（原载于 1906 年 1 月、4 月《民报》第 2 号、第 3 号，署名蛰伸）。

《小传》开篇说，"社会的运动以德意志为最"，即所谓的社会主义独昌于德国，后经发展，社会党人为反对政治专横，而兴起社会革命和政治革命，于是在世界政治舞台上兴起一大势力。文中提及马克思始创共产主义学说，随着学说的渐广，社会革命家渐多，不断与"不利"的现实作斗争。由于在政治上不能改变社会，因而必须在社会本身上作一改变。这样，社会革命便带来政府的干涉，受到政府的压抑。虽然压制甚盛，但社会党发达也最速。社会主义运动活跃是由"德意志社会革命家"倡导，而马克思、拉萨尔和倍倍尔对德国的社会主义运动贡献最大。鉴于德国社会运动最盛行，成败事迹也借鉴最多。故而，介绍马克思等人就"不揣颟蒙"了。

朱执信是第一个介绍马克思小传的。文中指出马克思与恩格斯在巴黎相友善，共同传播社会主义学说。文中不仅介绍了《共产党宣言》十大纲领的主要内容，而且涉及马克思的剩余价值学说之要点。朱执信认为，在马克思倡言社会主义之前，攻击资本主义社会与政府的人尚不少；然而，能够指出其毒害的根源，以及解决方法的，是以往的社会主义学说所不及的。马克思的最大贡献便是向世人发布《共产党宣言》，揭示了一切社会的历史都是阶级斗争的历史，倡导以"阶级争斗"为手段，旨在拯救那些受贫苦的劳动人民。因此，《共产党宣言》"既颁布，家户诵之，而其所惠于法国者尤深，时际法国革命"。同时，它也在万国共产同盟会上被奉为金科玉律。

朱执信不但高度评价《共产党宣言》，而且极为称赞《资本论》。认为"其学理上之论议尤为世所宗者，则《资本史》及《资本论》也"。马克思的《资本论》为一般学者所鞭长莫及,他提出的剩余价值学说对资本家攻击无余,"故马尔克之言资本起源,不无过当,而以言今日资本,则无所不完也"。其剩余价值学说"为社会学者所共尊,至今不衰"。在朱执信看来,马克思等人的学说行略"溥遍于吾国人士脑中,则庶几于社会革命犹有所资也"。在《论社会革命与政治革命并行》一文中,朱执信不仅再次提及马克思,说社会主义"自马尔克以来,学说皆变,渐趋实行,世称科学的社会主义";而且,他强调世界社会革命是不可避免的,只是社会革命需与政治革命相并行,陈述二者并行的合理性,由此进一步分析了中国有利于"速行社会革命"的各项条件,等等。这表明了他对马克思的社会革命学说有了较为深入的理解,体现了他应用唯物史观和阶级分析方法观察社会问题的意向。朱执信想用马克思社会革命学说来激发国人的革命斗志,实质上是为资产阶级革命派倡导的"政治革命"与"社会革命"提供理论依据和实践经验。

但由于时代、阶级和个人资历的局限,他对马克思主义的译介仍有一定的缺陷和不足。首先,他未能系统地领会马克思主义的唯物史观和剩余价值学说之"两个伟大发现",缺乏对二者的内在逻辑关系的清晰的认识,没有揭示出资本家剥削工人的内在本质和致富剩余的秘密,而且对人类社会发展的客观规律不能作出科学的分析,因而无法合理地阐明无产阶级的经济地位和革命前景。其次,阶级斗争问题作为马克思主义的根本问题之一,他的译介只是初步的、肤浅的,他所理解的阶级斗争尚不明朗化。然而,他试图利用马克思主义的学说去认识和解释当时的中国社会现状,尝试提出某些解决问题的方案,能够从最根本的、能够解决社会实际问题的角度介绍马克思主义,是难能可贵的。

像其他同盟会成员一样将民生主义与社会主义作为同义语而用,朱执信曾在《民报》第4号的《从社会主义论铁道国有及中国铁道之官办私办》一文中专门提及"社会主义本译民生主义,铁道原称铁路,今以篇中术语多仍日译,故此二者亦并从之"。这样,同盟会成员提倡民生主义是从西方学说中寻找资源,尤其对社会主义思想在某种程度上有着认同,这不仅对宣传和论证民生主义起到理论支撑作用,而且在马克思主义在中国传播史上有着重要的理论价值。

其二，宋教仁介绍共产国际。

宋教仁是中国同盟会的主要领导者之一。作为资产阶级革命派的成员，他除宣传同盟会的革命主张和学说之外，还对马克思的社会主义学说作了热情的介绍和传播。1906年，宋教仁在《民报》第5号上发表了译自日本《社会主义研究》杂志的《万国社会党大会略史》一文，经他略加修改而成。该文概述了第一国际的历史，介绍了第二国际的各项代表大会，分析了阶级对立、阶级斗争的阵势以及马克思主义学说的意义。

文章认为，现今世界的人类发展为两大阶级："掠夺阶级与被掠夺阶级"，即富绅与平民两大阶级。前者"独占生产之机关"，后者"以劳力而被其役使"；二者"一若陟天堂，一若居地狱"。若"不有以救亡，世界人类其尽为刍狗矣"。这种阶级的对立和悬隔必生阶级斗争，且两阵对垒，"旗鼓堂堂，为执戈立矛"。虽然富绅者"有政府、警察、军队、学人、僧侣等为之援助"，但是，平民"幸而蚁集，幸而得多数，是即至优强之势力也。其结阵而进战也，可决其必得战利品耳"。宋教仁摘译了《共产党宣言》最后一段话，"吾人之目的，一依颠覆现时一切之社会组织而达者，须使权力阶级战栗恐惧于共产的革命之前，盖平民所决者，惟铁锁耳，而所得者，则全世界也"。这种"颠覆现时一切之社会组织"是将阶级斗争描述得淋漓尽致，有着不打碎现实的旧世界决不罢休之志。故而，挑出了"万国劳动者团结"的旗帜。

文章还指出，万国社会党源于万国劳动者同盟，"万国劳动者同盟，实由于马尔克之指导而成，而亦为经济的情势必然之结果也"。但由于该同盟为了最大限度地维护团结，忽视组织的纯洁性，从而导致内部斗争和分歧，出现了马克思派（社会党派）与巴枯宁派（无政府派）因"旗色"不同而"惹起争论"，造成两党的分裂，而各自独立。两党的区别主要在于，无政府党只倡导激烈的革命，除此之外，"他之政治的运动毫不关系"；社会党主张"由政治的运动以全万国平民之解放"。第一国际对巴枯宁派破坏分裂活动及其两面派的手法进行揭露，第二国际在前期积极开展反对无政府主义的斗争。

从当时世界形势来看，无论在欧美还是在日本，两种党派势力的角逐进行得轰轰烈烈，正值方兴未艾之时。社会主义在19世纪末至20世纪初已走向世界，进入了政治意识领域中。马克思主义随着共产国际运动的发展，经过了斗争的洗礼，以及内部的辩驳与较量，渐趋在世界各国成为了一面别开生面的革命旗帜。宋教仁将其译介过来，旨在与世界各国劳动人民站在一起，战胜和推翻腐朽的旧世界，迎接光明的新世界；它意味着世界劳动人民逐渐地觉醒起来了，把走向新时代纳入到其革命奋斗的历史议程中去，从而说明了世界劳动人民要做自己主人的愿望开始逐步落实，且有即将实现的可能了。

其三，廖仲恺引进社会主义"神髓"。

廖仲恺于1902年赴日留学，先后在东京的早稻田大学经济预科和中央大学政治经济科学习政治经济。在此期间，他结识孙中山，受其影响，成为孙中山推翻清政府封建统治革命事业的积极追随者，也成就了他是一位为中国近代民主主义革命做出贡献的先驱者。他在《民报》第7、9号上（署名渊实）分别发表了他所译柏律氏的《社会主义史大纲》和《无政府主义与社会主义》两篇文章，概述了社会主义思想的起源和分期，分析了社会主义与无政府主义的本质区别，并对社会主义思想的哲学基础作了初步涉及。

《社会主义史大纲》认为，欧文、圣西门、傅立叶等空想社会主义者经营的理想社会遭遇挫折后，随而有马克思、恩格斯撰写的《共产党宣言》面世，进而掀起"万国之劳动者团结"的社会运动。文章指出，若考近世社会主义的起源，则不能不深究其哲学，认识到社会主义是"为人道而运动"的理论。"德意志之社会主义虽云物质的，然麦喀、拉萨尔、巴枯宁所传社会主义之哲学"则发源于黑格尔和费希特。其中的"麦喀"指马克思。社会主义登上历史舞台，固然"爱他心"起到一定的"原动力"，但"其机会则与产业革命纵横并起"。因此，"社会主义者，即于过去百五十年间自产业上大革命所生意外之结果也"。马克思的社会主义是建立在"万国之劳动者团结"之上，被称为"革命的社会主义"。

《无政府主义与社会主义》一文更明确地指出，马克思领导的社会主义与巴枯宁代表的无政府主义势力进行斗争，两派最终走向决裂。文章指出，社会主义与无政府主义是"全为异质者"，着重有两点相异：其一，二者的哲学根据相异。无政府主义包含有个人的无政府主义（也称哲学的无政府主义）和共产的无政府主义，其哲学的根据在于个人的主权；社会主义比无政府主义更加实际,"社会主义者,善自思维。以为吾人入世,必生长一种族、一社会之中","自此事实之认识而出发,改良其制驭此社会组织",不仅给人自由,"更可信其确保个人之自由"。相对于社会主义的现实性,无政府主义所渴望的"不过哲学的空想"而已。其二,二者"手段更为背弛"。无政府主义,顾名思义,"则欲废绝国家",而认为政府若强,则个人会屈从于他人的意志之下;与无政府主义恐怖于国家不同,社会主义则视"国家者,人民之意志的集合而发现者也",而通过利用国家获得自由。虽然在方法手段"真有黑暗与光明之别",但在"至于穷极之目的"上,二者无不同,即"皆以求个人之最完全的自由者也,惟其间方便法门自成蹊径"。由此看来,这对社会主义哲学有如此的比较和评述,是难能可贵的,从而说明了社会主义介绍的深入性是显证的。

总之,同盟会成立后,资产阶级革命派以西学新知来宣传自己的革命主张和宗旨,在与《新民丛报》辩论过程中引介了大量社会主义思想。胡汉民在《民报》第3号上发表《民报之六大主义》中指出,社会主义社会是"凡生利各事业"皆归国有,没有"贫富悬殊"的不良现象。而且,他还在《民报》第5号撰文《告非难民生主义者》,对梁启超所谓赞成社会改良主义而反对社会革命主义的论调进行辩驳,指出"于社会主义学说中,硬分其若者为属于改良,若者为属于革命,且企以此而斡旋其前后议论之矛盾,而不知其终不可掩"。戴季陶预言,"社会主义为二十世纪人类精神复活之福音"[①]。这样看来,《民报》与《新民丛报》的论战虽是各自阐明对社会主义的认识和态度,但所表达的对社会主义是否适用于中国的看法是不相同的,甚至截然相对。不过,无论是梁启超还是中国同盟会成员,他们在社会革命语境下对社会主义能否承担起指导中国前途和出路情况进行重新阐释,从更大范围内传播西学思想,引起国人的关注和思考,以比较的形式了解马克思主义的学说,为马克思主义在中国的传播作出了极大贡献。

---

① 唐文权、桑兵:《戴季陶集》,上海:华中师范大学出版社1990年版,第116页。

# 第四章 李大钊的"马克思主义观"

李大钊是一位伟大的马克思主义者。这种身份的诞生是与五四时期的马克思主义科学理论滋养分不开的,而绝大部分的思想理论又是来自于日译西学。

## 第一节 李大钊的"马克思主义观"初露端倪

李大钊为何赴日呢?他曾对赴日行为作了解释:其目的旨在于增进学识,直接原因是辛亥革命的失望和共和的破产,根本原因在于中华民族的崛起。[①]那么,李大钊又怎样接触日译西学呢?他在《狱中自述》中提到,起初于北洋法政专门学校接受基础教育的经历,就是"在该校肄业六年",学习了英语、日语的语言学和法政知识,其教习中有日籍学者,为进一步留学日本奠定了坚实的语言功底和厚重的知识积累,这些为他以后的人生转折和思想转型储备了知识基础。而且,由于"仍感学识之不足","而再建中国之志趣亦日益腾高"之后,李大钊决定赴日。"留东三年"(大约为1913年底或1914年初到1916年5月中旬),李大钊接纳了西方的清新哲学,并结合传统文化中的生生不息的思想,渐趋创造出以进化、自由、民主等为内容的"青春哲学",后又接触到社会主义学说。可以说,李大钊"马克

---

[①] 安藤彦太郎说,李大钊"觉得自己的社会科学知识不足,于是萌发了去日本留学的念头";而且,他曾引用李的友人郁嶷的话,除了"自身的积累"不够外,便是"研究民生疲敝的原因,惩强扶弱,找到方法,归国后为了人民尽力"。具体见安藤彦太郎:《早稻田大学与中国——架起通向未来之桥》,李国胜、徐水生译,武汉:武汉大学出版社2010年版,第106页。

思主义观"的初步形成与他所接触的日译西学是分不开的。

李大钊赴日期间最初在早稻田大学系统地接触到西学①,如达尔文的进化论、卢梭的天赋人权学说、约翰·穆勒的自由学说、托尔斯泰的人道主义、尼采的权力意志论、柏格森的"创造进化论"等,对西方资产阶级政治思想文化有了一个比较全面的了解和掌握。应该承认,李大钊在整个赴日期间接受西学新知是广泛的,这从他早期写的论著中藉以证明。在许多文献中,他曾以推崇的态度提及亚里士多德、柏拉图、卢梭、孟德斯鸠、边沁、休谟、伏尔泰、康德、黑格尔等西方哲学家,而称这些哲学家所开拓的学说为"清新之哲学"。正如他在《厌世心和自觉心》中说:"国家善恶之辨,古今学者,纷纷聚讼,亚里士多德、柏拉图、黑智儿诸人,赞扬国家之善,装潢备至。……西方特质,则在自存以相安。"② 与之同时及之后,李大钊还凭依日译西学为中介接触到社会主义,但受西方进化思想、基督教社会主义、民主思想等影响,而育成出以进化论、人道主义、民主主义、唯物史观、阶级斗争为内涵的"马克思主义观"。"马克思主义观"的形成不仅彰显出李大钊本人思想发展轨迹和转变机理的逻辑进程,而且展现出马克思主义中国化的早期特质,从而表征着他成为马克思主义者的历史必然。

从历史的角度来看,李大钊接触社会主义是在赴日期间及其稍后一段时间。③ 如前所述,日本国内译介社会主义早在李大钊赴日之前便如火如荼地进行着,不仅建立有"社会主义研究会""社会主义协会"等组织,还有日本思想界有关社会主义学说的著作已达二十多种,其中有幸德秋水和堺利彦合译《共产党宣言》的日文全译本、幸德秋水的《二十世纪之怪物帝国主

---

① 日本早稻田大学政治经济学科第一、二学年开设了国家学原理、帝国宪法、经济学原理、近代政治史、民法要论、刑法要论、政治、经济、国法学、行政法泛论、政治学史、财政学、货币及信用论、社会学、文明史等课程。1913 年年底至春,李大钊于早稻田大学期间学习的课程主要有 20 多门,"早稻田大学教员的讲义里,也倾注着民主主义和自由主义的思想"。参见北京大学图书馆、北京李大钊研究会编:《李大钊史事综录》,北京:北京大学出版社 1989 年版,第 107 页。

② 李大钊:《李大钊全集》(第 1 卷),北京:人民出版社 2006 年版,第 137 页。

③ 虽然早在"辛亥革命后不久,在北京成立了以'人道主义'、'四海兄弟'、'均产共产'为口号的中国社会党,李大钊加入了该党",而且提出了"共产社会主义"等观点,但对"'社会主义'还没有明确的构想"。具体见安藤彦太郎:《早稻田大学与中国——架起通向未来之桥》,李国胜、徐水生译,武汉:武汉大学出版社 2010 年版,第 116 页。

义》《广长舌》《社会主义神髓》以及众多研究社会主义的文本（如村井知至的《社会主义》、福井准造的《近世社会主义》、久松义典的《近世社会主义的评论》、西川光二郎的《社会党》等）。李大钊赴日之后，在早稻田大学学习期间接触了社会主义。杨树升对李大钊居日期间受到安部矶雄的影响作出了详细考察，主要得出了对安部在社会主义基督教式的理解上留下痕迹的结论。同样地，《早稻田大学百年史》一书中记述有李大钊深受安部矶雄经济学的影响。根据现有资料可查，李大钊求学于早稻田大学的1914年至1916年之间，在所开设的政治经济学科课程表里，安部讲授了"都市问题"和"社会政策"等课程。① 这时期的安部信奉基督教社会主义，曾将基督教思想中的平等、自由、博爱等理念与社会主义主张相提并论，认为都有着"以人类爱为中心"的思想倾向。日本之所以存有各色各样的社会主义思潮，是因为国内思想界在传播马克思主义的同时，也将宗教信仰、阶级调和以及主张非暴力抗争等当作社会主义思想的组成部分，因而表面上是有着社会主义的一面旗帜，实质上是夹杂着各种思潮的"融合体"。于是说，李大钊早期的社会主义思想存有宗教倾向是有历史渊源的。

回国之后，李大钊首次提及"社会主义"概念是受俄国革命的影响。他在《政治之离心力与向心力》一文中以历史比较的形式指出"对于专制主义而有民主主义，对于资本主义而有社会主义"②。与此同时，他接触日译西学仍是不间断的，其中对马克思主义学说的了解尤多，除了上述提到的有关"社会主义"之类的书目，还有像《马氏资本论释义》（高畠素之）、《马氏唯物史概要》（堺利彦）和《马氏唯物史观的批评》（贺川丰彦）等关于马克思主义著作，这些对李大钊的影响是持久的。尽管这期间他时时刻刻关注日本国内的政治动向，也关注从日本引进关于马克思社会主义的文献，但因社会历史条件所限，尚未能对马克思主义学说"独有情钟"，所谓的真正意

---

① 参见杨树升：《留学日本对李大钊的影响》，《李大钊研究文集》，北京：中共党史出版社1991年版。但据安藤彦太郎推断，"李大钊与安部矶雄的接触更多是通过基督教青年会的寄宿生活，而不是因为他是早稻田大学的教授"。具体见安藤彦太郎：《早稻田大学与中国——架起通向未来之桥》，李国胜、徐水生译，武汉：武汉大学出版社2010年版，第123页。

② 李大钊：《李大钊全集》（第2卷），北京：人民出版社2006年版，第697页。

义上的"另眼相看"是在俄国政治革命之后。即便如此,不能否认李大钊与当时许多知识分子不同之处,那就是能否在阅读后领悟马克思主义精神,或者真正理解马克思主义本义,是决定一个人能否认同马克思主义的基本前提。根据李大钊的著作和文献可知,他始终关注着日本的社会主义活动和社会主义学说的进展情况。1919年2月,李大钊写《祝黎明会》一文,称赞由吉野作造、福田德三等于1918年12月发起的以推动民主运动为责任的思想团体①。该团体于1919年1月起每月举办一次演讲会,并将演讲稿结集出版,广为发行,影响颇大。李大钊极为关注之,并曾说:"我们且看今日的日本,新的方面,有'黎明会'一班人士种种的结合,大张民主主义、社会主义的旗帜,大声疾呼,和那一切顽迷思想宣战。"② 在李大钊看来,"黎明会"初期的活动主旨是给人"一线曙光的影子",共同维系亚洲的崛起。然而,随着时间的推移,该团体内部开始分化,出现了像福田德三"迷信侵略主义"的议论,于是李大钊写了《忠告黎明会》进行批判,同时将堺利彦的《新社会》作为批判非社会主义思想的理论武器。

爬梳文献可鉴,李大钊受日译西学中的马克思主义影响是明显的。如《我的马克思主义观》中关于"经济论"的有关部分是以日本学者福田德三的《续经济学研究》中的第一篇《马克思研究》为基础的。相比较而言,真正对中国先进分子有着巨大影响力的是马克思主义思想家身份的河上肇。河上起初在京都大学任教授,从事马克思主义宣传和研究工作,起初以人道主义的立场来思考人类贫困问题,之后成为马克思主义者就专心研究马克思主义经济学,故而有"马克思主义经济学家"的称呼。李大钊留学日本时,河上肇已经把马克思的《资本论》译成日文,而且专心研究,随而写出了关于马克思经济学说的传播文章。李大钊在日本早稻田大学留学时,是通过河上的著作开始接触到马克思主义,尤其是河上肇的《贫乏物语》引起了他很大的共鸣。高一涵在回忆李大钊生平时也提及到此事:"他(指李大钊)在日本时学的是经济学,但他对那时的资本主义经济学总是不感兴趣,但是一看

---

① 吕万和认为,吉野作造是李大钊的老师,五四新文化运动期间二人互通信息,相互支持。参见吕万和:《李大钊与吉野作造》,载《人民日报》,1979年10月7日。
② 李大钊:《李大钊全集》(第2卷),北京:人民出版社2006年版,第312页。

到河上肇博士解释的马克思主义政治经济学的论著，就手不释卷"①。十月革命后，当时在北京大学任教的李大钊开始系统地向中国的进步青年介绍马克思主义，其中的信息来源大都是很长时间在日本持续起着舆论导向作用的河上肇及其著作。李大钊在国内多个场合演讲，常引用河上肇译介的马克思主义思想，尤其是发表的一系列论文更是引用河上肇的言论。从李大钊的行文中不难看出，一段一段的引用原文是出处可查的。可以说，李大钊在日本留学时，受到过河上肇的影响，是通过河上等人的著作文章，进一步接触到了社会主义思想，并且开始对马克思主义的一些观点有所新认识②。因此，李大钊是深受河上肇思想影响，并成为了马克思主义传播者和实践者的。

具体地说，李大钊于1919年在《新青年》上连载发表的《我的马克思主义观》一文中大段摘录的一些马克思著作的引文，就来自于河上肇。在此文中，李大钊第一次在中国提出了马克思主义的唯物史观、政治经济学和科学社会主义，且指出三个部分构成一个密不可分的理论体系。这篇文章的发表，极大地推动了马克思主义在中国的传播，而且助力马克思主义传播进入更为系统化的认识阶段，也迎来了马克思主义中国化的雏形期。经过爬梳，发现这篇名作很大一部分源于河上肇的《马克思的社会主义理论体系》一文的内容，用李大钊自己所言的是"稍加整理"，而且大量的译语"从河上肇博士"③。甚至有学者指出，前6节即如此，第7节以后才是李大钊在研究分析了河上肇的马克思主义唯物史观后，"有感而发的几点意见"④。朱志敏的《李大钊传》同样提到李大钊深受河上肇影响之事，指出在李大钊欢呼"庶民的胜利"与"布尔什维主义的胜利"这一新纪元的新潮流之后不久，他得到了日本著名的马克思主义理论家与革命者河上肇博士在日本创办的个人杂

---

① 中国社会科学院近代史研究所：《五四运动回忆录》（续），北京：中国社会科学出版社1979年版，第122页。
② 李大钊回国以后，通过陈溥贤在《晨报》译摘河上肇的马克思主义书籍，逐渐接触到了马克思主义观点。具体见吴二华：《关于李大钊如何接触河上肇马克思主义学说的考证》，载《唐山师范学院学报》，2007年第1期。
③ 李大钊：《李大钊全集》（第3卷），北京：人民出版社2006年版，第27页。
④ 彭明：《李大钊研究中的几个问题——李大钊同志百年诞辰答客问》，载《中共党史研究》，1989年第6期。

志《社会问题研究》，这个杂志从第一期就开始连载河上的《马克思的社会主义理论体系》，引起了李大钊的兴趣①。因而可以肯定，李大钊转向马克思主义是与河上肇译介马克思主义影响分不开的。

而且，纵观五四运动之后，唯物史观在中国的广泛传播，也受了河上肇著述的影响。据史料统计，五四运动后的三年内，河上肇文章中译本超过三十篇。从1919年5月起，《晨报》《新青年》《时事新报》等杂志上发表了河上肇的一系列文章，其中包括首次在中国传播的《马克思的唯物史观》，以及《社会主义之进化》，开启了中国化的唯物史观启蒙历程。这些文章对中国思想界的影响深远，尤其是马克思主义学者，李大钊也不例外。在这期间，李大钊也进一步搜集资料，对马克思主义理论体系不断加大传播和加深研究。他于1919年5—6月在《晨报》开辟了"马克思研究"专栏，先后刊载了陈溥贤（署名渊泉）翻译河上肇的《马克思的唯物史观》、马克思的《雇佣劳动与资本》和考茨基的《马氏资本论释义》等著作译文。

虽然说，俄国十月革命的爆发为中国的知识分子又提供了一种新的可供选择的好机会，但由于受认识所限，中国知识分子对俄国社会主义制度的认识程度总体不够明朗，而经历了一个质疑、抉择和接受的过程。尽管说李大钊较早地接触俄国社会主义革命，但他对马克思主义的认识也是由浅渐深的。可以说，李大钊早期"青春哲学"的唯物辩证法思想为他向马克思主义的转变打下了思想上的基础。"青春哲学"的唯物辩证法思想与马克思主义唯物史观在内涵上基本一致，对李大钊转向马克思主义者提供了思想基础。早在留日期间，李大钊既有着托尔斯泰人道主义的情绪，又有"基于'人类爱'、突出民主主义的安部社会主义思想的作用"②的精神。而且，李大钊还曾经加入过日本社会主义同盟③，

---

① 朱志敏：《李大钊传》，济南：山东人民出版社1998年版，第351页。
② ［日］安藤彦太郎：《早稻田大学与中国——架起通向未来之桥》，李国胜、徐水生译，武汉：武汉大学出版社2010年版，第123页。
③ 日本社会主义同盟筹备于1920年春，于1921年5月受到当时政府的取缔而被迫解散。该同盟由日本著名的早期社会主义者堺利彦、山川均、大杉荣及激进的劳工团体、学生团体和思想团体的代表联合发起，是社会主义的团体和个人的广泛联合组织。虽然，这个同盟还没有来得及发展成为政党，施展其抱负，但它是日本社会主义史上从思想运动向政党运动的过渡形态，也是李大钊广泛了解社会主义运动，并在思想上成为坚定的马克思主义者和组织上建党提供了极大的历史契机。

不仅了解了社会主义运动，而且有了初步社会主义实践的经历。居日期间及之后的一段时间里，李大钊是以激进民主主义者的姿态来抨击时势的。只不过，此时作为民主主义者的李大钊是反对暴力革命的，正如他在《欧洲各国社会党之平和运动》中所说的，"凡持社会主义者莫不反对战争"①。同时在该文中他还把抽象的互助、博爱观念当作所谓人类本性来言传。

1918年，李大钊先后发表了《法俄革命之比较》《庶民的胜利》《布尔什维克主义的胜利》等赞扬十月革命和布尔什维克主义的文章。值得一提的是，这些文章虽然认识到"俄国所抱的主义"的革命，开始理解马克思主义学说，但这并非意味着李大钊系统地接受了马克思主义。可以说，这时的李大钊还是停留于对社会主义学说的关注，而他真正注意到马克思主义"真身"是近半年后的事情（但并不是说，李大钊之前不晓得马克思及马克思主义，应该说他所了解的马克思主义是隶属于社会主义大学说之中的，如包含着基督教式的社会主义）。正是到了1919年的4月，《每周评论》登出的《共产党宣言》节译稿，李大钊受其启发，真正有意识地运用马克思主义方法撰写文章，主要体现在《新青年》的专号上发表《我的马克思主义观》，作为"马克思研究号"的内容之一，这篇文章表现出了他"同时发表的其它文章所不及的思想深度"②。这是一篇在中国历史上第一次较为完整、也较为准确地介绍马克思主义基本原理的文章，并且是从马克思主义对俄国革命的指导意义上去阐发马克思主义原理的。而李大钊以《我的马克思主义观》一文开启了近代以来规模最大的传播马克思主义学说的浪潮，随之而来的是一大批译介马克思主义的文章，其意味着马克思主义在中国的传播进入了一个崭新的阶段，为马克思主义中国化铺平了道路。从这些已发表的文章里可以看出，李大钊尝试运用马克思主义观点审视社会发展，探究社会出路问题，这同时标志着以李大钊为代表的中国先进知识分子开始尝试用马克思主义基本原理来认识世界和改造世界，并解决中国的现实问题（如组建马克思主义学说研究会、共产主义小组等形式），一定程度上为中国革命做好了准备

---

① 李大钊：《李大钊全集》（第2卷），北京：人民出版社2006年版，第123页。
② 朱志敏：《李大钊传》，济南：山东人民出版社1998年版，第353页。

工作。

此时的李大钊效法日本在北京成立了我国最早的比较系统研究马克思主义的革命团体——马克思学说研究会,组织进步青年学习、研究马克思主义著作,并积极地做好建立共产党的准备工作。1919年9月,李大钊在北京大学先后开设了《唯物史观研究》《史学思想史》和《社会主义与社会运动》等课程,给史学系、经济系、政治系、法律系等系所的学生授课。紧接着,他于次年翻译和推荐了马克思专论《中国革命和欧洲革命》,以现实反思和历史比较的方法运思出《中国的社会主义及其实行方法的考察》等文章,指出社会主义在中国所引进的各种主义博弈中必然胜出,且预言中国社会主义革命必然实行。这一举措表明,随着李大钊对俄国十月革命的进一步了解,逐渐发现俄国十月革命不是一场偶然的革命,而是在马克思主义理论的指导下的社会主义革命,俄国革命的胜利有着历史必然性。李大钊不但热情赞赏十月革命,而且彻底地接受了马克思主义。

应该承认,李大钊之所以能够转变为一位坚定的马克思主义者,绝不可忽视他深受日本学者宣传马克思主义的影响,并结合自己对马克思主义的唯物史观、阶级斗争等学说在中国作了认真的介绍和理解,以及进行了合乎当下社会需要的诠释,进而随着时代的向前推进而将理论与实践相结合来解决现实问题。这一转变离不开他对马克思主义的深刻认识,而形成"马克思主义观"。当然,相对于马克思主义学说的经典性,无论是李大钊本人的理解还是受日译西学的影响,其"马克思主义观"合乎马克思主义真髓都是相对的。其一,关于"唯物史观"。五四运动之前,李大钊以日译西学为桥梁已对马克思主义有了初步的了解;在此之后,他对马克思主义的接受大都源于河上肇著作了。正如李大钊本人所言的,他在《新青年》第六卷上发表的文章《我的马克思主义观》,是在河上肇的《社会主义的理论体系》一文有关内容的基础上(发表于《社会问题研究》第一册至第三册连载)进行的自己的理解和诠释。在此,他也初步形成了马克思主义哲学的唯物史观。同样地,李大钊征引了河上肇摘译的马克思在《哲学的贫困》《共产党宣言》《政治经济学批判序言》中的一些论述,提炼出马克思唯物史观的两个要点。而且,李大钊基本上也接受了马克思主义的群众史观,认同人民群众的历史作用,即人民是历史创造者的看法,并结合自己的理解作了合乎唯物史观的评述。不过,由于受到河上肇的影响,李大钊有时把唯物史观解释为经济史观。

其二,关于"阶级竞争说"的革命学说。李大钊的《我的马克思主义观》就是采纳了河上肇对于阶级斗争的理解。深受河上肇影响,李大钊引用河上肇的话来强调不可调和的阶级斗争在马克思主义学说中的地位,还介绍了这种不可调和性体现了"阶级斗争是阶级社会发展的动力",具体表现在对抗性阶级里,敌对阶级的对抗和冲突成为社会中的基本矛盾,"这种矛盾只有通过一个阶级推翻另一个阶级的社会革命才能解决",而且"这最后的阶级竞争,是阶级社会自灭的途辙,必须经过的,必不能避免"①。基于此,他认为不工作吃干饭的人都是"强盗",就是拥有统治地位的资产阶级,也必须进行打倒,于是提出了必须"打倒全世界资本的阶级"的观点,主张建立一个无产阶级专政的、人民当家作主的社会主义国家。因而,无产阶级夺取政权的目的是消灭阶级斗争,这也和马克思所说的"这个专政,无产阶级专政不过是达到消灭一切阶级和进入无阶级社会的过渡"② 是一致的。这些也表明了李大钊对马克思主义阶级斗争理论的介绍是较准确的,理解是相当深刻的。列宁曾说过:"只有承认阶级斗争、同时也承认无产阶级专政的人,才是马克思主义者"③,这说明承认无产阶级暴力革命和无产阶级专政,是那个时代下成为一个马克思主义者的重要标志。

不过,由于深受安部矶雄的基督教社会主义与克鲁泡特金的互助论之影响,李大钊在解读唯物史观过程中融进了博爱精神和互助思想,主要表现为他在对待"阶级竞争"与"互助"时将二者交织在一起。他在《庶民的胜利》中说:"'大……主义'就是专制的隐语,就是仗着自己的强力蹂躏他人欺压他人的主义。有了这种主义,人类社会就不安宁了。大家为抵抗这种强暴势力的横行,乃靠着互助的精神,提倡一种平等自由的道理。"④ 这说明互助理论仍然在他的头脑中占有重要的位置。与之相关联,李大钊还在《阶级

---

① 李大钊:《李大钊全集》(第2卷),北京:人民出版社2006年版,第356页。
② 《马克思恩格斯选集》(第4卷),北京:人民出版社1995年版,第547页。
③ 《列宁选集》(第3卷),北京:人民出版社1995年版,第199页。
④ 李大钊:《李大钊全集》(第2卷),北京:人民出版社2006年版,第254—255页。

竞争与互助》一文中对马克思的"阶级竞争说"进行介绍和解释，指出阶级斗争"是改造社会的组织手段"，同时又强调了"互助"的原理，说它是"普遍的法则"，是"改造人类精神的信条"，并提出"物心两面""灵肉一致"的人道主义改造论。而且，最后陈述道："总结一句话：我信人类不是争斗着、掠夺着生活的，应该是互助着、友爱着生活的。阶级的竞争，快要息了。互助的光明，快要现了。我们可以觉悟了。"① 很明显，李大钊是把精神改造与物质改造相结合作为人类改造历史的过程；所以，他最终选择了"以人道主义改造人类精神，同时以社会主义改造经济组织"的二元性的改造路向。

李大钊之所以用互助的人道主义观来解读马克思主义，很大程度上受了克鲁泡特金的影响。在克鲁泡特金看来，生物进化的法则在于互助合作，互助精神更利于物种的生存延续，指出"不论是在动物界还是人类中，竞争都不是规律"，因而斗争只限于个别时期，并且可以通过互助来消除之②。与之相似，李大钊也认为人类依靠互助的本能是能够建立美好社会的，他指出"知道生物的进化，不是靠着竞争，乃是靠着互助。人类若是想求生存，想享幸福，应该互相友爱，不该仗着强力互相残杀"③。这与克鲁泡特金的观点相类似，是将"互助"精神看成生物进化的基本原则，更是人类"求生存""享幸福"的要旨。在此基础上，他指出了"精神改造的运动，就是本着人道主义的精神，宣传'互助'、'博爱'的道理，改造现代堕落的人心，使人人把'人'的面目拿出来对他的同胞；把那占据的冲动，变为创造的冲动；把那残杀的生活，变为友爱的生活；把那侵夺的习惯，变为同劳的习惯；把那私营的心理，变为公善的心理"④。"物质改造的运动，就是本着勤工主义的精神，创造一种'劳工神圣'的组织，改造现代游惰本位、掠夺主义的经济制度，把那劳工的生活，从这种制度下解放了来，使人人都须作工，作工

---

① 李大钊：《李大钊全集》（第 2 卷），北京：人民出版社 2006 年版，第 356 页。
② ［俄］克鲁泡特金：《互助论》，李平沤译，北京：商务印书馆 1963 年版，第 76 页。
③ 李大钊：《李大钊全集》（第 2 卷），北京：人民出版社 2006 年版，第 267 页。
④ 李大钊：《李大钊全集》（第 3 卷），北京：人民出版社 2006 年版，第 12 页。

的人都能吃饭"①。从这里可看出，李大钊在此夸大了"互助"思想的精神改造作用。

李大钊还受早期民主思想的影响，有着民主主义的社会主义特征，即民主社会主义。他在五四之前开始运用阶级斗争的观点分析了帝国主义的侵略本质、妇女解放等问题。运用阶级竞争的观点，他在《大亚西亚主义与新亚西亚主义》一文中首次提出了"帝国主义"这个概念，同时还揭示了"帝国主义"的侵略本质，指出了"这'大亚细亚主义'不是平和的主义，是侵略的主义；不是民族自决主义，是吞并弱小民族的帝国主义；不是亚细亚的民主主义，是日本的军国主义；不是适应世界组织的组织，乃是破坏世界组织的一个种子。"②他主张以民族解放为基础，作根本性的"大同"式的改造，表现为"凡是亚细亚的民族，被人吞并的都该解放，实行民族自决主义，然后结成一个大联合，与欧、美的联合鼎足而三，共同完成世界的联邦，益进人类的幸福"③。在随后的《战后之妇人问题》中，李大钊强调"现代民主主义的精神，就是令凡在一个共同生活组织中的人，无论他是什么种族、什么属性、什么阶级、什么地域，都能在政治上、社会上、经济上、教育上得一个均等的机会，去发展他们的个性，享有他们的权利"④。李大钊提出阶级平等的理念，主张无论男女工人，都必须团结起来，通过阶级斗争、追求自由，才能得到真正的解放。

当然，受历史条件的限制，由于传播目的和现实斗争的需要，李大钊"马克思主义观"的译介内容极为庞杂而丰富，乃是一个很大的研究课题。其中值得一提的是，李大钊与河上肇等人有着相似的经历，那就是受中国传统思想影响至深，共同表现出儒家的救世思想。正如饭田鼎在《河上肇の思想遍歴——社会主義評論と無我苑の頃：社会主義者と志士仁人の間》一文中认为，河上肇毕生一方面接受西方合理主义的影响而信奉社会主义，但另一方面又深受东方儒教主义思想的影响而本质上拥有"志士仁人"的抱负和担当。同时，李大钊也受到早期河上肇的"科学同宗教道德不是矛盾的"思

---

① 李大钊：《李大钊全集》（第3卷），北京：人民出版社2006年版，第12页。
② 李大钊：《李大钊全集》（第2卷），北京：人民出版社2006年版，第269页。
③ 李大钊：《李大钊全集》（第2卷），北京：人民出版社2006年版，第270页。
④ 李大钊：《李大钊全集》（第2卷），北京：人民出版社2006年版，第294页。

想的感染，也有相类似的见解。

总之，日译西学不仅从多方面影响李大钊的早期思想，而且在一定程度上为早期李大钊向马克思主义转变创造了条件。

## 第二节　李大钊早期思想转型

李大钊最早不是信奉马克思主义的，而是有着一个不小的思想变化过程。倘若说这一转型是深受所处的中国社会苦难之境的影响，引起他的民族意识的觉醒，成就他走上再造中华之路①，那么日译西学则是由"青春哲学"向"马克思主义观"转型的主要思想理论来源。这一转型的内在机理是由国民启蒙的理想化转向社会实践的理论化，标志着由理想向现实的重要转变，是在特定的历史境遇下由向往共和（启蒙）转向了实践斗争（包括实际领导），这实质上是与他的理论与实践相结合的务实精神分不开的。当然，这种务实精神与一定的理论资源的滋养分不开，并要把这种理论运用于社会实际之中，有效地指导社会现实斗争，从而上升为解决实际问题的有力理论武器。

正如李大钊在《再论问题与主义》一文中所直陈的，在谈论"主义"的时候，必须注重它的"实用性"和"合于现在需要的企图"，即考虑到它能不能用来解决中国向何处去的问题。进而，李大钊还十分鲜明地指出，"大凡一个主义，都有理想与实用两面"②，马克思主义在中国的应用，必须注意"把他的精神变作实际的形式使合于现在需要的企图"③。李大钊所指的理想与现实的统一，是与社会实际相联系，且与一定的理论——"主义"来源相关。那么，"主义"是从何种渠道获取的？接受程度又如何？从李大钊的文献中仔细爬梳不难发现，其基本是以日译西学的形式获知的。如前所述，李大钊赴日期间就初步地接触到社会主义，但受其影响不是很大；回国之后，

---

① 李大钊曾说，列强寻衅滋事，军阀政府昏庸搜刮百姓，"民政"的丧失，"民权"的被窃，民不聊生。具体见《大哀篇》。
② 李大钊：《李大钊全集》（第3卷），北京：人民出版社2006年版，第3页。
③ 李大钊：《李大钊全集》（第3卷），北京：人民出版社2006年版，第3页。

他不断收到从日本好友那里传递过来的俄国革命的信息,其中还包括马克思主义思想。

关于李大钊的社会实践精神,他居日期间曾经加入过日本社会主义同盟①,便是很早的证明。回到国内,他效法日本在北京成立了我国最早的比较系统研究马克思主义的革命团体——马克思学说研究会,组织进步青年学习、研究马克思主义著作,并积极地做好建立共产党的准备工作和参加各种实际运动。李大钊早期进行的是国民启蒙的理想化历程,主要标志为他的"青春哲学"的创立。留学日本期间,李大钊接受了大量的西学新知,接纳了西方的清新哲学,当然也包括当时日本的思想家和日本文化的影响,而创造出"青春哲学"。用他的话说,便是告诫国民"一面宜自觉近世国家之真意义,而改进其本质,使之确足福民而不损民";"一面宜自觉近世公民之新精神","惟奋进精诚之所至以求之"。② 他不仅指出了国民的今日之责,而且为培育出革命的民主主义的精神,而提供了青春的宇宙观、社会观和人生观。这就是李大钊在《〈晨钟〉之使命》中说的"尊重其精神,其思想,其直觉,其生命,而不可抑塞其精神,其思想,其直觉,其生命"。无疑,这种"精神""思想""直觉"等基本上来自于西方的清新哲学。

具体来说,清新哲学包括哪些新知? 爬梳李大钊著作的文献,不难看出,达尔文的进化论、卢梭的天赋人权学说、约翰·穆勒的自由学说、托尔斯泰的人道主义、尼采的权力意志论、柏格森的"创造进化论"等西学,成为李大钊早期憧憬和向往的东西。

譬如,柏格森的"创造进化论"对新文化运动领导人的思想影响很大,他把人的意志力贯通于天的力量而又下贯于人,从而提升人的主体能动性。李大钊在提升个体的主体地位时,也同样强调人人不仅具有与宇宙一样的生命活力,每个人拥有着个人意志和情感,而且人在认识宇宙基础上充分发挥

---

① 日本社会主义同盟筹备于1920年春,于1921年5月受到当时政府的取缔而被迫解散。该同盟由日本著名的早期社会主义者堺利彦、山川均、大杉荣及激进的劳工团体、学生团体和思想团体的代表联合发起,是社会主义的团体和个人的广泛联合组织。虽然,这个同盟还没有来得及发展成为政党,施展其抱负,但它是日本社会主义史上从思想运动向政党运动的过渡形态,也是李大钊广泛了解社会主义运动,并在思想上成为坚定的马克思主义者和组织上建党提供了极大的历史契机。

② 李大钊:《李大钊全集》(第1卷),北京:人民出版社2006年版,第139页。

个人的生命力与宇宙相竞进，在历史观上以"创造环境，征服历史"为旨趣。无疑，这种观点是与柏格森的意志创造性相关联的。不仅如此，李大钊通过研究柏格森的"直觉"说①，彰显自我生命的本质，倡导国民个性的发展。

又如，受穆勒等人的影响，李大钊把"意念自由"与"革命精神"相提并论，认为是"生民之秉赋"的力量，拥有天赋的、不可夺予的精神动力。换言之，民彝的精神就在于人人拥有"意念自由"，必须让群众"知自重其秉赋"，不可缺失；只有充分认识到民众的意志，国民尊严才能被树立，方能代表国家意志。此处，李大钊相信人民的"意念自由"力量，视人民当家作主为社会主义民主政治的保障，因为民众的理性和意志是民主政治的表现，能够权衡一切事理，所谓"盖政治者，一群民彝之结晶，民彝者，凡事真理之权衡也"②。因而，李大钊在唯意志论等思想影响下，对历史进程中"民彝"意志的创造力给予肯定，不仅讨论人的意志创造历史，而且探究了英雄与民众的关系等问题。可以说，李大钊的历史观崇尚意志自由，强调历史进程取决于民意或"众意总积"，而非决定于英雄个人意志，标志着他由民主主义者开始向马克思主义者转变；不过，他的哲学思想具有鲜明的唯意志论特征，合理地将斗争创造、意志自由和群众意志融进历史创造过程之中③。

从历史维度上看，李大钊成为一位马克思主义者是有着漫长的过程，且贯穿着内在关联性的特质。在此转型的过程中，日本学者对他的影响不可忽视。其中，中江兆民的唯物论和无神论的影响，为转向唯物论奠定了基础。李大钊的宇宙观与中江的"纯粹的物质说"极为相近，便是一证。吉野作造的民本思想对李大钊民主主义思想的孕育生成有特别的影响，并且李大钊成为马克思主义者之后还是时时关注于民本理念。而且，李大钊留日期间受到安部矶雄的基督教社会主义的影响，而主张"以人类爱为中心"，这曾一直潜藏在他的社会主义思想之中，实质上是隐含着托尔斯泰人道主义的情绪。

---

① 柏格森认为，直觉通过主体的内在经验积累与体验来把握绝对的实在，达到绝对的真理，即从生命本身去把握住生命。
② 李大钊：《李大钊全集》（第1卷），北京：人民出版社2006年版，第150页。
③ 张明仓：《李大钊哲学思想的演变及其意义》，载《北京社会科学》，2003年第1期。

又如前所述，李大钊受河上肇的影响深远，表现为《马克思的唯物史观》在中国的广泛传播和运用。从传播学的角度来看，李大钊宣传河上肇的马克思主义学说最得力，受益也最大；他不仅在欢呼"庶民的胜利"与"布尔什维主义的胜利"这一新纪元的新潮流之后不久，就开始进一步广泛搜集马克思主义理论体系的资料，开始全身心地投入到对马克思主义在中国的传播和运用中来。由于对马克思主义的了解渐多和认识的加深，他不久协助《晨报》开辟了国内第一个"马克思研究"专栏，刊载了河上肇、考茨基、马克思等人的著作译文，又在《新青年》上主编了"马克思研究号"，并在专号上发表了《我的马克思主义观》，而表现出了他"同时发表的其它文章所不及的思想深度"①。这时期，李大钊发表了一系列介绍马克思主义基本原理的文章，主要是以理论指导俄国革命实践来阐发马克思主义原理，开启了中国人运用马克思主义立场和观点分析实际问题，其对马克思主义在中国的传播产生了深远影响。

如果说青春哲学时期的李大钊对"民彝"的规定还是模糊不清的，那时他所说的"国民"还指的是知识分子和城市小资产阶级的话，那么在十月革命以后，李大钊认识到要依靠以无产阶级为主体的广大人民了。此时，李大钊既找到了革命的力量，也找到了实现革命的指导思想，这也是李大钊初步运用马克思主义的阶级论，认识到社会主义必然要代替资本主义，阶级斗争是社会发展的动力，无产阶级只有进行最彻底的斗争才能取得胜利，人民群众是决定历史前进的力量等，树立了唯物史观。这主要表现了李大钊将庶民规定为"全世界的庶民""世界劳工阶级"及"世界的无产庶民"；而且，他满怀信心地宣告："由今而后，到处所见的，都是 Bolshevism 战胜的旗。到处所闻，都是 Bolshevism 的凯歌的声。人道的警钟响了！自由的曙光现了！试看将来的环球，必是赤旗的世界！"②。"马克思主义观"的形成，见证李大钊成为一位坚定的马克思主义者了。

从前后思想转型的视角看，青春哲学是李大钊成为激进民主主义的理论

---

① 朱志敏：《李大钊传》，济南：山东人民出版社1998年版，第353页。
② 李大钊：《李大钊全集》（第2卷），北京：人民出版社2006年版，第263页。

基础，马克思主义观是他成为马克思主义者的重要标志。不过，二者皆有进化之旨、自由观念、互助精神和"平民主义"色彩等质性。这在李大钊哲学思想转型的过程中表现出了从静态性的国民启蒙（如思想自由、自由意志、求变法则、奋斗精神）到动态性解决现实（马克思主义中国化的发轫）的实践转向上，是有着内在理路的连贯性和变动性的特征。下面从四个方面论述之。

（一）进化之旨

李大钊从思想上由关注国民启蒙向关注俄国十月革命的转变，表征着他有着勇于接受新事物、努力向前及不退缩的精神，且"因时、因事、因所""与时俱进"地改变着自己，适应时代发展，而使得他的研究视域从"青春哲学"转向"马克思主义观"；与此同时，他本人也由民主主义者转变为马克思主义者了。这种转变主要体现在从《此日》《"今"》《新的！旧的！》到《现在与将来》《演化与进步》《今与古》《时》等为标志的文章中，展现出李大钊与时俱进的精神和思想转型的基质。

首先，"青春哲学"的动力机制在于进化。

"青春哲学"是以"进化"为参照系。李大钊不仅把"竞争""优胜劣汰"的"天演之公理"看作是自然界法则，而且把进化的原则加以普适化，内涵着宇宙的进化、物质的进化、物种的进化，以及社会的进化、种族的进化。在李大钊看来，拥有这种进化思想就是一种"与时俱进"的精神。于是，他以"时"为基本概念，提出了"月异岁新，与时俱进，页页联缀，永续无穷"的哲学观点①，而隐含着青春无尽的"青春"进化论思想。由此，李大钊把青春的内涵界定为"与时俱进"的精神，并以这种"进步无止境"的精神鞭策着自己不断向前看，激励国民接受新鲜事物，再造青春之中华。这就是他的青春哲学思想内涵。

同时，由于受到进化论与柏格森的生命意志学说的影响，李大钊将"与时俱进"精神看成是把握住"此日"，不虚度于"今"或"现在"。所谓

---

① 李大钊：《李大钊全集》（第2卷），北京：人民出版社2006年版，第169页。

"世间最可宝贵的就是'今',最易丧失的也是'今'"①,因而,人人要拿出"现在"的努力,不消耗"现在",并努力为"将来"而创造。这是一种"新的"精神,旨在"开辟一条新径路,创造一种新生活"②。它注重"随实在之进行"的过程,而不是抱怨一切或安于现状。因此说,进化论是作为青春哲学的基础。

其次,"马克思主义观"的内涵在于进步和发展。

李大钊是以进化的眼光看待一切历史的。他在《韦柯及其历史思想》一文中推崇韦柯把人类社会的每种形态的发展概括为三个阶段或三种型式,认为"他的学说很容易适用于进步的概念"③。基于此,他对历史以进化的思想进行了界定:"历史这样东西,是人类生活的行程,是人类生活的联续,是人类生活的变迁,是人类生活的传演,是有生命的东西,是活的东西,是进步的东西,是发展的东西,是周流变动的东西"④;而且,"历史就是社会变革",向前进化不息的。

进而,李大钊以进化思想来审视社会主义的产生和发展及其本质特征。他认为:"'社会主义'之发生,恰如鸡子在卵壳里发生一样。……在这卵壳尚示打破的时期,是一种进化现状,到鸡子已经发生成熟的时期,便非打破这壳不可。'社会主义'也是如此。到了已经发生成熟的时期,便非打破这资本主义的制度不可。打破卵壳,是革命的现象;打破这资本主义的制度,也是革命的现象。"⑤ 同时,他又认为阶级斗争与生物学上发现过的宇宙生命运动相类似,与社会学上的"自我发展"为根本动机的"竞争"也有基本相同。在此,李大钊用进化论解读阶级斗争,指出被压迫者用阶级斗争的形式争取自身权益,由争取经济利益发展到争政治权力,直到发生一种新变化;一旦"新变化"发生,那么阶级斗争就会归于消灭,因而说,阶级斗争只是人类历史阶段性的产物,而非永恒性的存在物,这也就意味着阶级斗争学说

---

① 李大钊:《李大钊全集》(第2卷),北京:人民出版社2006年版,第191页。
② 李大钊:《李大钊全集》(第2卷),北京:人民出版社2006年版,第198页。
③ 李大钊:《李大钊全集》(第4卷),北京:人民出版社2006年版,第307页。
④ 李大钊:《李大钊全集》(第4卷),北京:人民出版社2006年版,第399页。
⑤ 李大钊:《李大钊全集》(第4卷),北京:人民出版社2006年版,第46页。

只是唯物史观对人类过去的历史上的应用,而不能"通用于过去、现在、未来的全部",以此表明"马氏并非承认阶级斗争是与人类历史相终始的"①。不难看出,这是李大钊把阶级斗争放在了整个人类社会进程中看待的。

最后,进化、进步思想转型的特质。

在李大钊的早期哲学思想里,青春不仅在于思想的新(盗火者),还在于行动的到位("勇往奋进以赴之""断头流血以从之""弹精瘁力以成之"),而体现着理论与现实相结合的精神。就是说,李大钊的青春哲学根植在于"进而努力,发展向上,以易环境,俾得适于所志"②,他从中国现实出发,是极为重视人的进步和自我创造——"青春哲学"的精神支柱,进而要求富有活力的青年来创造历史,激起青春创造力迎来新中国。可以看出,李大钊的青春哲学是以"青春"为动力的历史进化论,青春代表着决定着社会力量的民彝众庶,在历史进化的方向中起着决定性的作用。这里,李大钊的论述已经看到人民大众的巨大潜力,且抱希望在青年的创造力上,尚有着基于现实的历史根由——阶级斗争之需的致思理路。

正是因为青春哲学中包含着的进化、进步思想是与马克思主义思想有共通之处的,这为李大钊日后接受马克思主义创造了有利的条件,这些思想也贯穿在他接受马克思主义的过程中。因此,拥有着"与时俱进"进化精神是李大钊从民主主义者向马克思主义者转变的动力基质。

(二)自由观念

李大钊的自由观念是以西方的自由精神为基本内涵的,并结合中国现实而赋予了新时代的意蕴,潜藏着他的自由观转化机理,这主要从《宪法与思想自由》《议会之言论》《不自由之悲剧》《自由与胜利》到《危险思想与言论自由》《自由与秩序》等文章中体现出来,从而表征着李大钊自由思想发展的轨迹。

首先,"青春哲学"内涵有国民的自由意志。

近代中国,几千年来流传下来的专制制度,加上与之相应的落后思想意

---

① 李大钊:《李大钊全集》(第3卷),北京:人民出版社2006年版,第30页。
② 李大钊:《李大钊全集》(第1卷),北京:人民出版社2006年版,第139页。

识，是压制人民思想和阻碍社会变革的绊脚石。从思想层面来看，国民在传统式的唯古是从、唯权贵是从中已经养成了一种"服从"奴性，为了摧陷廓清这种奴性，提升国民的勇气与信心，李大钊毅然将西方的自由意志引入到创建"青春中华"的内涵之中来。换言之，他以"解放自由的我"和"创造进化论"为本位和基址，以创建"青春中华"为理想和目标。这种以倡导自由意志理论，"大声疾呼以号召于吾新中华民族少年前"，反对专制、压迫，争取自由、民主、平等精神，便是西方近代以来反封建的主要标志。因而，李大钊把柏格森的自由意志理论与风行于中国近代的唯意志论相结合，企图唤醒国人的创造意识；这不仅是要打破旧的观念，求得思想解放，更要发挥创造精神，成为"新生活的创造者"。这种力把河山的自由精神对于死气沉沉的中国来说无疑是一副清新剂，能够帮助国民从沉睡中苏醒过来。

李大钊"青春哲学"中的自由是与西方近代以来的自由精神相一致的。"自由"在近代西方是一个极为美妙的词眼，成为人人享有的平等自主权利，涵盖着一种普遍的"人权"意义。针对西方的自由观念，哈耶克认为自由指的是"一些人对另一些人所施以的强制，在社会中被减至最小可能之限度"①。从古典主义自由者的角度理解社会中的个人自由，是从消极意义上理解自由，与"自由"就是摆脱外在强制的状态一脉相承。其中被称为自由主义之父的洛克就认为，"自由是其余一切的基础"②。李大钊同样地从自由对于人的个人价值意义上揭示持有自由的必要性，进而构建着他的自由观。他指出："盖自由为人类生存必需之要求，无自由则无生存之价值。"③ 而且，李大钊所追求的理想社会也是自由的社会，视自由为人类生命存有的圭臬，因而"自由"被归为人类历史的始终目标，内涵着一个个实现自我的基本价值取向。应该晓得，李大钊的自由观内涵着积极和消极自由两层含义，既有积极摆脱封建束缚而获得人生解放的历时维度，又有汲取西学的宪政中"法律下的自由"，这是以一种开放的共时维度看世界。不过，此时期李大钊心

---

① ［英］哈耶克：《自由秩序原理》（上册），北京：三联书店出版1997年版，第3页。
② ［英］洛克：《政府论》（下篇），叶启芳等译，北京：商务印书馆2003年版，第12页。
③ 李大钊：《李大钊全集》（第1卷），北京：人民出版社2006年版，第228页。

目中的自由是以个人自由成分为多。

其次,"马克思主义观"内涵着自由思想。

李大钊在他的自由观里设定了一种理想人格。这种理想人格以挽救时弊为目的,通过倡导个性解放和个人自由来批判封建专制制度,不仅冲破封建纲常名教的束缚,而且摆脱西方列强对中国人的压迫。从某种角度而言,这种追求个人的独立自由和个性解放,号召国人争当自己的主人,实现一种平民化的独立自由人格价值,是基本上接近于马克思主义的自由观了。马克思主义是从现实的角度注重人的解放,通过摆脱束缚来获得,同时以发展人的能力形式来求得人类"解放",最终达到人的全面自由发展。而且,社会主义的根本目的就是人的自由和全面发展,民主的精神就是为个性自由发展提供机会,无论在政治上、经济上、社会上都要尊重人的个性。同时,社会主义是"保障每人享受极大量的平等自由",就是针对人的全面自由发展而言的,民主的精神就是为个性自由发展提供机会。李大钊同样认为人类未来世界是以解放自我为前提,尊重个性解放和个体自由,他用"解放"来概括西方近代以来争取自由的时代精神,而且一直延续到下一个时代,每个国家都应不断争取下去。无疑,这种对独立自由人格的重视,是一种尊重个性、追求真正自由的呐喊。

另外,马克思主义是关于人类自由和人类解放的理论体系,其自由观将自由理解为"具体的、现实的、处于一定社会政治经济关系下的自由",其自由观在处理个人与社会关系时,首先以人的社会性为前提,认为人的本质属性即人的社会性。因此,马克思主义的自由观是与人的社会性紧密相连的,社会的发展与人的自由发展是分不开的,社会进步是人自由实现的前提和基础,表现为"只有在共同体中才可能有个人自由"。同马克思主义自由观一样,李大钊将自由置于现实的物质基础之上,认为自由是社会主义的终极目的,社会主义自由的基本特征是"自由人的联合",即个人与社会能得以和谐共处和发展。在《平民主义》一文中,李大钊对自由作了社会主义的积极的理解,指出不仅要将政治上、经济上、社会上一切特权的阶级消灭掉,而且要达到真正的"自由的领域",即"不受外来的侵犯与干涉,其间全没有统治与服属的关系,只有自由联合的关系"①。这体现了人在社会关系中的自由——共同体的自由形式。值得一提的是,在李大钊后期的自由观中,自由更是与社会主义紧密相联的,是社会主义的本质和价值归宿及终极目的。由此看来,李大钊将自由视为社会主义的本质特征,将自由与社会主义相联系,是肯定个人价值的重要标志。

最后,李大钊前后自由精神的转变。

早期李大钊是从个人价值角度认识和解读"自由"二字的,内涵着自由主义的价值取向,这是与同时代新文化运动的先进人士一样的价值观念,无不以人的自由等同于生命价值一样看待,指出"夫人莫不恶死而贪生,今为自由故,不惜牺牲其生命以为代价而购求之,是必自由之价值与生命有同一之贵重,甚或远在生命以上";自由与人的生命同等价值,表现为"人之于世,不自由而生存可也,生存而不自由不能忍也"②。在这里,自由与人的基本价值相联系,是将生命、生存和人的尊严相等值来看待。而且,他主张通过法律手段来保障人民的自由权利,体现了"自由之保障",要"系于法律之精神"③。这里,李大钊主张制定完善的宪法维护人民的自由权利,在法制的前提下来完善和充实人民的自由。

李大钊后期的自由观也超越了"个体本位"和"个人自由优先"的思路,将个体与群体、个人与社会辩证地统一起来,形成了独特的社会主义自由观。不过,也同前期一样的是,他重视个体自由,但将个体自由与群体紧密联系起来,与社会主义联系起来,并主张通过自由人的联合体去实现个人自由,在这一点上,与马克思主义自由观中个人与群体关系的处理是一致的。由此可见,李大钊不仅将自由看作民主政治的基础,而且将自由看作是民主政治运行必须贯彻的精神,自由政治的实现必须坚持追求由个人自由而国民自由的政治保障,实现全民处理国家事务的自由权利。因此说,自由是李大钊政治观念的基石,又是他政治思想的最终目标。

---

① 李大钊:《李大钊全集》(第4卷),北京:人民出版社2006年版,第132—133页。
② 李大钊:《李大钊全集》(第1卷),北京:人民出版社2006年版,第228页。
③ 李大钊:《李大钊全集》(第1卷),北京:人民出版社2006年版,第158页。

### (三) 调和与互助精神

李大钊是以追求和谐社会乃至和谐世界为旨趣的。从《调和之美》《调和之法则》《辟伪调和》到《阶级竞争与互助》《"少年中国"的"少年运动"》等文章能体现出他对互助精神的向往，从而表征出和谐思想对他的诱惑性和永恒性。李大钊把人类社会发展放在整个宇宙发展链条上，以乐观的未来之眼光洞悉人与人之间的关系，是调和与互助，而不是阶级斗争。

首先，调和与互助成为"青春哲学"的基本精神。

李大钊早期接受了穆勒等人的调和思想与克鲁泡特金的互助论，并以此来注入到他的青春哲学之中。穆勒的"进步"与"秩序"相调和的思想成为李大钊的"老人与青年之调和"的来源，李大钊将此用于论证时下变迁现状。受卢梭"社会契约论"中主张调和个体小我和社会大我的关系影响，李大钊认为对抗与调和在社会发展中也是一对矛盾，是合理的存在，并以各种力量的不调和因素冠之于社会生活所显现出的各种各样的矛盾现象。他甚至在《欧洲各国社会党之平和运动》中所说："凡持社会主义者莫不反对战争。"① 最后，他断定"盖遵调和已行者，随处皆是生机，背调和之道以行者，随处皆是死路也"②。李大钊所讲的"调和"，不仅是宇宙进化的根本规律和终极取舍，而且是解决社会矛盾的根本方法。所以说，李大钊在思想领域中以调和的姿态面对一切。

李大钊指出，"现代之社会，调和之社会也"，主张贵族与平民、资本家与工人、地主与佃户、老人与青年的"协力与调和"，强调"惟其协力与调和，而后文明之进步，社会之幸福，乃有可图"（《青年与老人》）。李大钊还认为理想的社会应该是"政治与市府相调和"，而今日政治混乱、民不聊生，全是因为政治"与强力不相容也"③。同时，李大钊还把抽象的互助、博爱观念当作所谓人类本性来言传。李大钊的调和观的产生与无政府主义的"反暴力"主张密切相关。李大钊对西方资产阶级博爱观的接纳，提出了"不同阶

---

① 李大钊：《李大钊全集》（第2卷），北京：人民出版社2006年版，第123页。
② 李大钊：《李大钊全集》（第2卷），北京：人民出版社2006年版，第26页。
③ 李大钊：《李大钊全集》（第2卷），北京：人民出版社2006年版，第172页。

级相调和"的观点。

其次,调和与互助是对"马克思主义观"中阶级斗争的有力补充。

李大钊接受马克思主义之后,在他的思想里处处闪烁着"调和""互助"的精神。他指出:"协和与友谊,就是人类社会生活的普遍法则,人类的进化,是由个人主义向协和与平等的方面走的一个长路程。人类应该相爱互助,可能依互助而生存而进化,不能以战争而进化。这是我们确信不疑的道理。"① 他把协和当作互助论的内核,通过调和的手段缓解各方面矛盾。进而,他指出,"精神改造的运动,就是本着人道主义的精神,宣传'互助'、'博爱'的道理,改造现代堕落的人心,使人人把'人'的面目拿出来对他的同胞;把那占据的冲动,变为创造的冲动;把那残杀的生活,变为友爱的生活;把那侵夺的习惯,变为同劳的习惯;把那私营的心理,变为公善的心理"②。正是基于人类的意识反作用于经济基础的能动性,李大钊主张用新的人生观来"解放自由的我",进而到"和一个人人相爱的世界"③。这表明他强调个人的自我解放与社会历史的变革相协调,见证了个人自主性的能动作用。

由于深受安部矶雄的基督教社会主义与克鲁泡特金的互助论之影响,李大钊在解读唯物史观过程中融进了博爱精神和互助思想,主要表现为他在对待"阶级竞争"与"互助"时将二者交织在一起。他在《庶民的胜利》中说:"'大……主义'就是专制的隐语,就是仗着自己的强力蹂躏他人欺压他人的主义。有了这种主义,人类社会就不安宁了。大家为抵抗这种强暴势力的横行,乃靠着互助的精神,提倡一种平等自由的道理。"④ 这说明互助理论仍然在他的头脑中占有重要的位置。同样地,他在《我的马克思主义观》一文中对阶级这个词进行了解释,指出"马氏所说的阶级,就是经济上利害相反的阶级",但是由于互助、博爱等观念在他的头脑中曾占有重要位置,在解释马克思主义伦理观念时又运用互助论的观点,所以又强调"那社会主义

---

① 李大钊:《李大钊全集》(第2卷),北京:人民出版社2006年版,第354页。
② 李大钊:《李大钊全集》(第3卷),北京:人民出版社2006年版,第12页。
③ 李大钊:《李大钊全集》(第2卷),北京:人民出版社2006年版,第360页。
④ 李大钊:《李大钊全集》(第2卷),北京:人民出版社2006年版,第254—255页。

伦理的观念，就是互助、博爱的理想"，且这种互助的理想、伦理的观念"实在一天也没有消灭"①；在李大钊看来，"只因有阶级竞争的经济现象，天天在那里破坏，所以总不能实现"；于是，他最后得出了"马氏所谓真正历史，就是互助的历史，没有阶级竞争的历史"的结论。

最后，调和与互助精神转型内质。

李大钊接受日译西学，将调和与互助精神相互印证、互为补充，而为我所用。东西文化的调和，国民之间的调和与互助，反抗外来侵略，帝国主义的掠夺；国家之间的调和与互助，遏制强国欺凌弱国。李大钊重视"互助的精神"，并将其植入"平等自由"之中，成为民主主义的根本，也是理解劳工主义的基础。在其现实性的认识层面，他又以"互助论"来诠释第一次世界大战的胜利，批判帝国主义霸权行径，本质上在于表达其反抗强权、主张建立没有专制压迫的平等自由的新社会之愿望。

因此说，李大钊用"互助""博爱"构成理论层面的"精神解放"指导原则，落实到实践层面则是以"自由、平等、博爱、互助、劳工神圣"的精神改造社会。故而，他在论及马克思主义阶级斗争思想时，仍带有民主主义者的调和与互助色彩。高力克把这种现象看作是"从民主主义的视角来审视社会主义，几乎是中国早期马克思主义思想转变的共同出发点"②。从更广泛的意义上说，中国早期马克思主义者的思想实质上是一个社会主义的大杂烩。李大钊在社会发展和人的发展相统一基础上，不仅引介了解决社会基本矛盾的"阶级斗争"，而且注入了传统文化以及西方自由主义和互助论的调和互助理念；如此看来，李大钊马克思主义观是拥有文化自觉的融合精神，既有革命性新概念，又有调和因素。

（四）"平民主义"色彩

李大钊早在民彝史观中就十分重视人民在历史创造中的作用，这些思想为他由青春哲学走向马克思主义打下了坚实的基础。从《民彝与政治》到《由平民政治到工人政治》《平民政治到工人政治》《平民主义》等文章就能

---

① 李大钊：《李大钊全集》（第3卷），北京：人民出版社2006年版，第34页。
② 高力克：《论李大钊的自由观》，载《北京师范大学学报》，1989年第6期。

够展现出这种"以民为本"思想的根基。

首先,"青春哲学"内涵有"民彝"思想。

1916 年春,李大钊在《青春》《民彝与政治》两篇文章中提出了"青春"的宇宙观和人生观,系统地阐述了以"青春"的精神来改造自我,包括拥有"青春之宇宙""青春之自我""青春之国家""青春之民族""青春之人类"等,明确地提及"青春中华之创造"的历史使命,倡导唤醒人民的意志来推翻专制统治,实行人人当家作主的真正人民民主政治,表达了鲜明的革命民主主义思想,实质上是已有了平民主义的思想基础。李大钊认为历史无法束制民彝,历史的真正创造者是众庶。实际上,李大钊是把民彝看成是历史的创造力量。在他看来,历史上的暴动皆是统治者逆民彝而行的结果。

李大钊的国民个性解放的思想,是以民为本的"民彝"观,所以在他的《民彝与政治》一文中说:"盖唯民主义乃立宪之本,英雄主义乃专制之原。而立宪之所以畔夫专制者,一则置重众庶,一则侧重一人;一则使知自重其秉彝,一则多方束制其畀性;一则与以自见其我于政治之机,一则绝其自见其我于政治之路。"① 这里,他鲜明地指出了民主与专制的重要区别,在于是尊重还是束缚人民群众的天赋和个性;而且,民主不是解放少数人,而是解放大多数人的个性,这是和马克思主义相通的。正是有了这一相通之处,李大钊才能在社会实践中克服早期的唯意志论的倾向,逐步转向马克思主义。

其次,"马克思主义观"蕴涵着群众史观。

李大钊认为:"平民主义"与社会主义是密切相关。1921 年 12 月李大钊在中国大学讲演《由平民政治到工人政治》一文中指出,"平民主义"是为"现世界的潮流","遍社会生活的各方面";而且,其与"社会主义的精神"一样,"无论在政治上、经济上、社会上,都要尊重人的个性",都反对"社会上不平等不自由的现象"。于是说,李大钊在探讨社会主义问题时,常常把民主与之相关联,并认为二者有着本质的一致性。

对于"平民主义"的理解,李大钊认为"纯正的'平民主义',就是把政治上、社会上一切特权阶级完全打破,使人民全体,都是为社会国家作有

---

① 李大钊:《李大钊全集》(第 1 卷),北京:人民出版社 2006 年版,第 157 页。

益的工作的人,不须用政治机关以统治人身,政治机关只是为全体人民,属于全体人民,而由全体人民执行的事务管理工具。凡具有个性的,不论他是一个团体,是一个地域,是一个民族,是一个个人,都有他的自由的领域,不受外来的侵犯与干涉,其间全没有统治与服属的关系,只有自由联合的关系。这样的社会,才是平民的社会,在这样的平民的社会里,才有自由平等的个人"①。李大钊还强调全体人民的主体能动性和自主性,蕴涵着人人创造社会、管理社会的自由发展的基本思想,从而建立起了他的"大众史观",基本上合于马克思主义的群众史观。

最后,"平民主义"色彩的一贯性。

从历史潮流的视域看,李大钊认为平民主义是人类不可阻挡的进步趋势。他从民彝到"平民主义"是合于世界潮流的,也是一脉相承的。而且,"平民主义"是有阶级内容的,有资产阶级的"平民主义",有无产阶级的"平民主义",而无产阶级的"平民主义"就是"工人政治",工人政治就是社会主义。他也不可否认,无产阶级专政时期的"工人政治","的确含有统治(Rule)的意味,而且很严,大权集于中央政府,实行统治别的阶级,这就是以一阶级的权力,替代他一阶级的权力,以劳工阶级的统治,替代中产阶级的少数政治(Bourgeois oligarchy)"②。李大钊注重工人阶级的力量,以劳工联合的形式来实现无产阶级专政,追求和践行"个性解放"和"大同团结",进而消灭阶级制度,最终达到大同社会之境。无疑,这样的政治才是"工人政治",才是纯正的"平民主义"。李大钊以这种纯正的"平民主义"为理想目标,主张建立"平民主义"的大联合,将破产的农民、手工业者联合成真实的"平民主义",具备"劳动阶级"的人民立场,能够发扬国际主义精神,共同反对帝国主义的斗争,完成民主革命的任务。

因此说,李大钊自始至终是以建构"平民社会"为理想目标的。这应该归功于他时时刻刻关注中国社会里的"平民"数量之大,受剥削压迫之深,拥有拯救民众的高度激情,也逐渐发现"平民"的联盟和力量。高力克在

---

① 李大钊:《李大钊全集》(第4卷),北京:人民出版社2006年版,第132—133页。
② 李大钊:《李大钊全集》(第4卷),北京:人民出版社2006年版,第131页。

《五四的思想世界》一书中认为，李大钊为五四平民主义思潮的著名思想代表，转为马克思主义者后，开始用"平民主义"概念诊释民主问题，形成了社会主义与民主主义相结合的"平民主义"民主观念①。晋荣东则认为，李大钊心目中的理想社会是大同团结与个性解放相统一的社会，而这一社会贯穿着"平民主义"精神，只有"平民主义"才是真正的自由政治，而"工人政治"则是实现这一自由的途径，作为自由政治核心的"自由的认可"体现着平民主义的精神或基本原则②。吕明灼认为，李大钊"不仅将'平民主义'作为一种政治制度，一种社会潮流，而且还把它作为一种哲学思想"；李大钊所理解的"平民政治"就是"工人政治"，而且李大钊的平民主义与社会主义是紧密联系在一起的③。因此说，李大钊思想中始终贯穿着"平民主义"色彩。

---

① 高力克：《五四的思想世界》，北京：学林出版社2003年版，第177—179页。
② 晋荣东：《李大钊哲学研究》，上海：华东师范大学出版社2000年版，第274—275页。
③ 吕明灼：《李大钊思想研究》，石家庄：河北人民出版社1983年版，第288—292页。

# 第五章 陈独秀的"马克思学说"

陈独秀是新文化运动的发起人和主要旗手，五四运动的思想引领者，以及中国共产党的主要创始人之一。他在五四运动前转向对马克思主义的认同，历经由民主主义者到马克思主义者的转变，在此时期传播了大量的马克思主义学说。引起陈独秀思想变化的原因主要是深受西方进化论思想、社会主义思想等影响，这不仅带来了他的思想变化，也引起了他的政治立场的转向。值得一提的是，赴日是他思想启蒙的重要历程，接受日译西学又使得他由对民主主义思想的扬弃转向对马克思主义的认同。

## 第一节 陈独秀的"马克思学说"最早来源

陈独秀说："近代文明之特征，最足以变古之道，而使人心社会划然一新者，厥有三事，一曰人权说，一曰生物进化论，一曰社会主义，是也。"① 陈独秀非常推崇西方进化论思想，不仅将进化论与社会主义、人权说看成是近代文明的三大特征之一，而且将一切都纳入了"进化"的轨道之中。回溯历史，在马克思主义真正影响近代中国以前，影响最大的思潮当推进化论。同时，进化论进入中国，主要不是以自然科学理论形式出现的，而是作为观察和认识社会历史的思想而传播的。这在当时是一种奇怪的而又普遍的现象，即"把自然选择的原理应用到社会学上，是一个异常复杂的问题，几乎任何

---

① 任建树：《陈独秀著作选编》（第1卷），上海：上海人民出版社2009年版，第164页。

思想学派都可以从这里面为自己的特殊学说找到有力的根据"①。正是因为把自然界的"弱肉强食"的生存法则来解释人类发展的历史,实质上是将"生存斗争""适者生存"的规律普适化,能够起到产生出无限解释力的作用,所以进化理论有着广泛的解释领域。陈独秀也不例外地接受并运用着进化论思想。青年时期的陈独秀就深受严复《天演论》的影响,正是推崇进化思想才负笈日本而取得进步,留日后更多汲取进化论思想而改造自我和现实世界,远远超越同时代的其他思想家了。他用进化论思想来洞悉一切,包括社会伦理、思想道德、宗教等,不仅认为自然界是进化的,而且人类社会不是一成不变的,进化论思想贯穿于他的理论体系中。进而,陈独秀倡导用进化论思想变革社会,倡导科学理念来教化青年、开启民智,推崇民主和反对守旧、反对迷信、反对专制的社会活动。

通过对文献的解读,梳理陈独秀思想发展轨迹,发掘其"进化思想"与日译西学有着千丝万缕的联系。据现有史料记载,陈独秀最早接触日译西学应推到他成为《励学译编》杂志的代售者之时。《励学译编》是由励学译社于1901年4月在苏州创刊,此刊出版宗旨主要以"讲习学问,分肆英法日语"为本,具体工作是翻译西学,介绍新知,启开民智,挽救国家危亡;同时,《励学译编》还刊出代售日本留学生在日本创办的《译书汇编》的广告,成为中国20世纪早期进步的翻译刊物之一。由于励学译社与《译书汇编》联系紧密,陈独秀因宣传反清活动受到清政府通缉,有机会于同年10月逃亡日本,并进入日本东京专门学校(早稻田大学的前身)学习日语。陈独秀于本年底参加了励志社——留日学生中最早的进步团体之一。该社以刊载留日学生翻译和介绍西学为主,所办杂志为《译书汇编》,其宗旨是"采择东西各国政治之书",包括外国哲学、社会科学著作,如卢梭的《民约论》、孟德斯鸠的《万法精义》、穆勒的《自由原论》等,传播目的是"务播文明思想于国民",启发民智,争取民族独立。这时期,陈独秀广泛地接触了西方的自由、民主、平等、博爱思想,把他的视野带入新的空间。

---

① [英]丹皮尔:《科学史及其与哲学和宗教的关系》(下册),李珩译,北京:商务印书馆1995年版,第414页。

尤其值得一提的是,《译书汇编》在留学生中广受欢迎。其中,卢梭的《民约论》在第一、二、四、九期分四期连续被刊载。《民约论》的基本观点是人权是天生具有,而人人平等,故而人人都有自主之权;进而,国家是由拥有无限权利的人民构成,通过缔结契约形成的一个团体,由此生成的政府必须遵从民意,一切以民意为上。当时的人们把卢梭所倡言的人人生而自由平等,看作是争取自由平等的砝码,在此基础上再通过人民意愿达成互为契约的国家精神。因为,在当时,"自由平等学说是民族主义形成的理论基础"①。所以,这些包括《民约论》在内的西学新知,拥有自由、民主、平等、博爱的思想武器,能够成为推翻封建专制制度、争取民族解放的精神来源。

1902年春,陈独秀回到安庆,联络进步青年在安庆成立青年励志社,组织传播西学和演讲活动会。通过传阅由东京和上海带来的西学书刊,启蒙国民,鼓吹爱国革命活动,陈独秀被当局所忌恨,为了躲避抓捕,他离开是非之地的安庆,并于当年9月再次赴日。他第二次是进入东京的成城学校学习陆军军事,并加入了"以民族主义为宗旨,以破坏主义为目的"的中国青年会。这时,居日期间的梁启超已成为中国留学生思想偶像,他的《清议报》和之后创办的《新民丛报》大量宣传西学,其中包括有霍布斯、卢梭、孟德斯鸠等西方启蒙大师的思想。通过梁启超的广泛介绍,赴日学人深受西学思想的感召,引起"人人皆醉心自由平等,天赋人权之说",并以自比于西学里的某个思想家"自诩",出现"各以卢梭、福禄特尔、华盛顿、丹顿、罗伯斯庇尔诸伟人相期许"②。可见,陈独秀在留日期间的环境中所接触的自由、平等、博爱思想是丰富的,有着深刻的西学新知的熏陶。

故而,陈独秀回国后便在芜湖创办了《安徽俗话报》,继续力推西学中的自由、平等、博爱的精神。诚如陈独秀自己所言的,创办《安徽俗话报》目的在于:"第一是要把各处的事体,说给我们安徽人听听,免得大家躲在鼓里,外边事体一件都不知道";"第二是要把各项浅近的学问,用通行的俗

---

① 陶绪:《晚清民族主义思潮》,北京:人民出版社1995年版,第155页。
② 冯自由:《中华民国开国前革命史》(上编),第54—55页;转引自周谷城主编:《民国丛书》(第二编),上海:上海书店1990年版,第76页。

话演出来",好教安徽人"长点见识"①。之所以说陈独秀热衷于传播西学,如在《说国家》中积极宣扬近代西方的国家观和社会契约思想,强调"第一国家要有一定的土地。……第二国家要有一定的人民。……第三国家要有一定的主权"②,是起着国民启蒙的积极作用。无疑,这是陈独秀以通俗易懂的语言面向社会中下层民众进行思想启蒙的内容。而且,在自由平等思想的影响下,他还组织了革命团体岳王会,积极准备凭依武力反抗清政府的专制统治,而试图创立近代意义上的共和国家。

之后,陈独秀又于1906年和1907—1908年两度赴日,更加熟知西学的人权思想,加上又接触到各种文学思想以及社会进化论思潮,进一步开阔了他的视野,尤其他通过法文形式阅读了大量法国政治著作,对法兰西文明有了更多了解。这期间,此时正值《新民丛报》和《民报》激烈论战阶段,双方都大量引用法国思想家的观点,这对陈独秀观察法国革命提供了更丰富的信息。陈独秀由此对法国思想进行了更加深入的探讨,也是应有之义。在此后的很长时间里(大概持续到五四时期),陈独秀曾把法兰西的"人权说"作为思想解放运动的内涵。可以说,这两次的赴日基本确立了陈独秀接受西学的基础和趋向,即以一种进化论的观念看待社会发展,核心放在了人的问题上。

辛亥革命后,袁世凯不但篡夺了革命胜利的果实,而且废除国法和议会,掀起了复古逆流,大肆提倡"尊孔读经",进而称帝。面对辛亥革命后中国社会黑暗的状况,陈独秀又陷入了沉闷与深思。1914年,陈独秀第五次赴日是带着使命的,他被章士钊邀请参与《甲寅》杂志的工作。1914年5月创刊于日本东京的《甲寅》杂志,是以政论性的文章为要,曾发行一年零五个月,其间曾因故中途停刊(1914年11月—1915年5月),共发行10期的"政治精神"引领性文献。该杂志存在的时间虽然很短,但它在当时的思想刊物里开辟了一条新路,即寻求"政治根本之精神"。正如该刊主编章士钊所言:"今人之言共和似含歧义,一重形式,以共和与选举之

---

① 任建树:《陈独秀著作选编》(第1卷),上海:上海人民出版社2009年版,第18页。
② 任建树:《陈独秀著作选编》(第1卷),上海:上海人民出版社2009年版,第45页。

首为一词,一重精神,以共和必多数参政始符定义。吾人重形式,而犹重精神也。"① 作为《甲寅》月刊的协办者,陈独秀在该刊上发表的文章甚多。这些文章②的发表,既吹响了新文化运动的号角,也标志着陈独秀民主主义思想的初步形成。因此说,陈独秀思想的重大变化基本上是在《甲寅》杂志工作期间完成的,那就是开始考虑以如何改造国民性为救国问题,从而孕育出思想泉涌——文化思想的革命。

基于国内形势的发展,结合五次赴日的思想积淀,并通过中西文化的对比(包括中日国民性的差异等),陈独秀于1915年在《法兰西人与近世文明》上把进化论、人权学说和社会主义看作现代西方文明三种最先进的思想,并寄希望于救中国的思想武器。陈独秀所崇尚的西学当推法兰西为最。他深思第一次世界大战暴露出的西方文明缺陷,站在世界发展潮流的前沿审时度势地认为,"此近世三大文明,皆法兰西人之赐。世界而无法兰西,今日之黑暗不识仍居何等"③。陈独秀在法国思想影响下,用进化的眼光找到了消除"社会不平等"的根源,那就是社会主义。社会主义代表现代最先进的思想,发源于法国,通过马克思和拉萨尔在德国发展起来。这种用进化和进步的思想迎合了一大批"用思想改造中国"的知识分子迅速集中到陈独秀所创立的《新青年》大旗之下,一场意义影响深远的"嗜平等博爱自由"为"天性"的思想文化运动——近代以来最为著名的"新文化运动",轰轰烈烈地在中国大地上开展起来。无疑,这是社会进化的产物,也是一种进步的象征。

在近代中国,进化论是中国思想界乃至整个社会影响最大的思潮,几乎深入每个人的神经之中。陈独秀也不例外,进化论始终贯穿于他的思想前后变化发展。从文献中可以窥见,陈独秀不仅吸纳了达尔文的进化论思想,还摄取了被斯宾塞对进化论"改造"的社会达尔文主义、坚决维护进化论的赫胥黎创立的社会伦理进化学说以及柏格森的创造进化论等理论,并融进了科

---

① 秋桐:《论救国(答孙君毓筠)》,《甲寅杂志存稿》(下册);转引自刘桂生主编:《时代的错位与理论的选择》,北京:清华大学出版社1989年版,第110页。
② 尤其是《爱国心与自觉心》1914年11月10日发表在《甲寅杂志》第一卷第四号上。
③ 任建树:《陈独秀著作选编》(第1卷),上海:上海人民出版社2009年版,第166页。

学与民主、自由与平等等西学新知,结合自身对现实国家出路的理解,创造性地提出自己的进化思想。居日期间,陈独秀认真阅读和研究了日译西学中的进化论思想,而恒定地接受了进化论学说,并随着国内形势的变化和实践的不断发展,他的进化观日渐成熟和完善。陈独秀的进化观中关于世界的变化不已、有限无限及终始的问题,是与日本学者中江兆民观点相类似。中江认为:"所谓世界是唯一物,无所不容。有包容,亦无包容,空气被包容,以太亦被包容,太阳系天体被包容,千数太阳系之天体亦被包容。若使此太阳系之外有真空界,则此真空界亦有被包容之理。如此则绝无有极限之道理。"① 如此,"世界无始无终,无边无垠。其本质有若干元素,游离、结合、解散又结合,如此无增无减,不生不灭。"② 如此,世界拥有永恒存在的"无始无终"之说,构成中江兆民无限进化论世界观。不难看出,陈独秀与中江在世界的物质性及其无尽不灭性等观点上是基本吻合的。

陈独秀的社会进化观也融进了克鲁泡特金的互助论。陈独秀对达尔文进化论的改造有其社会现实的基础,达尔文之进化论在近代中国起到思想解放的作用,但是达尔文的物竞天择、弱肉强食也成为帝国主义侵略其他弱小民族的借口,而且当时无政府主义已在许多知识分子中广泛流行,他们将克鲁泡特金的《互助论》奉为圭臬,用来解释诸多历史现象。陈独秀受到影响,吸取互助精神解读进化论,在认可达尔文的个体间的竞争合理性的同时,也强调团体间的互助,内藏有利己心与爱他心的合一。他在1915年《答李平敬》中说:"鄙意以为人类之进化,竞争与互助,二者不可缺一,犹车之两轮,鸟之双翼","克、达二氏各见真理之一面,合二氏之书,始足说明万物始终进化之理"③。在此,陈独秀遵循将"利己心"与"爱他心"相结合的发展进程,这是与"克、达二氏"精神相吻合的。应该承认,陈独秀对达尔文和克鲁泡特金思想的改造,是希望全国人民团结起来,共同斗争,避免亡

---

① [日]中江兆民:《续一年有半》,见三枝博音《日本哲学思想全书》(第5册),东京:东京平凡社1957年版,第296页。
② [日]中江兆民:《续一年有半》,见三枝博音《日本哲学思想全书》(第5册),东京:东京平凡社1957年版,第297页。
③ 任建树:《陈独秀著作选编》(第1卷),上海:上海人民出版社2009年版,第176页。

国的命运。

而且,陈独秀的现实主义精神与受孔德等西方学者的影响是分不开的。他非常推崇孔德的实证哲学,且深信"人类进化为宗教、哲学、科学"[①]的精神进化三阶段论。根据孔德的精神进化论看法,科学是人类精神进化的最高阶段,表征着现代社会已进入科学时代,因此"人类将来之进化,应随今日方始萌芽之科学,日渐发达,改正一切人为法则,使与自然法则有同等之效力,然后宇宙人生,真正契合"[②]。陈独秀也确信,科学发达到现代,能够解决"宇宙人生之秘密";进而,他得出了"以科学代宗教"的观点。在陈独秀看来,马克思主义将人类社会发展分为五个阶段的规律性逻辑推理,与孔德的三阶段论相类似,也是一种"以科学代宗教"的历史发展进程。

陈独秀还认为,民主政治与自由平等、独立的思想相适应,是新时代的产物;与之相对应的是,封建的纲常名教是有着与之相适应的君主专制协同一致,是旧时代的产物。现时代只有破除封建传统的纲常名教,才能建立真正意义的民主政治。陈独秀的反封建与当时日本时代境遇有些类似的地方。陈独秀居日时间跨度在 1901 年至 1915 年,正值明治末与大正初时期,日本刚刚走出封建阶段正在走向近代化。明治时期的日本启蒙思想家发起思想启蒙运动,引用法国启蒙运动的一些提法,鼓吹那些过往的制度、习俗和观念为落后的"封建"标志,并将德川时代的社会概括为封建与锁国的特性,即称"封建制度"与"锁国政策",是为"德川时代的重要两个基本性格"。明治时期及其之后一段时间,"立宪制"与"封建制"的对立,"开国"与"锁国"的对立,是日本近代化进程中的两大题旨。福泽谕吉曾把"封建"视为历史进程的一个必然会被超越的阶段,以此来肯定明治维新"废藩置县"等的"反封建"举措,并把明治维新的精义定义为"废除封建","废除封建"就是废除"封建制度",乃为时势之使然。依据"天赋人权"论,福泽对封建主义的等级身分制进行了尖锐的抨击。他不仅坚决反对男女之间的不平等,反对妇女顺从封建主义的三从四德;同时,他还抨击家长父权式

---

[①] 任建树:《陈独秀著作选编》(第 1 卷),上海:上海人民出版社 2009 年版,第 331 页。
[②] 任建树:《陈独秀著作选编》(第 1 卷),上海:上海人民出版社 2009 年版,第 278 页。

的封建家庭，主张以夫妇为中心的独立家庭。西周更是以"儒教批判""孔子批判"与"封建批判"相为表里。因为日本德川时代的封建制度（表现为幕藩体制）是崇儒尊孔的，儒学（朱子学）与国学是其两大精神支柱，故明治间的"废除封建"伴随着"儒教批判"和"孔子批判"。明治晚期远藤隆吉著《支那哲学史》（1900年出版），指孔子是中国的思想祸源，尊孔成为中国精神守旧之因[1]。在稍后的中国，袁世凯复辟帝制便是本想假借"尊孔"搞一些复古运动，妄图再回到封建王朝的制度框架里，受到国人的奇耻大辱。五四时期的陈独秀反孔批儒，既受国内政治现实又受日本社会学术环境的刺激和影响，而举起了"反孔"和"反封建"的大旗。尤其值得注意的是，陈独秀第五次居日期间，正值日本近代史上继"自由民权运动"后的第二次民主高潮——"大正德谟克拉西"运动（发生在大正的1912—1926年间），其民主运动主旨之一就是批判封建制遗毒。五四时期陈独秀高举"德莫克拉西"（民主）和"赛因斯"（科学）两面旗帜，与其前期所接触和经历的事情存在一定的关联是有必然性的。在新文化运动时，他以反对孔教、礼法、贞节、旧伦理、旧政治，要拥护那"德先生"；以反对旧艺术、旧宗教，要拥护那"赛先生"[2]，这些观念都与日本"大正德谟克拉西"的影响息息相关。因而冯天瑜认为，以"反封建"作为中国近代民主运动的中心题旨，是陈独秀从日本"大正德谟克拉西"借来的一种法兰西式的激进主义表述[3]。

而且，陈独秀是以"个人独立平等之人格"作为实现自我解放的基础和不可动摇的原则。他崇尚英国思想家边沁、穆勒的功利主义，指出"自约翰弥尔（J. S. Mill）'实利主义'唱道于英，孔特（Comte）之'实验哲学'唱道于法，欧洲社会之制度，人心之思想，为之一变"[4]。他大力宣扬功利主义带来了西方思想的革新和社会的进步，是个人发展的一面旗帜，也是争取自由人权和社会进步的重要武器。陈独秀把功利主义和自由人权相提并论，认为二者是在近代文明史上同时产生的。他指出："功利主义之所谓民权主张，

---

[1] 此说为章太炎《订孔》所援引。
[2] 任建树：《陈独秀著作选编》（第2卷），上海：上海人民出版社2009年版，第10页。
[3] 冯天瑜：《五四时期陈独秀"反封建"命题评析》，载《江汉论坛》，2005年第11期。
[4] 任建树：《陈独秀著作选编》（第1卷），上海：上海人民出版社2009年版，第161页。

所谓最大多数人的最大幸福等，乃是民权自由立宪共和中重要条件。"① 同时，与自我解放中不奴役他人相一致，陈独秀将极端的利己主义作为批判对象，认为"不达群己相维之礼，往往只知道己不知道有人，极其至将破坏社会组织"，而主张合理的自利主义，"故言自利主义，而限于个人，不图扩而充之至于国家自利，社会自利，人类自利，则人类思想生活之冲突，无有已时"，它是"至坚确不易动摇之主义"②。陈独秀的功利主义主张虽然对于思想解放制造舆论确有一定的作用，但要以此来根本解决道德问题是行不通的，因为功利主义与中国传统的实用理性极易合拍，从而某种程度上掩盖了国民性卑劣的一面，与他主张改造国民劣性相违背。

五四之后，陈独秀"乃转向工农劳苦人民方面"理论研究和实践工作，即如他所言的"盖以大战后，世界革命大势及国内状况所明示，使予不得不有此转变也"③。陈独秀这种思想的转变固然有着国内外客观原因和主观因素，但与其所接触到的日译西学（尤其是马克思主义学说）有着直接的、必然的联系。这体现在陈独秀身上，就是理论与现实相结合的成功范例。陈独秀早在20世纪初的六次赴日期间就已经接触到了社会主义思想；然而，他真正接受社会主义思想，转变为马克思主义者，应该是以俄国十月革命胜利后开始的。这一期间，陈独秀不断接受西学新知，从创办新青年、信奉西方的进化论和实用主义，宣扬和参加一系列革命运动，最后通过笃信和践行马克思主义学说，逐步脱掉激进民主主义者的身份，而转变为马克思主义者了。可以说，这是陈独秀为社会现实之需不断追求西方先进思想的表现历程，且体现在他的思想转型之中。

陈独秀的"马克思学说"是为解决社会现实问题为旨要的，而融进了用进化论认识马克思主义。新文化运动后期，在援助李大钊对非马克思主义者的论战中，陈独秀成为一位坚定的马克思主义者。不过，在这转变过程中，进化论思想则自始至终成为他考察和判断任何理论的"标尺"，其中也纳入对马克思主义的认识中。然而，陈独秀之所以以进化论解读马克思主义，是

---

① 任建树：《陈独秀著作选编》（第2卷），上海：上海人民出版社2009年版，第41页。
② 任建树：《陈独秀著作选编》（第1卷），上海：上海人民出版社2009年版，第337页。
③ 任建树：《陈独秀著作选编》（第5卷），上海：上海人民出版社2009年版，第60页。

因为他早期就吸取了唯物主义的观点,且在《今日之教育方针》《人生真义》等论证性的文章中体现出唯物进化论的倾向。在这些文章中,陈独秀受到西方唯物主义影响,不仅肯定了世界的本质在于物质性,而且把人类社会发展与物质世界变化规律相联系,得出人类历史的永恒规律性——"历史无尽"的观点。这种唯物论的进化历史观是与机械唯物主义有着较大区别,从而印证了早期陈独秀受西方哲学思想的影响痕迹。正是基于唯物进化论的认识,他将社会发展放到更长的进化视域中,进而用这种进化观点去理解和认识社会主义。他在《国庆纪念底价值》一文中就认为,"由封建而共和,由共和而社会主义,这是社会进化一定的轨道"①。这里的"共和"是指资本主义政体,"社会进化一定的轨道"已接近于马克思主义的五种社会形态论。正是因为陈独秀相信历史进化论的观点,他把社会主义放在人类历史长河中来看待,指出:"我们相信社会主义,……乃是因为客观上经济组织变化之自然趋势及历史进化之历程,令我们不得不相信社会主义。"② 可以说,陈独秀信仰马克思主义是由综合的历史因素促成的,其中进化思想起到的作用不可忽视。

对于社会实践活动的合理性问题,陈独秀提出了以需要作为指导实际行动的依据。因而,在他的思想里,需要成为检验真理标准的观点,而内含了真理检验标准的相对性。他在《今日教育之方针》中提出了"窃以为理无绝对之是非,事以适时为兴废"③,这是最早的诠释。之后,他又在《马尔塞斯人口论与中国人口问题》中驳斥马尔塞斯的学说不是"万古不动的一大真理",反对人们将马氏的言论看作是绝对的真理,看作是医治百病的绝对主义,而指出"只有一方面的真理",表征着真理相对性的提出④。这种真理相对性体现了"本来没有推之万世而皆准的真理"⑤ 意蕴。值得注意的是,这种相对真理的标准辨别学说的社会价值(包括"有没有输入我们社会底价

---

① 任建树:《陈独秀著作选编》(第2卷),上海:上海人民出版社2009年版,第277页。
② 任建树:《陈独秀著作选编》(第3卷),上海:上海人民出版社2009年版,第79—80页。
③ 任建树:《陈独秀著作选编》(第1卷),上海:上海人民出版社2009年版,第171页。
④ 任建树:《陈独秀著作选编》(第2卷),上海:上海人民出版社2009年版,第201页。
⑤ 任建树:《陈独秀著作选编》(第2卷),上海:上海人民出版社2009年版,第274页。

值")关键在于"需要"程度;譬如,达尔文的进化论、文学的写实主义以及马克思的社会主义等皆如此,所以他强调"学说重在需要"。这种需要"能够救济一社会一时代弊害",故而这种学说可贵。所以,他"以虚心研求真理为归"①,即满足需要的真理为旨趣的。从某种意义上说,这是受到杜威实用主义的影响,在真理观上倾向于行动的实际效用。而且,陈独秀把这种精神贯彻到对马克思主义中国化认识上。他在《马克思的两大精神》演讲中说:"我很希望青年诸君须以马克思的实际研究精神来研究学问,不要单单以马克思的学说研究而已。"② 甚至强调道:"宁可以少研究点马克思的学说,不可不多干马克思革命的运动!"③ 基于此,陈独秀从真理的唯物主义出发,在真理和实践的关系上提倡理论联系实际的观点。

陈独秀也是以这种实用的、实际的精神进行社会实践的人。在日本,他在理论上通过大量接触西学新知,在实践上积极投身赴日学生的爱国革命运动,表征着在实践中去体悟先进思想的魅力。另外,陈独秀进一步强调检验真理标准的客观性,是不能以真理持有者的强弱和多少作为标准,而提出了以符合实际——现实需要,为检验真理标准的思想。然而应该看到,陈独秀以"需要"来检验真理的方法则是与马克思实践检验真理标准有很大出入的,因为需要的主体并不是明确的对象,要区分是人的需要、自然和社会的需要还是革命的需要等,而且单从涉及人的需要方面还要区分是代表着哪个阶级或阶层的需要。无疑,爬梳文献可知,陈独秀的"需要"应是以革命的需要为根本出发点。但是,他强调以马克思主义的现实需要作为传入中国的理由,虽不完全符合于马克思主义的社会发展学说,却可以起到除弊获益的作用,显然这样的观点具有现实的进步意义。不过还要晓得,现实革命的需要是一种实用精神,但不是实用主义思想。因此,从表面上看,陈独秀的观点与胡适有类似之处,但实质上他们站在不同的社会价值理念基础上来评判社会进步发展的;从历史的角度看,陈独秀是以革命的形式推进社会进步的,而胡适是以实用主义来进行着社会实验活动的。

---

① 任建树:《陈独秀著作选编》(第1卷),上海:上海人民出版社2009年版,第313页。
② 任建树:《陈独秀著作选编》(第2卷),上海:上海人民出版社2009年版,第453页。
③ 任建树:《陈独秀著作选编》(第2卷),上海:上海人民出版社2009年版,第454页。

同时，陈独秀与现实主义相联系，认为哲学、伦理道德、政治、文学艺术包括新闻事业等"一切思想行为，莫不植基于现实生活之上"。陈独秀始终关注文化对社会进步的促进作用，强调先进文化对社会进步的推动。他指出，"我们相信政治、道德、科学、艺术、宗教、教育，都应该以现在及将来社会生活进步的实际需要为中心"①。陈独秀转向马克思主义唯物史观，也是因为他重新认识到基督教在现实不适用。因为在他看来，基督教不能推进社会向前发展，反而阻碍社会的进步。所以说，从民主主义思想升华到无产阶级思想，是陈独秀扬弃基督教教义的基本举措之一。同时，他看到思想教育的重要作用（如基督教教义的影响力非同一般），因而大力推行国民教育，用科学的精神占领国民的头脑。无疑，陈独秀这些做法是与他的现实主义"需要"精神分不开的。

陈独秀还用唯物论释解马克思主义。因受李大钊的影响以及对国内外形势的深度感悟，陈独秀逐渐了解社会主义本质，同时成了马克思主义的拥护者和宣传者，《谈政治》一文便是标志性的代表作。尤其《马克思学说》的发表是对马克思主义总结性的介绍，包括有唯物史观、阶级斗争学说、剩余价值和劳工专政四个部分组成，表征着他不再以"物竞天择""适者生存"的进化论思想来看待社会历史发展动力，才逐步有了唯物史观的转向，成为马克思主义者了。这虽说是五四运动之后的事，但不可否认陈独秀早期赴日深受西学的影响。

## 第二节 陈独秀早期思想转型

陈独秀在20世纪初以进化观念、进步思想为旨趣，倡导国民拥有科学与民主、自由与平等的西方式的进步精神和意识，而成为一位典型的激进的民主主义者。随着俄国十月革命胜利的影响不断扩大，他看到了中华民族解放的前景，同时又面对五四运动的洗礼，他对中国前途有了相对清晰的认识，

---

① 任建树：《陈独秀著作选编》（第2卷），上海：上海人民出版社2009年版，第131页。

这对于陈独秀逐步转变成马克思主义者起到了思想基础作用。在此过程中，陈独秀的思想发展历经由对民主主义思想的扬弃转向对马克思主义的认同，他不仅运用马克思主义观点分析中国现状，间接地传播着马克思主义学说，而且理论联系实际地开展工人运动，拥有全新的政治实践来施展自己的抱负。这种转向无论在陈独秀的思想上还是处世方式上，都有着一贯性的特质，那就是以西学的进化论、现实主义与科学精神、民主与自由意识贯穿于他的整个思想之中，内涵着科学精神、民主意识、进化理念、唯物取向和现实需要等，既有着作为思想斗争的武器又有着作为现实斗争遵循的原则之双重作用。

　　五四之前，陈独秀作为新文化运动的领袖以培育国民精神为己任。他在《敬告青年》中主张借助西方科学与民主进行国民启蒙，指出"国人而欲脱蒙昧时代，羞为浅化之民也，当以科学和人权为重"；"举凡一事之兴，一物之细，罔不诉之科学法则，以定其得失从违"①。他强调以科学为口号付诸于一切事情之上，以遵循科学法则为圭臬。而且，他以历史的视角断定："近代欧洲之所以优越他族者，科学之兴，其功不在人权说下，若舟车之有两轮焉。"②在他看来，自18世纪以来，人类社会就开始进入科学主导的时代；西方文明的进步，很大程度上得益于科学，表现为"科学大兴，物质文明，造乎其极，制度人心，为之再变"③。在陈独秀看来，西方近代以来的变化，无论是社会领域还是思想领域，无不得益于科学，以及以科学生发出的科学精神、科学态度，并引发了科技革命，带来了物质文明的崛起和社会进步。之后，他在《〈新青年〉罪案之答辩书》中更从履行历史使命的比观角度号召国民以培育和争取科学与民主（意识）而奋斗不息："西洋人因为拥护德、赛两先生，闹了多少事，流了多少血，德、赛两先生才渐渐从黑暗中把他们救出来，引到光明世界。我们现在认定只有这两位先生，可以救治中国政治上、道德上、学术上、思想上一切的黑暗。"④显然，陈独秀倡导科学思想能够起到启蒙国民、挽救国运的作用。

---

① 任建树：《陈独秀著作选编》（第1卷），上海：上海人民出版社2009年版，第162页。
② 任建树：《陈独秀著作选编》（第1卷），上海：上海人民出版社2009年版，第162页。
③ 任建树：《陈独秀著作选编》（第1卷），上海：上海人民出版社2009年版，第162页。
④ 任建树：《陈独秀著作选编》（第2卷），上海：上海人民出版社2009年版，第11页。

陈独秀倡导科学，不仅仅是针对自然科学的学科属性而言的，更为重要的是一种科学精神，包括树立起以客观物质世界为基础的科学态度和科学方法，而且运用科学态度和科学方法来处理一切社会问题，能够起到反封建、反迷信的作用，打破反映在政治、宗教和道德上的虚荣心和"不合理的信仰"，树立起真实的、合理的信仰。他在《新文化运动是什么？》中所指出的"科学"包含"广狭二义"，"狭义的是指自然科学而言，广义是指社会科学而言"①；相比于自然科学，社会科学几乎包括了人类所有的知识领域："社会科学中最主要的是经济学、社会学、历史学、心理学、哲学（这里指的是实验主义的及唯物史观的人生哲学，不是指本体论、宇宙观的玄学，即所谓形而上的哲学）"②。这里，陈独秀接受了近代西方对社会知识体系的分类，基本上认同西方的社会科学知识，拥有广义的以科学代替宗教的人文情怀。由此，陈独秀注重科学的态度是具有西方理性主义的科学成分，用科学方法分析政治的、社会的问题，表征着已经上升为方法论意义，提倡科学是作为人权自由的组成部分之一，科学的适用性被扩展到了最大程度。无疑，这种代表着理性精神的研究方法和态度，关注点在于个人的自由解放与国家的独立富强，标志着以理性唱响铸牢中华民族共同体意识的时代强音。这种强音意味着由个体意识上升为国家共同意识，能够为实现民族独立、国家富强、人民幸福走过从自在到自觉的伟大觉醒。

用理性审视科学，陈独秀的真理观是构筑于科学之上的求实精神。他说："以科学说明真理，事事求诸证实"，真理的获得在于求科学之上，因为"科学是发明真理的指南针，象那和科学相反的鬼神，……都是一派妖言胡说，万万不足相信的"③。在这里，科学与鬼神迷信被划出了一道鸿沟。陈独秀相信科学的力量，唾弃"妖言胡说"的言论和看法。然而，陈独秀之所以将科学作为真理的源泉，是因为科学是解释宇宙万物的一种普遍的、永久的、必然的自然法则，从历史维度上看，还是一种进步的象征，对人类科学发展和社会进步起到十分重要的作用；更为重要的是，它还是一种精神和态度，坚

---

① 任建树：《陈独秀著作选编》（第2卷），上海：上海人民出版社2009年版，第217页。
② 任建树：《陈独秀著作选编》（第3卷），上海：上海人民出版社2009年版，第141页。
③ 任建树：《陈独秀著作选编》（第1卷），上海：上海人民出版社2009年版，第419页。

信用科学的方法研究宇宙、社会的一切事物,而有着反对脱离实际空谈的形而上学的普遍有效性的特征。基于此,陈独秀就宣称,一切都建立在科学基础之上,社会形态的建构亦如此。他指出:"马克思社会主义所以称为科学的不是空想的,正因为他能以唯物史观的见解,说明资本主义的生产方法和资本主义的社会制度所以成立所以发达所以崩坏,都是经济发展之自然结果,是能够在客观上说明必然的结果,不是在主观上主张当然的理想,这是马克思社会主义和别家空想的社会主义不同之要点。"① 在陈独秀看来,马克思主义的科学性就是客观的,而不是主观空想的或玄想的,这仍然沿用着《敬告青年》中"科学的而非想象的"的说法,前后观点有着一致性的特征。于是,他宣称,"我们相信社会主义,并不是凭空的盲目的去相信他,乃是社会之历史的进化程序令我们不能不相信"②;"所以我们相信社会主义,并不是主观的要求,想利用它来破坏资本主义来改造社会,乃是因为客观上经济组织变化之自然趋势及历史进化之历程,令我们不得不相信社会主义"③。而且,他认为马克思关于通过阶级斗争来实现社会主义的变革的学说"乃指人类历史进化之自然现象,并非一种超自然的玄想"④。其根由在于,马克思主义学说不是一种空洞的说教,而是一种科学。他说:"我以为相信一种主义,不应该空空洞洞的盲从,必定要知道他的精髓所在;如果指不出他的精髓,就不配说信什么主义,也不配批评什么主义"⑤。在陈独秀看来,"综合革命说与进化说"才是马克思主义的精髓⑥。自从他接受马克思主义后,更加笃定认为经济制度的变化决定制度的变化是马克思主义唯物史观的根本。在他看来,马克思主义的科学性是有着坚实的客观基础——"经济的构造",内涵着一种客观物质的经济制度的变革,其他的变化都以它为基础而变化,因而人类"创造历史之最有效最根本的方法,即经济制度的革命"⑦。与陈独秀

---

① 任建树:《陈独秀著作选编》(第2卷),上海:上海人民出版社2009年版,第446页。
② 任建树:《陈独秀著作选编》(第3卷),上海:上海人民出版社2009年版,第75页。
③ 任建树:《陈独秀著作选编》(第3卷),上海:上海人民出版社2009年版,第79页。
④ 任建树:《陈独秀著作选编》(第2卷),上海:上海人民出版社2009年版,第446页。
⑤ 任建树:《陈独秀著作选编》(第2卷),上海:上海人民出版社2009年版,第346页。
⑥ 任建树:《陈独秀著作选编》(第2卷),上海:上海人民出版社2009年版,第411页。
⑦ 任建树:《陈独秀著作选编》(第2卷),上海:上海人民出版社2009年版,第411页。

早期的进化论思想侧重于现实生活的行为活动相比，拥有唯物史观后更加强调具备变革自我和改变制度的时代精神，开始着眼于"经济的构造"，通过完成"生活资料之生产方法变化"来解决"经济的构造变化"，这些观点的提出已经基本与马克思主义精神相一致了，从而标志着他的思想变化向前迈出了一大步。

从某种意义上说，马克思主义就是一种科学的信仰。从中国现实需求来看，马克思主义之所以为陈独秀等知识分子所吸收，虽然不是作为具体的科学，也不是作为对社会客观规律的探讨方法进行深入研究，但其为解决中国的现实状况而提供了紧迫的理论来源，是可以作为科学成分的意识形态，并为未来社会的理想追求提供了一盏明灯，拥有着现实和理想两方面的内涵——深刻的现实性和科学的信仰性的统一。如此看来，陈独秀由提出科学的口号转向提倡科学精神，并用这种精神来接受马克思主义，有着科学的救世态度。他用"科学"作为武器猛烈批判"黑幕层张，垢污深积"的旧制度、旧社会，树立起一种用科学的态度展开对现实社会各领域进行改造的魄力，本质上是对未来社会发展以一种科学学说——马克思学说，来获得一个坚实的科学理论和指导思想。

新文化运动初始，陈独秀既把人权看作是民主的基石，又把人权说作为启蒙的思想武器。他是在用自由、平等的人权口号作为革命性引领，唤起人们对于主体自我的关注。当时，在陈独秀看来，西方近代文明就是把人的自由平等人权作为出发点的，所谓"西洋民族，举一切伦理、道德、政治、法律、社会之所向往，国家之所诉求，拥护个人之自由权利与幸福而已"；基于此，正因为西方国家的民主模式彰显于世，是世界发展的"先进"代表，更是世界各国争相模仿的对象，成为解决落后国根本问题的"法宝"，表现在"输入西洋式社会国家之基础"，"建设西洋式之新国家，组织西洋式之新社会，以求适今世之生存"①。如此，输入了西方民主政治，人权问题便会解决，随之国家中的一切问题便会迎刃而解了。不难看出，陈独秀是因有如此认识，才坚持主张要建设西方的新国家，就非得首先改造国民之人格。

---

① 任建树：《陈独秀著作选编》（第 1 卷），上海：上海人民出版社 2009 年版，第 252 页。

首先，陈独秀从个人的角度把握人的存在。陈独秀强调人的自由权利是神圣不可侵犯的，是与西方尊重个人权利有着直接的借鉴关系。在西方，人本主义是自文艺复兴的根本精神，内涵着个人主义。不过，近代西方的人本主义思想是从中世纪神学摆脱神权的统治下解放出来，并以反抗专制王权、争取人的权利为意图的运动，从而形成了近代启蒙运动而追求民主的历史浪潮。中国的历史发展主要特征是以儒家伦理为代表的封建皇权统治，缺乏神权统治的历史现象，个体既没有西方意义的"奴役"地位，也同时被淹没于宗法家族之中，个体独立存在的价值是有限的。中国古代长期形成了安于现状的"麻木"意识，是与近代要求民主自由有相类似的情况，因而中国首先需要个人解放的愿望，其内蕴着个人的人格独立意识、人的尊严，核心在于如何摆脱人身依附关系。所以，陈独秀在《敬告青年》一文中指出，每个人都应以自身为本位，追求"自主的而非奴隶的"个人独立平等之人格，包含了对人的价值的重视，对人的尊严以及对人的自由的关注，这是与西方的个人本位主义有着直接的关系。因此，中国近代提倡个人具有自由权利是对自我主体的认同，是实现民主政治的前提。

于是，陈独秀是认同西方个人本位的社会体制。在他看来，西方讲究"思想言论之自由，谋个性之发展也。法律之前，个人平等也。个人之自由权利，载诸宪章，国法而不得剥夺之，所谓人权是也"①。在陈独秀那里，人的自由权利思想是来源于西方近代英法各国的民主思想，包含着民主、自由、平等精神。高力克曾指出："陈独秀的启蒙思想资源十分复杂，其民义观念是以卢梭式法国民主主义为基调，但亦杂揉了英美自由宪政思想。"② 关于"人权"的问题，陈独秀认为"人权者，成人以往，自非奴隶，悉享此权，无有差别"③，是与法国启蒙民权思想的"天赋人权论"相一致的。不过，这种权利是建立在法律上的权利，只有法律保障下的人权平等才是真正意义上的权利，其与"独立自主之人格"存在互为表里的作用关系，从而有助于使人们认识到自身主体的价值。

---

① 任建树：《陈独秀著作选编》（第 1 卷），上海：上海人民出版社 2009 年版，第 194 页。
② 高力克：《五四的思想世界》，北京：学林出版社 2003 年版，第 207 页。
③ 任建树：《陈独秀著作选编》（第 1 卷），上海：上海人民出版社 2009 年版，第 194 页。

其次，陈独秀所指的民主意识更多意义上是以整个国民乃至国家而言的。在陈独秀看来，民主的本质是为人民当家作主。他说："民主思想，首先是指关于民主政体的思想，同时也包括一切与专制主义相对立的思想，诸如自由思想、平等思想、分权思想、法治思想等等。"① 这里的民主有广狭之分，"民主政体"的国家政治制度是狭义的民主，若再附加上自由、平等、公正、人权等价值理念则为广义的民主。陈独秀的民主思想是针对广义的民主而言，把独立自由与民主政治相互结合，并在一定程度上开显出民主、科学的价值力量，这是他早期作为民主主义者的特征标志。随着新文化运动向前推进，陈独秀的民主思想不再仅仅停留在思想启蒙层面，而是转向现实政治层面，寻求争取人权的民主制度的国家学说。陈独秀对"民主国家"的建构情有独钟，认为"民主国家，真国家也，国民之公产也，以人民为主人，以执政为公仆者也"②。在陈独秀的民主思想中，"惟民主义"的国家原则为其核心，旨在强调民众的历史地位，表现出国家属于全体国民，而国家主权必将归全体国民所共有。不难看出，"惟民主义"视域下的民权是至高无上，可以作为判断国家事务的标准，这一观点与卢梭的主权在民是相似的。

正是基于对整个国民意识的关注，陈独秀所强调的个体民主自由是内涵着民族集体主义思想的。在接受马克思主义之后，陈独秀对民主的解释不再是仅仅局限在法律面前人人平等，以及保障个人的自由权利，而是带有更多的社会主义因素。他指出："国家者，乃人民集合之团体，辑内御外，以拥护全体人民之福利，非执政之私产也。"③ 这时，陈独秀明确意识到民主的理论原则，如人民主权论、人民福利论等。不过，当时有许多人认为社会主义是非民主的。陈独秀指出："民主主义只能够代表资产阶级意，一方面不能代表封建党底意，一方面更不能代表劳动阶级底意，他们往往拿全民意来反对社会主义，说社会主义是非民主的，所以不行，这都是欺骗世人把持政权的诡计。"④ 由此可见，陈独秀无产阶级民主观的建立，主要是通过对资产主

---

① 熊月之：《中国近代民主思想史》，上海：上海社会科学院出版社2002年版，第2页。
② 任建树：《陈独秀著作选编》（第1卷），上海：上海人民出版社2009年版，第173页。
③ 任建树：《陈独秀著作选编》（第1卷），上海：上海人民出版社2009年版，第173页。
④ 任建树：《陈独秀著作选编》（第2卷），上海：上海人民出版社2009年版，第312—313页。

义民主制的否定而确立的。进而,他已初步认识到无产阶级专政和无产阶级民主不仅没有矛盾,而且只有通过无产阶级革命和无产阶级专政,才能实现无产阶级民主。这标志着陈独秀民主思想已完成质的飞跃。

最后,我们有理由说,在陈独秀的早期思想里,虽然人民作为集体概念的具体所指有点模糊,有时指拥有个体自由的人权,有时指反封建的民权,有时指与政权相关联的共和制度,但民主所内涵的实质在于国民,表面上是为个人着想,而实质上是为国民意识的,既有进步的象征意义,又有权力的属性问题,即权力真正的主人属于谁,谁享有真正的自由。不过,他对西方民主的接触不完整,理解不彻底,致使其学说里混杂着各种思想的因子——将自由、平等与民主相掺和。这种思想启蒙是以法国启蒙运动思想为蓝本的,但陈独秀的自由精神是既有法国式的"人民主权"思想,又有英国式的"个人主义"自由观,内涵着个性解放和国民性改造相结合的理论。陈独秀关于"人的解放"包含着追求人格独立、思想自由和人权平等思想,主要来源于近代盛行于欧洲大陆以来的人文主义思潮,包括洛克式自由主义与卢梭式民主主义的两大政治哲学传统。西方人本主义思想在崇尚自由、追求平等等方面有不同的价值取向,表现在"宪政"与"人民主权","自由"与"平等","个人主义"与"社群主义"等关系问题的认知上。欧洲的启蒙运动意味着个体运用自己的理性,通过自己的自由行动面对社会,改造自我。因此,启蒙首先是个体的觉醒和自由,而每个个体的自由加起来便是整个国民的自由。在陈独秀看来,民主观念主要体现为"真国家",即以人民为主人的民主国家,而非有"民奴"的国家,这是完全沿用了卢梭"主权在民"的民主观念。鉴于此,陈独秀追求的是从个人自由走向国民自由的转型,因此卢梭的"人民主权"是更高的(因为陈独秀将"主权在民"理解为大众参与的"自由自治的国民政治")。

正是由于陈独秀具有敢于直面强权的"斗士"风骨,而拥有强烈的民主思想,才使得他很快能够接受马克思主义民主观。这主要表现在,虽然他最初把民主解释为社会政治上的"民治"和经济上的"平等的生计",扩展到社会的各个方面,包括道德和文学等,借以来反对一切不平等的社会现象和阶级特权,认为"社会的德莫克拉西(平等主义)、道德的德莫克拉西(博爱主义)、文学的德莫克拉西(白话文)"①等五种"德莫克拉西",才是真正的民主国家应有的东西,代表着时代精神的价值。这种民主主义的看法已包含有社会主义的经济因素,标志着陈独秀对民主主义的反思,并开始运用马克思主义的经济学说中剩余价值、阶级等基本概念,阐述一系列社会问题理论。于是说,陈独秀对马克思主义接受的过程和其对民主主义思想反思的过程是他政治思想发展的同一过程的两个方面。陈独秀对民主主义思想的反思促使了他认识、了解并最终接受马克思主义。同时,这也意味着他对马克思主义的逐步接受,表现出他对民主主义思想的超越。

作为一种文明时代下的科学武器,进化论无处不在、无时不有,成为"宇宙之根本大法"。因而,陈独秀将宇宙中一切事物都放在"进化"的轨道之中进行考量,不仅自然界是进化的,而且包含有伦理道德、文学宗教等人类文明也是进化的,无不都遵循着一种道理,那就是"新陈代谢,如水之逝,如矢之行,时时相续,时时变易"②。进而,陈独秀认为:"以人事之进化言之:笃古不变之族,日就衰亡;日新求进之民,方兴未已;存亡之数,可以逆睹。"③而且,"人身遵新陈代谢之道则健康,陈腐朽败之细胞充塞人身则人身亡社会遵新陈代谢之道则隆盛,陈腐朽败之分子充塞社会则社会亡";这是印证了"进化公例,适者生存。凡不能应四周情况之需求而自处于适宜之境者,当然不免于灭亡"④。于是说,人类社会进化是必然的,同样遵循着新陈代谢的进化之理。现在处于"玄学幻想时代"的中国要想进入现代文明社会,必须进入到欧美等西方国家的"科学实证时代"。这是强调了人类社会与自然界一样遵循进化发展规律,而且"时代"递进的形式是进步不已的。之后,陈独秀将社会发展纳入更长的进化视域中。

在人类社会发展规律上看,陈独秀以进化论的视角洞悉人类社会历史的发展轨迹,是一个由低级逐渐向高级进化的过程。关于人类社会进化问题,社会进化论者的孔德提出了进化三段论的观点,陈独秀表示赞同:"孔特分

---

① 任建树:《陈独秀著作选编》(第2卷),上海:上海人民出版社2009年版,第193页。
② 任建树:《陈独秀著作选编》(第1卷),上海:上海人民出版社2009年版,第197页。
③ 任建树:《陈独秀著作选编》(第1卷),上海:上海人民出版社2009年版,第160页。
④ 任建树:《陈独秀著作选编》(第1卷),上海:上海人民出版社2009年版,第203页。

人类进化为三时代：第一曰宗教迷信时代，第二曰玄学幻想时代，第三曰科学实证时代。欧洲的文化，自十八世纪起，渐渐的从第二时代进步到第三时代，一切政治，道德，教育，文学，无一不含着科学实证的精神。"①借助于进化论思想，他提出了"人类进化有两种形式：一是循序的进化，一是跳跃的进化。循序的进化是依一般进化的阶段，循序渐进；跳跃的进化是跳过中间阶段，突然进化到较高的阶段"②。在社会发展的序列上，陈独秀接受马克思主义的社会发展五个形态说，认为社会主义是位于以共和民主所代表的资本主义的后面，是社会发展更为高级的阶段。而且，随着社会实践的深化和理论研究的深入，陈独秀对现代资本主义危机，对于资本主义制度的最终崩溃有了清醒的认识。他提出在资本制度即将崩溃的情况下，中国不能再选择走资本制度，而只能走社会主义道路。由于陈独秀深受进化论的影响，他认为既然在中国实行资本主义制度是行不通的，那么就得再寻找更先进更有生命力的理论来改造中国。流行于西方的社会主义理论声称要打破资本家的剥削，建立一个没有剥削压迫、平等自由、人人劳动的大同世界。这种理论既可以抵制旧中国的传统文化与制度，又能够超越弊病百端的资本主义社会，于是陈独秀对社会主义理论产生兴趣，并坚信社会主义符合"客观的历史进化之历程"。这样，作为先进思想的马克思主义被纳入到他的现代化的视线之中是理所当然的。

　　从当时的情境看，陈独秀之所以欣然接受西方进化思想，其根本目的就在于试图探索一条救国救民的革命道路，这是那个时代最为紧迫的历史使命。他从进化论中找到了一条捷径，也看到了社会发展的动力和希望。他结合变革中国社会的需要，不仅仅宣传达尔文的生物进化论思想，而是加以改造来宣传人类社会发展进程中民族国家崛起，还包括国家中伦理道德、文学艺术等的进化之理，并把进化论作为他反封建启蒙思想的理论根据。在近代，进化论给世人提供了自然界进化法则以及与之相关联的社会进化思想，虽然只是宏观描绘了一个机械化的、模糊的世界进化图景，勾勒出弱肉强食的"丛

---

① 任建树：《陈独秀著作选编》（第1卷），上海：上海人民出版社2009年版，第359页。
② 任建树：《陈独秀著作选编》（第5卷），上海：上海人民出版社2009年版，第270页。

林法则",但为落后国家寻求国家出路探索路径提供激进式的革命斗争形式,来激起人民的斗争意志,树立起自强不息、努力奋斗、积极向上的精神。无疑,这在现实社会斗争中能够起到一定的推进作用,无论是积极的还是消极的。在当时具体的历史条件下,陈独秀宣传和运用进化思想分析中国现实问题,并给中国知识分子提出斗争目标,为那个时代提供了认识国家出路和社会发展的新观点、新方法,能够激起中国民众的爱国热情与革命精神,对唤起民众、改造社会都起了一定的积极作用。

如此看来,陈独秀借助进化论思想认识世界,与接触马克思主义唯物史观有相似之处,二者都能起到鞭策人们追求自由、争取平等,向往光明的、先进的社会制度。事实上,马克思、恩格斯的唯物史观也是时代的产物,离不开达尔文的生物进化论影响,并提供了"自然史的基础"作用。陈独秀合理汲取了进化论中的发展理论,更多是与马克思主义的唯物史观相贯通。就是说,五四运动后期陈独秀又给进化论赋予新的内容和涵义,构建起自己理解的社会进化思想体系,并从进化论初步走向马克思主义唯物史观。这个时期,进化论所提供的生存竞争、优胜劣汰、历史进步等观念,一直是近代中国人观察世界的重要视角,成为国人开展启蒙思想运动的理论武器和哲学依据。在陈独秀那里,进化论作为理论武器,承担着一种普遍主义的科学概念,起着意义泛化的解释性,成为解释各领域人类活动的思想依据。所以说,进化论既是陈独秀自始至终的思想武器,又是促使他转向马克思主义者的动力因素。

早在五四前,陈独秀所论及的宇宙社会思想中已含有唯物主义倾向。他认为,宇宙间充满着"物质的生存与活动",万物只是客观物质的表现形式,有着不随人们主观"意志"而转移的存在,即所谓的"那有对境的实象,人人可见,时时可见,不随吾人主观改变的"[1]。并且,物质世界是一个永恒发展的过程,运动不已、永不停息。可以说,陈独秀很早就吸取了唯物主义的观点,具有唯物论的倾向。这种唯物倾向主要集中于《人生真义》《今日之教育方针》等文章中,是以"科学家"之言来表达他的唯物主义精神。所谓

---

[1] 任建树:《陈独秀著作选编》(第1卷),上海:上海人民出版社2009年版,第449页。

"近世科学家之解释人生也：个人之于世界，犹细胞之于人身，新陈代谢，死生相续，理无可逃；惟物质遗之子孙，原子不灭精神传之历史；种性不灭个体之生命无连续，全体之生命无断灭；以了解生死故，既不厌生，复不畏死；知吾身现实之生存，为人类永久生命可贵之一隙，非常非暂，益非幻非空；现实世界之内有事功，现实世界之外无希望。唯其尊现实也，则人治兴焉，迷信斩焉：此近世欧洲之时代精神也"①。此处，陈独秀虽引用佛教术语来达意，但基本是站在一种唯物的角度上来认知物质世界的，并从科学的角度来证实一种"人我不分、寓常于断"的人生观。在西方，原子是为物质世界本质论断和根基。陈独秀则将物质世界归结为原子，将物质归结为原子种性，表达了原子不灭的物质第一性原则，他坚持物质世界的唯物主义观点，印证了陈独秀早期试图树立唯物的世界观、社会观和人生观的愿望。

总之，对先进文化的热情和拥抱，是陈独秀由进化论转向马克思主义而走向现代化的需求——"西化"式的现代化模式的主要标志。在汲取西方文化来解决中国实际问题时，陈独秀不仅在个人与国家之间的关系上实现了根本性的转变，由起初的力挺个人力量来拯救国家的思路转向强化国家意识来拯救个人的进路，而且在哲学上经历了由进化论到唯物史观的转变。这种转变不是突变，而是渐变的，且是一贯性的。陈独秀哲学思想继承了西方思想是明显的，如 18 世纪启蒙时期以法国卢梭为代表的民主主义、18 到 19 世纪的英国功利主义、19 世纪社会进化论以及空想社会主义的某些思想，之后又继承马克思主义思想。不仅如此，他的思想体系还融进了西学的进化思潮、实用主义、形而上学机械论的特质，且有着对孔德、柏格森、杜威等西方学者不尽合理的推崇。由此不难看出，陈独秀对西方思想的引进和吸收是广泛的，但是有所选择的。可以说，在"除旧布新"的历史潮流中，陈独秀由推崇西方的民主科学与人权思想，再到认同马克思主义，且阐述了自己的"马克思学说"理论，本质上有了一个创造性的转化。陈独秀思想转型不仅助推了中国近代哲学思想演进的过程，而且有利于推进中国式现代化进程。

---

① 任建树：《陈独秀著作选编》（第 1 卷），上海：上海人民出版社 2009 年版，第 172 页。

# 第六章 20世纪初其他赴日先进分子传播马克思主义

马克思主义学说传入中国构成一股夹杂在各种思潮在内的清流，而具有强烈时代特征的革新"符号"体系。赴日先进分子以创办刊物形式传译马克思主义和社会主义学说，传播主体主要为"群体"形式，传播主流为日译西学的渠道，传播内容为西学新知的交互性，传播形式富有广阔的时代出场路径。

## 第一节 赴日先进分子创办刊物传译马克思主义

赴日学人传译社会主义是由一个个群体以创办报刊形式进行的，传播形式和风格上无不存有一定的差异性，传播内容上关于社会主义学说、马克思主义理论方面的理解也各具偏差，但这种差异和偏差是由传播者的传播意图、传播水平和了解程度不同造成的；尽管说赴日学人传播包括马克思主义在内的社会主义理论有着不同程度的差异性，但放在特定的历史背景下却有着某些共性的时代特征。考察赴日学人传播西学的时代出场学，大概是定格在20世纪初的几年内。譬如，在1900年，中国留日学生中最早进步团体之一的"励志会"成立，该社以刊载留日学生翻译和介绍西学相关文章为主的杂志——《译书汇编》面世。该杂志以"输入文明思想"形式译介西学新知，不仅仅有介绍西方哲学政治思想，还有日本的政治学说，涉及的学科领域有哲学、法律、经济、宗教、外交、历史等；文章众多，包括卢梭的《民约论》、孟德斯鸠的《万法精理》、斯宾塞的《政治哲学》、伯伦知理的《国法泛论》等。此外还刊载日本学者著述的有鸟谷部铣太郎的《政治学提纲》、加藤弘之的《物竞论》、有贺长雄的《近世政治史》、井上毅的《各国国民公私权考》等。通过比较可知，《译书汇编》大量译注了像权利、社会主义、组织等西学新知，不仅对西学译介的数量可观，而且译介内容对国人的影响力不可忽视。《译书汇编》第1、2、3、6、8期连载了日本人有贺长雄所著《近世政治史》一书，介绍了欧洲"社会党之由来"的社会主义运动情况，并把马克思和社会主义运动联系在一起。该书把"马克思"翻译成"麦克司"。文中提到"麦克司（马克思）总理全体"，并领导"各国工人领袖均集于万国工人总会（即第一国际）"。该文还首次解释"社会主义"为"西国学者悯贫富之不平等，而为雇工者往往受资本家之压制，遂有倡均贫富、制恒产之说，谓之社会主义"。《译书汇编》杂志关注马克思主义，对马克思主义在中国的早期传播起到了开拓性意义。其中，马君武在《译书汇编》中发表的《社会主义与进化论比较》着重翻译和介绍马克思主义、社会主义著作，提到马克思主义唯物史观和阶级斗争学说，揭示了马克思（译为"马克司"）"阶级斗争历史之钥"的观点。

紧接着，由黄兴、杨度等人于1902年创办的《游学译编》介绍西学内容更为丰富，不断向国内翻译介绍西方先进文化，且以侧重西方政治思想理论为主。该杂志主旨是"专以输入文明，增益民智为本"，强调"录学术第一"，以夹叙夹议的形式传播了大量西学（政治、教育、时事为主），其中包括社会主义理论。1902年11月至次年3月，留日学生赵必振在上海广智书局翻译素有"东方卢梭"之称的幸德秋水著的《广长舌》和福井准造著的《近世社会主义》，是以通俗易懂的读物形式系统介绍了社会主义学说，不仅提到"加陆陆马斯（即卡尔·马克思）及其主义"，而且肯定了社会主义取代帝国主义的必然性，并驳斥了反社会主义的观点。特别是《近世社会主义》称赞马克思为"一代之伟人"，"为社会主义定立确固不拔之学说"。不过，《广长舌》所阐释的社会主义实质是一种社会改良主义。值得一提的是，这两本书传入中国后的影响力是不小的。蔡元培于1920年曾提及赴日学人翻译的《近世社会主义》一书，指出"西洋的社会主义，二十年前才输入中国。一方面是留日学生从日本间接输入的,译有'近世社会主义'等书"①。爬梳文献可知,蔡元培于20世纪初短暂的游学日本就对《浙江潮》等"新媒体"很关注,主动了解日本国内的新思潮,并积极投入到中国国内的爱国、救国、变革、斗争的热潮之中,虽然后来他游学他国或回到中国,但不间断地关注日本新思想。

1903年10月,《浙江潮》又出版了中国达识社译的幸德秋水的《社会主义神髓》,该书尝试运用马克思主义的观点分析资本主义社会矛盾现象,揭露了资本主义制度的弊端,指出被压迫劳动者的社会地位不平等现象,主张"移地主资本家之一切生产机关,公之社会人民,即废灭地主资本家徒手游食之阶级也。非此则不足曰社会主义,知此则可言社会主义之神髓"②。该书还阐述了社会主义的科学性、合理性,强调社会主义是"平等之社会""博爱之社会",批驳了认为社会主义是剥夺个人自由、阻碍社会进步的谬论,并在文中提及马克思(译为"马尔克斯")、恩格斯(译为"音盖尔")的《共产党宣言》,大致传达了马克思唯物史观的内涵,对马克思的剩余价值(译为"剩余价格")理论进行了简要论述。书中还详细阐述阶级斗争学说,指出马克思主义是科学学说,超越于欧文、圣西门、傅立叶、路易·勃朗等所倡导的空想社会主义,认为当时的社会党的运动就是革命的运动,社会的历史是革命党推进的革命成果。

赴日学人主办的刊物像《国民报》《湖北学生界》《江苏》等如雨后春笋般应运而生,对马克思和社会主义的传播开启一波又一波的浪潮。譬如,除了《浙江潮》分别于第6期和第8期刊登了署名"大陆新民"的文章《最近之世纪大势变迁史》和署名"大我"的文章《新社会之理论》,《江苏》第5期还刊登了《国民新灵魂》,提及"社会主义"和"社会党",把社会主义分为"共产主义"和"极端民主主义",还提出了"劳动神圣"的思想。将共产主义和无政府主义视为社会主义的两个流派,而且受日本社会主义思潮

---

① 林代昭、潘国华:《马克思主义在中国》(下册),北京:清华大学出版社1983年版,第99页。

② 高军等:《五四运动前马克思主义在中国的介绍与传播》,长沙:湖南人民出版社1986年版,第155页。

影响对无政府主义表现出赞赏的态度。另外,《民报》的许多作者不仅介绍马克思、恩格斯的生平和其原著的某些章节,而且较为系统地介绍了科学社会主义的基本理论。总之,清末的赴日学人对马克思学说和社会主义进行了广泛的译介。不过,相对于不同刊物传播着各种各样的社会主义学说,他们的译介够不上"专业"这一说法,更谈不上生发出理论与实践相结合的途径;然而,无论在传播数量上,还是在影响力度上,他们对马克思学说和社会主义的传播在当时的中国都居领先地位,这一点是任何人都无法否认的。

相对于较早传播的"马克思"名字和社会主义思想,赴日学人对马克思主义"唯物史观"的传播是相对晚些的。这应该"归咎"于日本学者身上,因为日本人对经济基础与上层建筑的翻译在时间上相对晚。之所以把传播内容的多少取决于日本人,是因为中国先进分子无暇直接翻译西学,奉行的是"拿来主义"精神。基于这种现象,有学者认为,"我国早年所用的译名,大都是由日本输入的"①。1912 年日本学者 Sakai 在翻译马克思的《政治经济学批判序言》时第一次使用"经济基础"这种译法,我国学者李大钊在 1919 年翻译马克思的《序言》时效仿了这种译法。应该晓得,赴日学人不断反复引介日译西学,虽带有一定的盲目"崇拜"心理,但在一个"知识匮乏"的时代,目不暇给的西学给赴日学人注入了新鲜血液,且逐渐融汇到他们自己的母语中,甚至达到"日用而不知"的程度。

如前所述,马克思主义不是以纯粹的形式传入中国的,而是夹杂着各种各样的西学成分。当时就有不同派别的社会主义成分,主要有改良主义的社会主义、无政府主义和马克思主义的说法,尤其是作为"极端社会主义"的无政府主义曾极大地影响五四新文化运动的一代人。刘师培、何震夫妇和张继等人在东京创设的"社会主义讲习会",受日本思潮中无政府主义的影响,在其创办的《天义报》上以研究社会主义的名义宣传无政府主义。值得一提的是,该报刊在介绍无政府主义的同时,也对马克思主义的阶级斗争学说作了大量传播。社会主义讲习会成立后,除邀请章太炎等国内名人到场发表演

---

① 郑匡民:《西学的中介:清末民初的中日文化交流》,成都:四川人民出版社 2008 年版,第 218 页。

说,还先后邀请了幸德秋水、山川均、堺利彦等日本著名社会主义者到会演讲,讲授包括马克思主义的西方社会主义学说。更为重要的是,《天义报》刊登一些译著书目,时常以"新刊预告"的形式发布出来,如署名"马尔克斯等著"的《共产党宣言》、巴枯宁的《神与国家》、苦鲁巴特金(今译克鲁泡特金)的《无政府主义之哲学》、布利斯的《社会主义史大纲》、哈因秀曼(今译海德门)的《社会主义经济论》、克鲁泡特金的《面包掠夺》和《无政府主义之哲学》等。1907年12月30日《天义报》刊登了署名"震述"的《经济革命与女子革命》一文,文中摘译了《共产党宣言》第二章中对家庭和婚姻制度的论述,同时也摘译了恩格斯《家庭、私有制和国家的起源》中第二节《家庭》对资本主义婚姻制度批判的一些段落。1908年1月15日该报又发表了民鸣翻译的恩格斯1888年为英文版《共产党宣言》所作序言的部分内容,提及《共产党宣言》是一部"完备的理论和实践的党纲",由历史唯物主义观点分析阶级社会的历史发展轨迹,贯穿着经济基础与上层建筑、阶级斗争的思想。紧接着,该刊再次登载了民鸣翻译的日文版《共产党宣言》中第一章内容,是对《资产者和无产者》一章的全部译出,也是国内最为完整的章节译本。通过比较可知,《天义报》对马克思、恩格斯学说的介绍与无政府主义传播交织在一起,有着调和二者关系之意,认为"由社会主义扩张之,必达无政府主义之一境"①,强调二者有着桥梁与归宿的关系;不过,《天义报》对《共产党宣言》的译介与传播,包含马克思主义的唯物史观、阶级斗争学说和剩余价值理论,与同期及之前赴日学人传播社会主义思想相比更为广泛,力度也更大,这为马克思主义在中国的传播、马克思主义早期中国化做出了基础性工作。

总的来说,为了满足赴日先进分子反帝反封建的双重诉求,不断引介外来思想,以便探索出合于中国国情的指导思想。从传播主体看,马克思主义译入中国,不同阶级的知识分子表现出了不同的传播目的。资产阶级改良派和革命派站在各自阶级立场上,从不同的政治需要出发,有目的、有选择地

---

① 高军等:《五四运动前马克思主义在中国的介绍与传播》,长沙:湖南人民出版社1986年版,第284页。

对马克思主义进行择取,是情有可原的。从传播内容看,马克思主义译介和传播是与国内社会变化相联系,源于理论与中国实际相结合的需要。在中国特定的历史时期,处于内忧外患的各种矛盾交错时代中,选择马克思主义既有历史背景又有文化心理接受程度,这一开始就从选择传播的文本信息中窥探一二。从传播方式看,马克思主义传播过程内涵着时时刻刻抉择的过程,传播本身潜藏着被接受和运用的过程。传播者在传播过程中,传播方式是多种多样的,或转译,或节译,或选译,甚至仅仅为摘译,这些无不带有强烈的现实使命感,是以适合中国社会发展需要,以解决中国现实社会问题为旨归。从某个角度看,这种有目的、有针对性的传播方式,不是讲究译介的学术性、准确性,更多是作为跨文化、跨语际的"拿来主义",确切地说,是一种实用主义观点,更多情况下表现为是"囫囵吞枣"式的引介,却能够紧密结合中国民众的思维方式、语言习惯和社会需要,在文本传播上实现思维方式、表达方式的转换。从这一转译过程可以看出,马克思主义一进入中国,就开始了中国化的理论之旅,就被不断地赋予中国的特性,直至达到马克思主义真正意义上的中国化。综观这一时期赴日学人对马克思主义传播的特点,尚有不尽人意之处,对马克思主义学说的了解缺乏整体性与系统性,在传译基本概念和观点时"各执其说",如不少学者将"共产主义"理解为或等同于"无政府主义",但也不可否认的是对"阶级斗争"的理解尚能一致,且比较深刻。正是基于这些历史现象,赴日学人对马克思主义的传播不可能很全面,也不可能很系统,但却很有历史意义——历史事实已证明之。

## 第二节 李达、周恩来接受"马克思主义"

在早期赴日本留学的群体中,有相当一部分人是抱着寻求救国救民的真理而踏上东渡之路的。这部分的群体占了大多数,并且有多次赴日求学的经历。例如中国共产党早期的发起人之一的李达,就是在找不到救国出路的情形下,"首先从日本的报纸上知道了十月革命的消息,然后树立了对马克思主义的信心和对苏俄的向往",并于1918年6月"毅然赴日本专攻马克思列宁主义"①。李达早于1913年考取湖南留日官费生而赴日留学，但因生病暂停回国，几年后又在"实业救国""科学救国"的理念引领下再次赴日，考入日本第一高等学校（后改称东京帝国大学），主要专心以理科为主的学习。但值得一提的是，俄国十月革命的胜利促使他初步建立起对苏俄社会形态的向往，树立起对马克思主义的信心，开始清醒地观察和分析当下的世界社会发展，亲自目睹了日本下层劳动者的生活境遇，也以留学生的身份置身于日本军国主义凌辱，当初以"实业救国"的思想被现实打得粉碎。不过，李达并没有自我放弃，而是不断寻求着先进思想，于是于1918年再度赴日，相比于前两次居日不同，他显得更有目的性和针对性，开始以"革命思想"来武装自己，并转向了对马克思主义理论研究。他认为，"只有由人民起来推翻反动政府，像俄国那样走革命的道路。而要走这条道路，就要加紧学习马克思列宁主义的理论，学习俄国人的革命经验"②。可以说在这次居日期间，他的思想转变是巨大的，也激起了向旧势力宣战的革命斗志。

受日本学者介绍马克思主义的影响，李达与李汉俊一样，他们早期对社会主义的理解和阐释都"明显地带有以河上肇为代表的'东洋马克思主义'的痕迹。……因为他们在日本所师承的并非马克思主义'正宗'，而是'东洋流派'的马克思主义"③。在日本的马克思主义学者的作品中，最著名的是河上肇的《唯物史观研究》《社会组织与社会革命》《经济学大纲》《资本论入门》等文章，这些马克思主义者的作品都是李达在日本的必读之物。河上肇曾在《马克思社会主义的理论体系》一文中提及"马克思主义的三大原理"，即"唯物史观、资本论和社会民主主义"，主线贯穿着阶级斗争学说——根本是无产阶级意识形态战胜资产阶级意识形态。这一观点认为马克思主义把以生产力和生产关系发展为基础的唯物史观与经济学原理作为基础，特别强调阶级斗争的意义，体现了河上肇对马克思主义的独特理解。后来李

---

① 毛传清：《马克思主义传入中国的三条渠道之比较》，载《武汉交通大学学报》（社会科学学报），2000年第4期。

② 李达：《李达文集》（第4卷），北京：人民出版社1980年版，第733—734页。

③ 王奇生：《取径东洋转道入内——留日学生与马克思主义在中国的传播》，载《中共党史研究》，1989年第6期。

达也在自己的多篇文章中多次论述阶级斗争和经济思想,并在上课时对学生提及从河上肇那里获取了哲学、经济学方面的知识。由此可见,河上肇等日本马克思主义学者对李达早期思想发展是起了重要作用的。

然而,李达对马克思主义的学习,并不仅仅依赖于日本学者的介绍,他还十分重视对马克思主义原著的学习。居日期间,李达研读了《共产党宣言》和《资本论》《政治经济学批判》的经典段落和片段章节,以及列宁的《国家与革命》等原著,并在关于马克思主义唯物史观和经济学说等有关著作的翻译上,更直接地选择了欧洲的马克思主义学者的著作,并逐渐掌握了马克思主义唯物史观、剩余价值学说、阶级斗争学说。并且,因为他重视原著研究,不仅通过对日本学者,更重要的是对马克思主义发源地欧洲学者的学习,他的马克思主义素养在当时的中国是很高的。在五四运动以前,他还先后翻译了有关马克思主义理论的三个组成部分,包括哲学、政治经济学和科学社会主义的内容,如郭泰的《唯物史观解说》、考茨基的《马克思经济学说》和日本学者高富素之的《社会问题总览》。这表明李达致力于传播马克思主义思想,不仅促进了他对马克思主义的全面认识,而且也早期中国共产党人提供了更为全面的重要文献来源。

五四运动爆发之时,身处日本的李达密切关注着国内形势的变化,并向国内宣传、介绍社会主义,并形成自己的马克思主义观。从当时的境遇看,李达的马克思主义观是在与当时各种非马克思主义思潮的斗争中发展的。他在写《什么叫社会主义?》时就认为,社会主义"反对个人竞争主义,主张万人协同主义","反对资本万能主义,主张劳动万能主义","反对个人独占主义,主张社会公有主义","打破经济的束缚,恢复群众的自由"①,并简要分析了社会主义与共产主义、无政府主义之不同,指出它们"各有各的主张,不能笼统说的"。他在发表的《社会主义的目的》一文中则揭示了社会主义的本质,通过对社会主义与资本主义对比分析的形式,指出社会主义的产生是起因于资本主义制度下的社会不平等根源,本质上是为了改变社会的不平等状况。社会主义替代资本主义,是克服资本主义弊端的"一贴对症的

---

① 李达:《李达文集》(第1卷),北京:人民出版社1980年版,第1—2页。

良药"①。社会主义之所以说是"良药",是因为其有两面最鲜艳的旗帜:"一面是救济经济上的不平均,一面是恢复人类真正平等的状态"②。文章揭示了马克思主义的社会形态更替论,指出社会主义在资本主义私有制基础上逐步以消灭私有制的形式转变为公有制的社会制度,隐藏着社会主义革命的目的性和趋向性,对中国人了解和运用马克思主义及社会主义理论提供了正确的指导。此后,他以社会主义与无政府主义的不同为批判理据,指出二者的本质区别,且将这种批判精神贯穿在他的许多讨论社会主义、马克思主义的论著之中。这时期,李达参加了社会主义和资本主义及马克思主义和无政府主义之间的论战,用马克思主义作为思想武器对之进行了批判。通过论战,马克思主义得到了广泛的传播,马克思主义学说也逐渐被人们所理解和选择。

与李达的救国救民的心路历程相类似,周恩来少年时就立志"为中华之崛起而读书",带着这种远大志向毅然于1917年9月赴日寻求救国之路。对于青年人而言,救国的前提首要是求学,因为学习新知,才能了解新事物,理解世界形势;从某种意义上说,求学之路也是磨炼意志的过程。对于周恩来的求学,曾为自己定了三项要求:"第一,想要想比现在还新的思想;第二,做要做现在最新的事情;第三,学要学离现在最近的学问。思想要自由,做事要实在,学问要真切。"③带着这种目标,周恩来接触到日本马克思主义学者介绍的马克思书籍,曾经研读过已经在日本风行的河上肇写的《贫乏物语》单行本,该书指出多数人贫乏的现状、原因和解决方法,具体措施是改造社会经济组织、解决社会贫富差距,对周恩来的启发极大。尤其是,他对河上肇办的《社会问题研究》半月刊尤感兴趣,杂志刊载的既有河上肇的《贫乏物语》《新社会》《解放》《改造》等文章,还有幸德秋水的《社会主义神髓》等解释马克思主义学说的专题,这些对周恩来认识和接受马克思主义理论产生较为重要的作用。周恩来之所以是河上肇主办《社会问题研究》杂志的忠实读者,在于河上肇当时是日本京都帝国大学教授,为马克思主义的权威。故而说,河上肇对于马克思主义的见解,在周恩来的心里刻下了深

---

① 李达:《李达文集》(第1卷),北京:人民出版社1980年版,第5页。
② 李达:《李达文集》(第1卷),北京:人民出版社1980年版,第4页。
③ 怀恩:《周恩来生平大事记》,成都:四川人民出版社1986年版,第25页。

深的烙印，马克思主义的思想开始萌芽。随之而来的是，周恩来在接触到马克思主义之后，不再以"民主共和"作为追求目标，开始转向运用马克思主义学说作为理论指导来力求民族解放和国家复兴了。

在周恩来居日期间，河上肇的信仰转向是明显的，展现的魅力便是拥有马克思主义经济学研究的权威性。为了能在课堂上亲自聆听河上肇的课，周恩来甚至专门写入京都帝国大学学习的志愿书。遗憾的是，因为那一年爆发了五四运动，国内外形势的巨变，他离开日本回到了中国。迪克·威尔逊的《周恩来传》中也说道："周在日本旅居了 18 个月之后，离开了日本。在那里他没有经过正规的大学教育，所以也没有什么值得表扬的东西。他能带走的东西是他对所读过的书的记忆和在河上肇博士创办的杂志中所了解到的对他有决定性意义的社会主义理论。"① 据日本学者住谷悦治回忆，他于 1964 年随日本文学代表团访问中国时，周恩来就曾说过他在年轻的时候十分爱读河上肇的书。正是受河上肇著作的引领，周恩来的思想有了不小的发展变化，犹如在迷茫中发现未来光明的前景。"一线阳光穿云出"，就是描绘了周恩来在探索民族解放和国家崛起的真理过程中的一种写照。

回到国内后，1920 年周恩来等人在天津的学生运动中被捕，他在狱中还曾向爱国学生讲授马克思主义学说，其材料都是来自河上肇的著作。还值得一提的是，在李大钊等人的引导下，青年周恩来赴法之前，对《共产党宣言》《阶级斗争》等译本有所了解，不同程度地宣传着马克思主义和俄国革命，曾为马克思主义早期中国化奠定了思想基础。

---

① ［英］迪克·威尔逊：《周恩来传》，封长虹译，北京：国际文化出版公司 2011 年版，第 3 页。

# 第七章　赴日学人译介马克思主义的语境转换与思想转型

清末民初的赴日学人介绍包括马克思主义在内的社会主义文章存在着本源语和译体语之间"语义不等值"的现象①。赴日学人只是以思想启蒙和救国图存的历史使命粗略地引介了马克思主义学说和社会主义思想，由于缺乏足够的时间细细琢磨学问，加上引介者学识参差不齐的缘故，他们对社会主义的不同流派及其之间的区别和联系缺乏清醒的认识，也就无法要求把握社会主义深邃。他们中的有些人虽然讲究从中国国情的实际情况理解社会主义，也能借助社会主义理论解释或鞭笞社会现实，但对社会主义能否适合中国国情是持有怀疑态度的，更别提能够指明中国社会主义前途和实现社会主义的方式。这种现象更多集中在资产阶级改良派和革命派学者身上，资产阶级的立场决定了他们不是纯粹向往社会主义前途，而是将社会主义作为革命或改良的一种注解。但不可否认的是，此时期站在工人阶级和农民阶级立场的先进知识分子在反思资本主义制度的同时，不断思考寻求一种与中国国情相符合的理论思想来挽救民族危亡和拯救国民于水火之中，且肩负一种历史使命感，用最为先进思想的社会主义理论来观察国家的命运，尝试以马克思主义理论来指导中国现实社会活动，是那个时代的历史写照。放在多变的、跌宕起伏的年代，若能客观地考察赴日学人处于时代激烈变迁的语境转换中自觉传播西学，并视为一种历史担当，梳理出他们传播日译西学之时的思想变化，

---

① ［美］刘禾：《跨语境实践》，宋伟杰译，北京：生活·读书·新知三联出版社2002年版，第5页。

是理解中国近代哲学思想转型和马克思主义早期中国化的重要依据。从某种意义上说,马克思主义早期中国化离不开中国近代哲学的思想转型,表现出后者涵养且孕化前者,同时前者又助推且补益后者,二者持有相互依赖、互为作用的对等关系。

## 第一节 社会主义与进化思想:
## 社会进化的近代解读

毛泽东说:"在一个很长的时期内,即从1840年鸦片战争到1919年五四运动前夜,中国人没有什么思想武器可以抗御帝国主义。旧的顽固的封建主义的思想武器打了败仗,抵不住,宣告破产了。不得已,中国人被迫从帝国主义的老家即西方资产阶级革命时代的武器库中学来了进化论、天赋人权论和资产阶级共和国等项思想武器和政治方案,以为可以外御列强,内建民国,但同样抵不住,败下阵来,宣告破产。"① 五四之前,中国人向西方寻求救国方案,陆续出现了以地主阶级主张学习西方谋求国家富强的改革派、以标榜"中学为体,西学为用"而大兴洋务和西学的洋务派、以拥有君主立宪纲领性主张的早期资产阶级改良派以及以推翻清政府建立民主共和国的资产阶级革命派,这些以"外御列强,内建民国"的标准衡量皆为破产了。实际上,中国近代寻找救国出路的进程是隐含着一种进化思想的道理,从广泛意义上看是包括西方思想、学说、主义的引进内容,有着传播的合理性和必然性;不过,这些进化思想在近代中国的短暂时间里是缺乏具体的社会实践检验,也就没有理论鉴别的"实践功夫",就意味着不能对中国社会现代化有着清晰的构想。但不可否认,这一发展过程是寻求西学理论与中国实际相结合的积极尝试,成为时代产物的进化哲学解读。从某个角度看,没有一系列引进西学中进化论、天赋人权论和资产阶级共和国的政治方案失利,又如何以比较的形式彰显出马克思主义中国化的成功呢。

---

① 《毛泽东选集》第4卷,北京:人民出版社1991年版,第1516页。

尽管说近代中国引进西方的进化论、天赋人权论社会契约论和民主共和国等思想武器是不成功的，然而这些理论思想为马克思主义思想学说引进中国起到了"共进""偕同""助推"的作用。可以说，没有形形色色的西学引进，马克思主义就无法被中国人进行比较、筛选，进而发掘马克思主义的"真理"。其中，日译西学概念术语和理论思想不同程度地被赴日学人传入到中国，曾对中国人认清社会主义与其他西学的区别和联系，以及进一步掌握社会主义深邃，起着不可磨灭的历史贡献。在口译西学涌进的历史信息中，西方的进化论、天赋人权、社会契约、自由民主、社会主义等思想武器是经过日本思想界"改造"后传入中国的。不仅如此，赴日学人传播马克思主义思想之时，还有一些人亲自参与日本的社会主义活动，有了实践体验和认知，并将西学新知融会贯通地结合自己的体会撰写成稿，源源不断地传入国内。实藤惠秀在《中国人留学日本史》中曾写专章探讨过赴日学人传播日译西学的情况，列举了中国现代汉语来自日语的单词784个，后增加了46个，共830个，成为当时学界所获知的日语外来词最大数目[①]。日译新词涉及西学的新学科，包括经济学、哲学、政治学、法学、社会学等；仅拿哲学词汇来说，有心理、判断、范畴、意志、归纳、革命、阶级、社会、共产、一元论、唯物论、唯心论、世界观、人生观、生产力、辩证法、生成关系、唯物史观、意识形态、不变资本、社会主义、共产主义、民族主义、军国主义等。伴随日译西学新词的传入，更多西学新知被引介给中国人，马克思以及社会主义等一起被介绍到中国。在此，这些新鲜的日译西学术语不仅为清末民初的赴日学人宣传西方哲学思想提供了便利的语言中介条件，而且对赴日学人的思想转型起到极大的推动作用。

马克思主义是作为世界主要思潮之一被引进到中国，潜在于西学的"主义"新知被广泛传入与引用。有学者指出，晚清以来至五四新文化是"主义时代"多元气象的降临阶段，带来了中国近代史上一场惊天动地的转变[②]。

---

① 郑匡民：《西学的中介：清末民初的中日文化交流》，成都：四川人民出版社2008年版，第222页。

② 王中江、张宝明：《语境和语义——近代中国思想世界的关键词》，上海：上海人民出版社2022年版，第540页。

在各种"主义"涌进过程中,"社会主义""共产主义"逐渐成为社会思潮的聚焦点,也逐渐成为中国近代哲学思想转型的核心词汇。"社会主义"一词最早传入日本追溯于加藤弘之,是以音译"socialism"的方式出现于1870年的《真政大意》一书里;次年,西周将其意译为"会社之说",并同时在《百学连环》中提到欧文、圣西门、傅立叶等人;在此之后,日本学者约于1877年采用"社会"一词翻译society;紧接着,"socialism"于下一年6月被记者身份的福地源一郎译为"社会主义",首次出现在《东京每日新闻》上。这样,"socialism"一词几经创译,最终被确立下来。1882年《朝野新闻》又刊载城多虎雄的《论欧洲社会党》一文,记有"共产主义"的名称①。值得注意的是,明治维新后的日本引发了"和制汉语"释译西学新概念的翻译热潮,这种翻译手法体现出日本学者开始用"主义"翻译某种特定理论或系统化的社会意识形态字汇,并进一步用来合成新的词汇;正因如此,"社会主义"是"社会"与"主义"的合成词,"共产主义"是"共产"与"主义"的合成词,等等。这些概念术语不仅为日本学者所熟练运用,而且也被中国赴日学人所普遍使用。翻阅20世纪初赴日学人创办的刊物,不难发现,他们已普遍使用着"社会主义""国家主义""人道主义"等概念名称。如上所述,1902年后,《社会主义》《近世社会主义》等有关"社会主义"思想已通行于中国。

"主义"一词拥有新思潮的意蕴,内含一种进化哲学的"公理"化的认识。譬如,马克思主义社会形态中有依据社会制度划分的奴隶主义、封建主义、资本主义和社会主义等,是以进化视角审视人类历史发展过程,内含着一种社会进步的公认之理。日本最初用"封建主义"与"封建制度"翻译西学中feudalism与feudality,中国一些学者对其使用尚有歧义,之后《共产党宣言》日译本使用"封建主义""封建制度"等词汇,开始广为流行开来。马克思也曾提出日本与欧洲有着类似的Feudalism(封建制度),是有别于中国的地主制度,这些观点也被赴日学人引进到中国。再如,对"帝国主义"一词的译介也有着不同的理解方式,传入中国最早见于1895年的译本是浮田

---

① 孙江:《新史学》(第2卷),北京:中华书局2008年版,第191页。

和民的《帝国主义》一书，强调通过帝国主义发展而走向强国富民的思想，实质上是有对帝国主义辩护的倾向；随后，幸德秋水的《二十世纪之怪物帝国主义》（赵必振翻译）于1902年传入中国，该书旨在揭露帝国主义的侵略野心，认为帝国主义是"资本家横暴之社会"的阶段，而"以科学的社会主义"替代之则是一种必然的命运。如此看来，回顾赴日学人对于"主义"的译介思想，能够发现译者们对各种"主义"是以"公理"进化的视角进行介绍。实际上，赴日学人传播"主义"是承担着进步思想引路者的角色，如梁启超的新民说就常常贯穿于国家主义、民族主义、进化主义和爱国主义等观念，这些观念更多是与深受伯伦知理"国家主义"等西方思想的启发分不开，也与日本民族主义精神的影响有着直接的关系。而且，梁启超也是以"民族帝国主义"激起国人的奋进精神，提出"全盛于二十世纪"乃是"民族帝国主义"的观点。

而且，赴日学人所使用的"主义"一词有时来表达思潮、学说、学派、理论、定见等意涵。"主义"的引介更多充当着积极的、进步的意涵，像国家主义、民族主义具有凝聚力的作用，梁启超、孙中山、李大钊等人频频使用之。梁启超作为"时代的弄潮儿"，拥有"前途"的志向，强调"其徇主义也，有天上地下惟我独尊之观"，以"浩然之气"的魅力引向社会前行。梁启超主张创建国家"政治团体"来促进社会进步，在《政闻社宣言书》中指出"政治团体之起，必有其所自信之主义，谓此主义确有裨于国利民福而欲实行之也，而凡反对此主义之政治，则排斥之也。"① 他认为，"政治团体"与"主义"分不开，是为拯救中国社会必需应有的产物。同时，梁启超深受中国同盟会的影响，也提出"政党"与"主义"的合一，在《政治与人民》一文中强调"政党之性质，则标持一主义以求其实行，而对于与此主义相反之政治，则认为政敌而加以排斥者也"②。这是将主义纳入到一个组织或政党的规定性之中，不乏是一种崭新的认识。

"主义"潜藏着"进化"之理，是代表着现代的、进步的和时尚的。梁

---

① 梁启超：《政闻社宣言书》，《饮冰室合集》文集之二十，第24页。
② 梁启超：《政闻社宣言书》，《饮冰室合集》文集之二十，第15页。

启超在《新民说》的"论政治能力"中指出"顾吾今者实信吾主义之最适，而无他主义焉可以媲也。而吾主义之所以不发达则由有他主义焉。持异论于其间，以淆天下之视听也。吾爱吾国，故不得不爱吾主义，其有不利于吾主义者，吾得行吾主义之自卫权以敌视之"①。梁启超持有"进化之公理"的上进心，洋溢着浓厚的积极进取精神，热爱自由与民主，热衷于对国家主义和民族主义的建设。孙中山吸收与改造进化论思想，并将其引入社会历史观之中，提出的"三民主义"，即民族、民权和民生的"三大主义"，标志着一个新的政治主张的转变方式。

日译西学的进化思想直接激励着赴日学人的社会进步观念。受日本社会进步氛围的强烈影响，赴日学人的进步思想是融进步眼光、理性判断、激情爱国（带有冲动型）以及超越现实（好高骛远风气）等特质在一起的。进入新思想的时代，进化意识在中国近代表现为人的解放与社会进步、国民精神养成同步进行的信息理据。在日译西学的影响下，当时中国有三种主要的社会意识形态，即进化史观、民族主义和社会主义。其中，进化论是影响最大的思潮，成为赴日思想家和一般国人世界观的基石。近代中国人把进化论思想作为世界观和方法论的武器，对民生凋敝、国土日丧的严酷现实给予深入探究，提出了一系列历史性质问，根本点是关于西方国家强大与中国落后的根源问题。问题的解决路径历经了"师夷之技以制夷"的器物层面到制度层面再到文化层面的探索，最后落脚于人的问题意识方面——人的革命。中国的仁人志士展开了思想领域的中西之辩、新旧之辩，对中西方思想文化碰撞进行分析，反映了近代国人的迎拒心理。赴日学人站在时代的浪尖上，力图从哲学思想中寻找问题的答案，是将进化视为不变之理，从达尔文的进化论到斯宾塞的社会进化思想，再到赫胥黎的社会伦理进化学说以及柏格森的创造进化论等理论，成为激起中国社会思想的"法宝"。这些理论在极短的时间里被传入中国后，极大地开阔国人的视野，拓新国人的思想，人们纷纷以拥有进化意识为"进步"的标尺，并以此为理据来重新估价一切价值，包括人的存在与社会进步问题，很大程度上推进了中国哲学问题意识的近代转型。

---

① 梁启超：《新民说》，《饮冰室合集》专集之四，第159—160页。

20世纪初的中国知识分子对现代化进程中社会变革（民族进步心理、民主意识等方面）进行了全方位的剖析，表现为改造自我与改造社会的统一。关于改造自我的问题，梁启超认为，中国人在漫长的君主制度下形成了依附人格，表现为"自秦汉以来，数千年之君主，皆以奴隶视其民，民之自居奴隶"习性，而缺乏独立的精神，故而要以进化论作为解放依附奴性人格的武器，把进化竞争意识当成人类社会进步的普遍法则，也是每个人在任何社会、任何国家和任何历史条件下都应该适用的法则。他批判国人的奴性、依附性，倡导国人要独立自助，培养自由、自主精神，促使国人在竞争意识上有所觉醒，从而推动了人权解放。在赴日学人队伍里，梁启超的进化史观是超前的，而且有着创新意识；他在吸收西学进化论之上改造成不同于西方个人主义的观念，主张中国人应树立起争取个人自由之上的社会有机体精神。他从进化论的视角将中国历史分为上世史、中世史和近世史的"三世说"，并向往国家崛起之时则由"中国之中国"而"亚洲之中国"到争霸于"世界之中国"的历史进程。章太炎在社会问题上同样以进化论为理论支撑，提出俱分进化论思想，强调道德革命的现实意义，以新时代的道德伦理变化来批判封建伦理道德。章太炎还借助进化论思想肯定意志自由是人的主观能动性的必要条件，以矢志实现社会进步为目标，强调自我意识的觉醒和意志的能动作用，以进步的人格和自由独立意志来破除一切对人性压迫与束缚的条条框框。他强调意志自由是其道德革命的核心内容，摒弃民众的奴隶心性，唤醒国人的觉悟，培养人的道德主体性与自觉性，进而纠正人的异化。孙中山也是强调人性道德的进步作用，只是反对人类进化的动力在于竞争，而是以互助精神为原则的人类进化过程，这一过程需要经历"消灭兽性，发生神性，那么，才算是人类进步到了极点"①。他认为，社会发展反映在人性进化上表现为人由兽性而神性而人性的过程，而人性的本质在于互助。关于中国社会进步问题，孙中山借助西方的民主、平等、博爱思想，很早为中国未来发展谋划蓝图，居日期间则提出了民主、民权、民生的"三民主义"思想，旨在于人的解放和社会进步。

---

① 孙中山：《孙中山全集》（第8卷），北京：中华书局2006年版，第317页。

在救亡图存的年代，梁启超、李大钊、陈独秀等人都强烈呼吁青年人以进步的文化精神向旧的礼教、封建势力宣战，力争新的文化气息、自由平等的理念，积极将自己与年轻人靠拢，一道成为社会变革的力量。他们用进化论作为支撑，以"新的""进步的"来标榜自己，把民主、自由等西方新思想视作社会历史进步过程中所达到的文明程度，当下追求人类社会高度文明程度是理所当然之理。这是对西学中"物竞天择，适者生存"的简明凝练，可被视作一个从低级到高级的过程，成为那个时代很具代表性的策略；无疑，这种策略具有一定的启发性和煽动力，使得整个社会上下无不都意识到国家生存的紧迫性。在此历史氛围影响下，像自由、民主、平等、社会主义、马克思主义等新词汇广为传播，成为青年人茶余饭后的谈资，这些新词汇从学术研究的圈子里走向年轻一代人的言论之中，并融入到他们的血液里，进而成为新文化运动、五四运动的急行军，就不足为奇了。

梁启超自始至终对社会进步保持着时代性的关注度，当俄国十月革命胜利的消息传进中国，他认为社会主义由理论转变为现实，实现了由"从前多数人嘲笑的空想落实成结结实实的制度"，极有可能会鼓舞其他国家"做出一番社会革命来"①。他在结合国情的基础上放眼世界，认为社会主义即使称不上是"世界唯一大问题"，但也可以称之为"世界数大问题中之一而占极重要位置者也"，中国人的觉醒便能"使我国家既进步驰骋于世界竞争之林"，奉献于世界各国②。无疑，梁启超是以进步的眼光审视社会发展的。

李大钊从社会进步的现实生存体验出发，反思人类生命的实质与意义，对"自由意志"有着如此高的讴歌："人类云为，固有制于境遇而不可争，但境遇之成，未始不可参与人为。故吾人不得自画于消极之宿命说，以尼精神之奋进。须本自由意志之理，进而努力，发展向上，以易其境，俾得适于所志，则本柏格森氏之'创造进化论'尚矣。"③他重视人的意志自由，其实就是尊重人在生活中的价值与人格，尤其注重民众的地位与价值。陈独秀将"自主的而非奴隶的"当作人的解放的标识。他认为，"人类以技术征服自

---

① 梁启超：《欧游心影录节录》，《饮冰室合集》专集之二十三，第42页。
② 梁启超：《社会主义论序》，《饮冰室合集》文集之二十，第1页。
③ 李大钊：《李大钊全集》（第1卷），北京：人民出版社2006年版，第139页。

然，利用以为进化之助，人力胜天，事例最显。其间意志之运用，虽为自然进动之所苞，然以人证物，各从其意，志之欲求，以与自然相抗，而成败别焉"；"盖失其精神之抵抗力，已无人格之可言"①。陈独秀居日期间，日本国民教育理念和文化改造精神深深触动着他，时常引用日本启蒙思想家福泽谕吉的"兽性主义"来激发国人革命，因为"兽性主义"潜藏着日本维新国民的创造精神。他甚至将这种拥有尼采"超人"般的创造精神运用在教育方针之中，希望以"兽性主义"注入到国民精神培养之中来，成为"吾国受教育之青年"的基本精神。

处于特殊的历史时代，赴日学人负有强烈的救亡图存的历史责任感，用西学精神启蒙国人来拯救国运，所使用的概念无不清新、缜密，激励的话语起到震耳发聩、发人深省的作用，他们充当了时代的弄潮儿。从梁启超的"少年中国"到李大钊的"青春中国"无不映现出革新自我的时代精神，呼吁国人通过人为努力争取"自由""平等"思想。梁启超在用西方清新概念创意出新时代的文化强音，呼吁国人为争取权利而奋斗，他说："欲使吾国之国权与他国之国权平等，必先使吾国中人人固有之权皆平等，必先使吾国民在我国所享之权利与他国民在彼国所享之权利相平等。"②"权利"和"义务"是一对相对的概念，人人有生来而得的权利，也有生来而尽的义务，二者相结合才能体现出新时代的国民与国家之间关系。深受时代的影响，李大钊一生频繁使用"进化"一词，将"自然进化"与"人为进化"相统一来论证社会进步。他即便在接受马克思主义之后，还是对进化思想青睐有加，如在《演化与进步》一文中指出的："演化是天然的公例，而进步却靠人去做。我们立足于演化论和进步论，便会像马克思一样创造一种经济的历史观了，我们知道这种经济的历史观，系进步的历史观，我们沿着这个历史观，便可快快乐乐地创造未来的黄金时代。"③ 李大钊早期试图借用进化史观，之后则凭借进步的"经济的历史观"来指引国人创造新时代。

李大钊在其思想前期的社会历史观上不断向西方探寻救国救民的道路，

---

① 任建树：《陈独秀著作选编》（第1卷），上海：上海人民出版社2009年版，第178—179页。
② 梁启超：《新民说》，《饮冰室合集》专集之四，第40页。
③ 李大钊：《李大钊全集》（第4卷），北京：人民出版社2006年版，第157页。

并开始反思中国的传统文化,尤其在道德领域内进行道德批判,是着重从"道德"层面上进行探讨国民进步和国家发展。他在发表的《自然的伦理观与孔子》一文中指出,道德也是一种宇宙现象,也遵循宇宙的进化发展规律,故而道德也具有进化的法则。不过,他也是注重人的主观能动作用的,指出了"道德之进化发展,亦泰半由于自然淘汰,几分由于人为淘汰"①。这无疑透露出他强调人的主观能动性的观念。他接触到马克思主义后,就把唯物史观理解为演化论与进步论或"自然进化"与"人为进化"的统一。他在《演化与进步》一文中明确地指出,通过人为的努力去"创造一种经济的历史观",并在此"经济的历史观"指引下,就能创造出进步的历史。在这里,我们可以看出,李大钊对唯物史观的理解渐趋深入,并且在他的思想里已经包含了对辩证唯物主义和历史唯物主义相结合的理解。

至于陈独秀,是以取得"先进的政治制度"为价值取向,强调西方的民主、科学是解决中国一切问题的两剂药方,只有破除旧伦理、旧道德的封建传统文化劣根性,才能建立以独立、自由、平等为特征的新伦理、新道德。他拥有着开放的进步姿态,认为世界各国政治、经济、文化相互影响,任何国家都不可能闭关自守,"万邦并立,动辄相关,无论其国若何富强,亦不能漠视外情,自为风气"。在这样的世界变化潮流中,必然会出现"笃旧者固速其危亡,善变者反因以竞进";所谓善变,就是要适应世界潮流,遵循共同原则。他对"锁国之精神""无世界之智识"进行批判,而对"国民而无世界智识,其国将何以图存于世界之中"进行质问②。在陈独秀看来,人类社会是进化发展的,锁国闭关必然导致国家落后,只有善于广泛吸纳世界性文明,才能推进民族进步和国家发展。换言之,中国只有立足于世界化的浪潮中不断革新自我,方能取得国家的进步和民族的复兴。当五四运动后,陈独秀觉察到中国社会的问题不是一成不变的,文化启蒙的道德革命应该转变为以政治革命为救国之路;无疑,马克思主义能够为中国革命提供坚实的理论指导。

---

① 李大钊:《李大钊全集》(第1卷),北京:人民出版社2006年版,第247页。
② 任建树:《陈独秀著作选编》(第1卷),上海:上海人民出版社2009年版,第161页。

在陈独秀看来，寻求中国出路的问题是一种理论导向问题，但必须先要认识到中西方落后的根源在于文化的启蒙，进而引起思想启蒙。他认为，中西方文化有着新旧之分，"其根本性质极端相反"，"绝无调和两存之余地"，对传统文化的批判是基于新旧之分而不可调和的观点，表面上有着反传统而倡导全盘西化的倾向，实质上则是源于寻求社会"突变"愿望，基于对传统文化的误解与西学的"崇拜"造成的，从而引导着他一直关注于时代性"新的"而摒弃传统"旧的"，这种思想倾向为接受马克思主义提供了思想基础。他一方面借鉴和吸收了河上肇以及幸德秋水对马克思主义唯物史观的理解，另一方面又比较注重从马克思主义理论的文本中理解唯物史观的基本理论，较少自由发挥的成分，因而在特定的历史条件下对"唯物史观"的基本观点之阐述较之李大钊可能更为准确、更严谨些。例如，他将唯物史观的基本论点概括为两个方面：其一，说明人类文化之变动是"社会生产关系之总和为构成社会经济的基础，法律、政治都建筑在这基础上面。一切制度、文物、时代精神的构造都是跟着经济的构造变化而变化的，经济的构造是跟着生活资料之生产方法变化而变化的"；其二，说明社会制度之变动是"一种生产力所造出的社会制度，当初虽然助长了生产力发展，后来生产力发展到这社会制度（即法律、经济等制度）不能够容他更发展的程度，那时助长生产力的社会制度反变成生产力之障碍物，这障碍物内部所包含的生产力仍是发展不已，两下冲突起来，结果，旧社会制度崩坏，新的继起，这就是社会革命；新起的社会制度将来到了不能与生产力适合的时候，他的崩坏亦复如是。但是一个社会制度，非到了生产力在其制度内更无发展之余地时，决不会崩坏。新制度之物质的生存条件，在旧制度的母胎内未完全成立以前，决不能产生，至少也须在成立过程中才能产生"①。

进化论是中国近代社会变革的有力理论。社会进化论在五四前起到了引向中国社会发展秩序的引擎作用，成为中国近代思想的主潮，其实是与当时的中国政治社会状况相联系。这适应了中国近代社会落后发展的需要，汲取了西方思想中的民族主义、自由主义和社会主义，并在变革基础上激发知识

---

① 任建树：《陈独秀著作选编》（第2卷），上海：上海人民出版社2009年版，第445页。

分子的民族意识和革命精神，力图树立民主、自由、平等理念，达到了近代思想的主流。随后，在十月革命的影响下，马克思主义被越来越多的中国人所认同和接受，与之相关的"阶级斗争""无产阶级专政"等思想深入人心，一种更加激进主义的思想产生。这样，中国近代需求进步思想，以解放思想的形式达到"天演哲学"的高度；无疑，马克思主义为五四后的中国知识分子指明了奋斗的方向与目标，提供了解放无产阶级和广大农民的理论依据，并为中国近现代思想史的转型带来意义深远的影响。

这样，关于中国近代探索国家出路，经历了向西方寻求助力的器物阶段到制度阶段再到思想文化阶段这一变化。近代中国的探索之路无不奉行所谓的"拿来主义"，也是经过了由"表层移植"到"深层移植"进程，其中的进化哲学是包括马克思主义和社会主义学说的思想体系，既源于西方文明，又融合了日本的文明程度，被赴日学人结合中国国情以融合创新的形式向前推进，创造出具有中国特色的新概念、新思想。20世纪初至五四运动是运用新的思想武器和创造新概念、新术语的时代，在很大程度上推进了这一时期的国民思想启蒙和国家进步，尤其是注重国民的个性解放到整个社会解放的进程，是着眼于国家改革和争取人民解放的探索。特别一提的是，五四运动前后运用唯物史观来解析社会进步和国家发展，是一种基于进化论视角的展开。这种在社会"求变"的时代背景下，唯物史观与社会进化思想相提并论，催促了唯物史观的更为先进思想的绽放。五四之后，唯物史观所主张的社会变革的彻底性被越来越多的中国人所关注，推动了马克思主义中国化的进程。

## 第二节　国民改造与国家建构：
## 社会转型的问题意识

启蒙国民是清末民初政治秩序解构下的中国知识分子寻求启蒙国民救国的历史使命，梁启超在《文野三界之别》中指出的"善治国者，必先进化其民"最具代表性。赴日学人的使命感便落实到国民性的塑造方面，寻求通过关于人的革命问题来推进社会问题的解决，着重将问题聚焦于以消除"奴性""积弱"而争取自由平等为目的之上，成为思想启蒙运动的逻辑起点。他们此时期借以日译西学了解西方的启蒙精神，并很大程度上借鉴了日本的国民启蒙运动，认识到思想启蒙对国家崛起的重要性。明治政府现代化进程正是思想启蒙具体实践的见证，从而带来了国家的崛起；其基本内容是以思想启蒙的文明开化政策为导向，旨在于启迪国民，培养起与国家崛起相一致的时代精神——争取国民应有的自由平等精神以及权利与义务意识，努力走出民族国家现代化的道路，这印证了日本启蒙思想家们吸收西洋文化促进文明开化的时代使命。对于赴日学人来说，日本通过效法西方国家而崛起的事实，是与引进西学和培养国民精神分不开的，赴日学人随后在中国国内也掀起了轰轰烈烈的思想解放浪潮。虽然这场思想解放运动是以反对政府腐败为导线的，但其实质是已贯穿着竞争进取意识和独立自治之精神品格的人的解放运动；这一人的解放历程走过了从破除奴性向树立独立自尊等新时代国民精神的转化，成为思想启蒙的核心内容。

考察 20 世纪以来中国近代思想问题意识，不难发现无不是围绕着人的革命和国家出路问题展开，当以西学中的进化论思想为主线，涉及"自由""民主""平等"个性发展问题、社会进步问题以及价值问题等，核心内涵是人的进步问题，实质上为人的（思想）转型问题，成为中国近代哲学转型的重要组成部分，也构成中国早期马克思主义学说的一部分。五四前的学者，像梁启超、孙中山、李大钊、陈独秀等先驱人物探索中国出路的过程中，大都是以西方社会政治学说作为改造国民性问题的思想武器，在批判传统文化和倡导民族解放中提出了许多深刻的创新观念，运思出从梁启超的"新民说"到新文化运动时期的人格独立、人性解放，虽然这些"呐喊"无一例外地接连以失败告终，曾经被现实打得粉碎，但这在寻找国民性改造的进程中趟出一条通向正确的路，即遵循社会发展客观规律的革命道路。十月革命的一声炮响是近代中国找到正确方向的开始，同时中国有了科学的国民性改造的思想武器，从此近代中国国民性改造的历史使命有了着落。

准确地说，中国人接纳马克思主义不是起于"十月革命一声炮响"，而是历经了各种问题的尝试或失败后逐渐被接纳的，其中对新思想的不断引进和鉴别的先进知识分子以及他们思想的转变,特别是接受和鉴别新事物的主体的国民,这些人是功不可没的。在历史转折的特殊时期,赴日学人的进步眼光和理性判断至关重要,他们及时汲取日译西学中的进步思想,不仅自己激起强烈的爱国情怀,而且极力促进国民启蒙和国家进步。赴日学人早在居日期间接触西学时,在深切体会到社会有机体结构重要性之上,注重国民的道德进步和社会发展,便孕成出进化思想,主旨就是形成以关注社会进步问题而形成的文明史观、民族史观、民史观。这些理论模式是以思想道德素质的养成为核心,内涵着民主、自由、人权、公德等西学精神。梁启超的"民史观"算是很早吸收西学且加以改造思想的产物,与西方的个人主义不同的是,他更强调个人自由之上的社会有机体国民精神养成。章太炎着眼于国民道德的培养,强调社会道德的与时俱进性和革命性,不仅批判封建伦理的旧道德,而且主张建成与时代相匹配的新道德。孙中山把人类道德增长程度与社会发展相一致,拥有互助的和道德文明的社会发展观,强调道德的本质在于互助。

争取独立自主权利是近代中国从子民转向国民、平民、公民的标志,也意味着人权问题至关重要。卢梭等西方思想家的自由平等思想是激发近代中国人的民族精神源泉,是争取自由民主进程的思想动力之一。关于国民性改造方案,梁启超最具代表性,强调"吾民"的维新,通过培养新的国民意识,争取人的权利,才能实现民族国家独立。他认为,人权有两层含义:第一层是"人权出于天赋",所以人人平等;第二层是"由人民之合意结契约而成立"的国家才是有自主之权的国家,而国家政府"不可不服从民意",保障人民拥有"无限之权",这是"民族主义之原动力"[①]。梁启超指出国家振兴在于国民性的重新塑造,是为"凡一国强弱兴废,全系乎国民之智识与能力,而智识、能力之进退增减,全系乎国民之思想,思想之高下通塞,全系乎国民之所习惯与所信仰。然则国家之独立,不可不谋增进国民之识力;欲增进国民之识力,不可不谋转变国民之思想;……为之除其旧而布其

---

① 《国家思想变迁异同论》,《饮冰室合集》文集之六,第 19 页。

新"①。就是说，国民性改造便是"新民"，"新民"是建立在对"旧民"的反省和批判上的。

中国近代哲学转型表现在古今对比之上的秩序建构，内含着国民性改造方案和建国方案。在传统上，国家是家天下的国家，人有等级观念，个人凌驾于国家之上；到了清末民初，先进知识分子开始主张国家为每个公民的国家，在国家里人人平等，创设出体现人民的共同意志的宪法至上的国家，这意味着中国文化渐趋与世界文化真正开始接轨，并为较快、健康地迈向现代化打下了坚实的基础和充分的准备。值得注意的是，在早期赴日学人的思想里深深留下了个体意志自由与集体自由相统一的观念。这种观念明显带有个体自由的实现是以整个社会的改造为前提条件的痕迹，而个体自由是一种不以"依附"为目的的精神自由，且以社会中的自我价值实现为自由原则的，而落实到人与人之间的社会关系时，则表现出个体服从集体的现象。针对这种现象，有学者就指出，梁启超思想中表达了"社会的自我几乎掩盖了个体的自我"② 这一观点。如果说以梁启超为代表的早期赴日学人更多有"社会本位主义"思想的话，那么到五四时期则渐渐形成了以"个人本位主义"为主导的思想新潮流。

关于对国民改造和国家发展的深度思考，赴日学人在历史舞台上充当了接受西学后思想有了"巨变"的一群人。中国赴日学人树立起为民众幸福而奋斗的革命精神，是以现实的国民素质提升目标为标准的。梁启超提倡新民与"道德革命"、孙中山主张的道德革命、李大钊呼吁的生命能动性（由生命的意义引出青春哲学）以及陈独秀关于摒弃封建旧礼教而追求民主、自由、平等道德革命，无不旨在以改过自新、改造社会为内容的国民精神养成。梁启超最先以摆脱奴性的新民为追求目标，旨在养成起国民精神力，培养国人具有自由独立的品格和责任意识的公民，这是一种近代意义上的国民精神养成之起端。他在《十种德性相反相成义》认为，"吾中国所以不成为独立国者，以国民乏独立之德而已"。他特别强调国民改造中独立品格养成的重

---

① 《论支那宗教改革》，《饮冰室合集》文集之六，第55页。
② ［美］张灏：《梁启超与中国思想的过渡（1890—1907）》，崔志海、葛夫平译，南京：江苏人民出版社2014年版，第155页。

要性，大声疾呼"吾以为不患中国不为独立之国，特患中国今无独立之民"。拥有"民主"的精神就是在政治、社会、经济、教育获得均等的机会，发展自己的个性，享有应有的权利。他强调只有个体独立才有国家的独立，是"故今日欲言独立，当先言个人之独立，乃能言全体之独立"①。这是符合当时形势所然的，是以遵循进化之理，培养国民精神来改变现实。

从文化心理层面看，无论是梁启超、孙中山，还是李大钊、陈独秀，他们都以人的"道德革命"为旨趣来进行国民精神改造，既合于中国人的文化心理，又合于中国人的思维方式。道德革命的内涵表现在，通过人的解放，发挥人的主观能动性，就可以培养起新时代的国民精神，从而改变人类历史的发展。五四时期思想启蒙的一个重要主题就是凸显人性，即获得人的自由和实现人的价值，其内容是拥有独立个性、人权自由和反对奴性依附。李大钊指出了人权解放、保障人权的重要性。他极为重视国民精神的培养，注重发挥人的自由权利，认为文明的标志就在于人是环境的主宰而不是环境的奴隶，就此而言，则必须高度重视意志的自愿、自觉、自主性，克服只知屈服于环境的宿命论调。李大钊认为，国民性改造、思想解放运动，能够使人们"个性都得自由，都是平等"。他不仅批判了旧礼教对女性的压迫，而且深刻阐述了妇女解放问题。他主张"打破夫权（家长）专制"，"打破男子专制"，推翻"顺夫主义、贱女主义"，实现人人平等自由。李大钊提出尊重"自我之权威""独立自主之人格""尊重人之价值"，以及"伸其个性，复其自由"。其中，"人格独立""个人本位"是对人的本质的揭示，在国民性改造方面具有重要的进步意义。同样地，陈独秀极力反对完全"听命他人"而缺乏"自身意志"的人，即"奴隶道德"的人，而号召人们"以恢复独立自主之人格"为己任，倡导人们"各有自主之权"。他着力提倡的新的伦理道德就是培养人们成为有着西方意义的人权平等、人格独立、思想自由等精神的国民人格。他以西方个人本位为标准，指出"举一切伦理，道德，政治，法律，社会之所向往，国家之祈求，拥护个人之自由权利与幸福而已。思想言论之自由，谋个性之发展也。法律之前，个人平等也。个人之自由权

---

① 《十种德性相反相成义》，《饮冰室合集》文集之五，第44页。

利,载诸宪章,国法不得而剥夺之,所谓人权是也。人权者,成人以往,自非奴隶,悉享此权,无有差别。此纯粹个人主义之大精神也"①。他尤其强调,人格独立、人权平等、思想自由,"此三者为欧美文明进化之根本原因",只有拥有如此国民精神,才能走向世界、走向未来。在此,个人本位的主体性诉求——人格独立、思想自由、人权平等,构成了"民主和科学的价值基础",也"揭示了新文化运动之伦理革命的基本方向"与"核心主题"②。因此说,此时期国民性改造的个性解放思想,在中国近代史上是前所未有的。它不仅体现了从传统的群体本位向个人本位的转型,抛弃了传统式群体消泯个体的做法,而且确立了二者正确的对待关系,是在群体中实现个体价值和由个体彰显群体利益。

在李大钊看来,当环境不能被人所改变时,人应该主动改变自己去适应环境,也就是要发挥自己的自由意志,积极进取、努力来适应环境,进而想法改变环境。他指出:"惟以今日吾之国民,几于人人尽丧其为我,而甘为圣哲之虚声劫夺以去,长此不反,国人犹举相讳忌噤口而无敢昌说,则我之既无,国于何有?"③ 李大钊大声疾呼要"为我""有我",树立自我意识、自我权威,也就是要求国人首要地争取权利。可以说,李大钊重视倡导争取国民权利,尊重人的个性自由和自我价值实现,以达到人的个性解放和全面发展乃至社会公平。陈独秀也主要吸收了西方的天赋人权说及其伦理观,并将其作为改造国民人格和启蒙运动的主旨。在他看来,人性解放是现代国民生活的基本要求,人性的解放不能缺少科学因素、民主精神的注入,人性的依附性是社会落后的标志。无疑,这些论述有着蕴涵现代化的价值论时代特征。如此看来,陈独秀在五四时期将自由人格与人的解放进一步联系起来,并以是否达到自由为人格解放的标准,认为"解放云者,脱离夫奴隶之羁绊,以完其自主自由之人格之谓也"④。而且,他所探讨的人格不是什么抽象意义的人性问题,而是架构在国家社会之上人的全面解放。可以断定,这是

---

① 任建树:《陈独秀著作选编》(第1卷),上海:上海人民出版社2009年版,第194页。
② 高力克:《五四的思想世界》,北京:学林出版社2003年版,第7、23页。
③ 李大钊:《李大钊全集》(第1卷),北京:人民出版社2006年版,第151—152页。
④ 任建树:《陈独秀著作选编》(第1卷),上海:上海人民出版社2009年版,第159页。

以进步观念和进化意识"重估一切价值"的姿态，是从注重人的价值实现到张扬人的社会主观能动性的，从而实现了国民人格理想化的近代转换，也带来了由国民个性解放运动到社会解放运动的革命进程。由此看来，赴日学人借用进化论思想进行国民精神改造，是与维新变法前的进化观点大相径庭了。

进化论思想同样鞭策国人以拥有现代意义上的民主意识为要，引起近代化的政治哲学变革。民主意识是一种拥有理性认识社会问题的集体抉择，不仅是推进民主化进程的必然要求，而且是国家走向富强的精神指向，是民主化进程的软实力，成为中国近代哲学转型的主要标志之一。

其一，对"民主"理解的不同路向。

黄克武教授在《清末民初的民主思想意义与渊源》一文中追溯了民主思想在近代中国传播的过程，并以两条重要脉络来统摄全文分析中国近代民主思想的理路：一条是以卢梭—黑格尔—马克思为线索的转化型民主思想，相信彻底的乌托邦存在；另一条线路是以约翰·密尔所代表的调适民主思想，承认现存的社会等级，希冀在此基础上建立民主政治，保护大多数人的权利。但作为启蒙意义的，还有更为重要的第三条理路，那就是与功利主义、社会达尔文主义有着必然关联的相信"实学"和现实斗争的精神，任何学说和思想都可充当革命形式的理论武器。比如，梁启超的调适民主思想无不蕴涵着现实的"拿来主义"精神，表现在把清末变法思想和国家富强等都要落实在民主上，一切能够有利于中国的民主解放进程的学说皆可被借用。马君武在翻译密尔的《自由原理》后，又翻译了卢梭的《民约论》，在他的思想中既有密尔的理性追求，又有卢梭般火热的激情，乃是他为现实社会需要而传译的。李大钊、陈独秀在他们的思想转型过程中都包含着许多理论精神变作实际需要的分析形式和与时俱进的精神，拥有着把"主义"与实际（理想与现实）相结合的社会运动精神。实质上，前两条理路都可被融汇到第三条理路之中，而更能表征着赴日学人的理性精神。

反观历史，"天赋人权"思想的自然权利论偏于乌托邦式的理想主义，以推崇自由进步和自由意志为主旨，以人人平等的事实和人的自主之权为基本内涵，而在一定程度上成为寻求民主国家出路的理论武器。乌托邦主义，尤其是法国大革命曾给中国社会带来巨大的冲击，内含着乌托邦和自由秩序、历史进步观念相联系。社会达尔文主义则倾向于现实主义，偏于社会决定论，而有着比较现实主义的理论特质，相信"物竞天择、适者生存"法则，而并不相信自然平等，是一种"你争我夺"的生存法则。"天赋人权"与"物竞天择"这组"社会游戏规则"在普遍道德层面中也成为一对矛盾体：一种是道德理想主义者，追求一种"善"的道德世界；一种是现实主义者，追求优胜劣汰的强权姿态来演绎历史。赴日学人既要面对现实的残酷，遵循"物竞天择、适者生存"法则，提升自我能力，又要追求人人在政治上的民主和平等，以及在道德上的契约精神；所以，这种时代性的理性抉择一直是当时知识分子们的纠结所在。

对于"民主"的诠释，成为赴日学人极具明显的历史特征。他们在进化论的影响下，几乎不去用传统的"天道"论证平等问题，已把"平等"看成是理所当然的（"天赋人权"）或现实争取的（"物竞天择"）的民主意识。就是说，天道思想已不在赴日学人观念中起任何意义了。虽然福泽谕吉曾提出"天道自然通义"下的"天不造人上之人亦不造人下之人"平等观念，还保留着儒学的"天道"，但这种依据天道论说"平等"思想，已不是赴日学人的理论依据。赴日学人之所以会出现这种情况，是因为效法日本的民主主义而争取平等自由是当下的事，即更具有现实意义的事；另外，这也从某种意义上是冲破传统观念"束缚"的标志。他们站在时代的最前沿，是把理论上的思想启蒙与现实斗争相结合，旨在引起一场社会革命、政治革命，争取政治、经济之民主"自由"。这是把天赋人权论与社会现实斗争直接争取人权相结合的举措。不过，中国思想家在争取国家独立和追求民主进程时，缺少日本思想家的关于个人的自由竞争、自治集团的自由竞争乃至国家的自由竞争的强烈意识①，而更把眼光集中于争取国权斗争上，从他们的视角来论证中国现实意义，国权是凌驾于民权之上的。

其二，人权自由平等思想成为民主化进程的核心。

为了维护国家的利益，近代仁人志士举起了救国图存的旗帜。争取权利

---

① 如1885年，福泽谕吉发表"脱亚论"，鼓吹日本"谢绝亚细亚东方的恶友"，选择"脱亚入欧"的道路。

是救国图存的重要指标之一，也是获得自身权益的一种美德，更是近代道德观转型的标志之一。在民主化进程中，中日启蒙思想家都极为重视思想言论的自由，主张男女平等的自由。这不仅在近代西方启蒙思想中，而且在东方的日本和中国的启蒙思想中，都烙下融进"民主"和推动"民主化"进程的痕迹。赴日学人接受了天赋人权和国际平等的思想，并努力探索出中国式的人权宣言，进而推进中国人权的发展。极为富有特色的是，他们走过从人格与群的关系到人格与国家的关系历程，也是争取自由平等思想的艰难进程。这一进程表现出从近代民性转向近代人性的探究，是从社会进步中解读人性转向在宇宙大视域中阐释人性，即从社会场景中考察国人奴性转到"宇宙论、认识论和人生论"相统一视角把握人生，这成为中国近代民主化进程的标志。

在中国民主化进程中，有许多知识分子已经注意到在竞争意识推动下人的主体觉醒就是自我觉醒，这是一种对"力"（"意志"为主）的诉求精神。在流亡日本的时候，梁启超就试图把个体自尊的理想人格迁移到全体国民身上，进而从国民自尊推行到国家自尊。他说："夫国家本非有体也，借人民以成体，故欲求国之自尊，必先自国民人人自尊始。"① 这样，通过自尊将个体提升为具有普遍意义的国民，是梁启超在中国近代民主化进程中的重要贡献。他还认为，自尊必以自立为前提，是"故凡有自尊思想，不欲玷辱彼苍所以予我之人格者，必以先求自立为第一要义"②。在梁启超等同时代的人看来，自尊自立是争取人权自由平等的根本前提。章太炎也无法回避当时中国面临的被凌辱的事实，针对当时中国民众的奴隶心性和崇古媚权的社会风气，也从西学精神中吸取人性解放、自尊无畏的思想，试图培养起西方人学思想的自由意志与独立人格的精神，树立起民族自尊心。这同样对于他们而言，只有自尊，才能获得他人的尊重，也才能争取自由平等之事。

到新文化运动时期，自由、平等则成为民主在价值层面的根本要义。李大钊早期提出的"民彝"是融入了自由思想，并与国家进步、民主化进程相

---

① 《新民说》，《饮冰室合集》专集之四，第70页。
② 《新民说》，《饮冰室合集》专集之四，第73页。

关联进行考察，标志着由个性解放与国家前途相互构成的致思路向。他接受了马克思主义学说后，更是高举人权旗帜，注重人权思想，宣传人权理论，注重自由权、生存权等问题，主张人人平等、男女平等。这是一种"人权平等之精神"的呼吁，强调"法律上之平等人权，伦理上之独立人格，学术上破除迷信，思想自由：此三者为欧美文明进化之根本原因"①，中国的崛起离不开之。陈独秀还在《实行民治的基础》一文中对"民主"的解释又从法律面前人人平等，以及保障个人的自由权利，转移到人民实际的联合斗争与自治精神，为争取法律保障权下的人民自治精神而奔走呐喊。于是说，赴日学人把追求自由平等与国家崛起相关联，体现了自由有着与一定的秩序保持高度一致的自觉性，却大大提升了个人权利，融入了民主进程的正当性之中。

其三，凸显出国权高于民权的精神。

中国赴日学人在经由日本渠道译介西方启蒙民权思想的过程中，几经文化输入的"调适"，而不可避免地带有不同思想流派的痕迹，又因中西日文化的差异，西方原味的启蒙思想发生变化是可以被理解的。如同对于"权利"的理解，西方启蒙思想家站在政治、法律的合理性之上突出民权高于国权，但对于深受压迫的日本和中国都不同程度地强调国权高于民权，尽管二者的境遇不同，也仅是探讨的侧重点略有不同罢了。在西方，无论是卢梭还是孟德斯鸠，都是以"人民至上"为原则，如曾指出"人民享有自由体现人民是主权者，是国家的上帝"②。中国的仁人志士不同程度地意识到传译的"剥离"缺陷，但由于自己所居立场的不同，采用了合于自己的"调适"方案。改良派代表的梁启超就是以"新民说"启蒙国民，倡导民权至上性，提出了"民权兴，则国权立；民权灭，则国权亡"③的观点，无疑是受到法国启蒙民权思想的影响。与之相类似的是，革命派的孙中山也曾提出由伸张民权而"高举革命"的主张，但"兴民权"一度被"争国权"压倒，过分凸显出国权高于民权的一面。章太炎也以"无害"于他人的行为准则对社会承担应有的责任和义务，强调"责任者，后起之事。必有所负于彼者，而后有

---

① 葛力：《十八世纪法国哲学》，北京：社会科学文献出版社1991年版，第276页。
② 葛力：《十八世纪法国哲学》，北京：社会科学文献出版社1991年版，第166页。
③ 《爱国论》，《饮冰室合集》文集之三，第73页。

所偿于彼者。若其可以无负，即不必有偿矣。然则人伦相处，以无害为其界限"①；这是一种从社会发展角度出发的责任意识，是对他人的责任，是有利于社会的责任，而不是自私自利的个人主义行为。

李大钊不仅指出了人权解放、保障人权的重要性，而且初步提出了知识分子必须和劳动人民相结合的思想，在推动个性解放完善基础上实现国家复兴。他从马克思主义的观点出发，倡导男女工人共同团结起来，进行阶级斗争，以建立新的国家形式去实现人类的解放。李大钊早期便支持和接受《甲寅》月刊的《国权论》以"政治根本之精神"的办报方针，之后更是倡导组建一个良好政府、恢复国权的活动。就是说，只有首先建立新的政权国家，才能消灭阶级差别等观念。同样地，陈独秀也以西方的个人独立、自由和平等为获得人权的砝码，进而能够实现民族独立和国家富强。这种将追求个人解放与民族独立、国家利益相统一的观念，是不同于西方自由民主主义政治伦理观以个人主义为核心价值理念的。从某种意义上说，赴日学人在救国图存历史境遇下不同程度地凸显国权高于民权精神。

无疑，中国近代民主化进程是以国内理性的正当与国际理性的正义相结合的过程，内蕴着国人面临着国际社会的弱肉强食情势时，对自由平等思想的文明化追求，是一种以落后对待先进，以弱势群体和弱势国家争取民权、伸张国权的表现特征，表征了中国学者通过开民智、鼓民德，呼吁国人争取国权的责任意识。这是以人民利益为宗旨的不论何种国体的价值判断的相对性判断标准（福泽谕吉、梁启超即是）与以追求确定不移的国家崛起的政治目标的绝对性（孙中山、李大钊即是）相统一的历史写照。与日本学者主张扩张国权不同（为军国主义政府引导日本民众埋下了心理上的伏笔），中国赴日学人主张国权旨在于国家独立、民族复兴。

其四，国家与个人关系的演变与构想。

值得一提的是，中国近代启蒙思想正经历着从道义论向功利主义的价值观转变过程，内涵着国家与个人的正当原则的认知。作为早期赴日队伍里的一员，梁启超继严复之后就大量地将西方功利主义伦理思想传到中国。其中，

---

① 章太炎：《四惑论》，《章太炎全集》（四），上海：上海人民出版社1985年版，第444页。

以边沁为代表的西方功利主义理论在所有实践行动中都是主张人性本来就是趋乐避苦的,强调以个人利益为根本出发点;因而,个人利益是先于社会利益的,因为社会利益是由一个个的个人利益所组成的;而且,社会利益要以个人利益为体现方式,是为个人利益服务的,并在此基础上,人的行为及道德产生的根源也在于个人利益,如追逐乐利、独立自助、抽象的善恶要以具体的苦乐为划分标准。梁启超在介绍西方功利主义思想基础之上,通过批判和吸收的形式,形成了自己的功利观。其具体表现在公益与私益的相得益彰、不偏不倚,是把利己与利群相兼顾,功利与幸福相联系,故而说,在梁启超身上体现不出明显的集体主义成分或个人主义成分;而且,能否以维护人民的利益为基点是评价统治者的根本依据,人类的快乐不仅仅有着享受普通生活愉悦,更要有精神的"高尚之快乐",等等。这与福泽谕吉在群己关系上有着相类似的论证,但带有更多中国特色。

正像福泽、梁启超等人一样,陈独秀也倡导个性解放、个人权利在社会中的重要性,但也不是自私自利的利己主义的表现形式。他汲取了西方功利主义的幸福感,认为"功利主义之所谓权利主张,所谓最大多数之最大幸福等,乃民权自由立宪共和中重要条件"①。他把独立人格的倡导与个人财产的独立相联系,认为个人的独立人格是以财产独立为基础的;就是说,个人利益是道德的基础,是人格独立的物质保证。而且,个人价值的实现能带来最大多数人的最大幸福,这是最理想的道德。他把功利主义与民权自由相结合,强调"人世间去功利主义无善行"②,主张树立功利主义的幸福观和教育观。因而说,他在强调个人主义之时,却有着强烈的群体观念。他指出,人是群居的动物,文明愈进,"则群之相需也愈深",因而自利主义者不应局限于个人的自利,而应"扩而充之至于国家自利,社会自利,人类自利"③。进而,他特别强调不能为了个人的私利去损害国家和社会的利益。于是,陈独秀在论述国家与个人的关系时,或言在利己和利群的关系问题上,是侧重于利群、利国的,体现所谓的"国破家亡,四字相连"的精神。这表明,陈独秀肯定

---

① 任建树:《陈独秀著作选编》(第2卷),上海:上海人民出版社2009年版,第41页。
② 任建树:《陈独秀著作选编》(第1卷),上海:上海人民出版社2009年版,第431页。
③ 任建树:《陈独秀著作选编》(第1卷),上海:上海人民出版社2009年版,第337页。

个人自利之时，要兼顾国家社会和人民的利益，从而决定了其不是极端的个人主义。针对之，史华慈曾指出："他所信奉的那种个人主义不是浪漫主义者无政府主义的个人主义，而是受经济驱动的曼彻斯特自由主义的个人主义。从某种意义上说，它是一种受社会驱动的个人主义，因为按照陈独秀的看法，个人的解放将使中国社会得到新生。人们不能不相信个人必须维护社会秩序才能够证明自身合理性的古老的儒家情感依然无声无息地潜藏在这一切的背后。"① 因而，个人主义功利观在陈独秀思想里不是与利他主义、集体主义观念相冲突的。马克思主义学说关于国家与个人的关系是以集体主义为核心的价值观，批判一种以自我为中心的个人主义价值观，却又以实现人的个性解放和充分发展为本质，这些与赴日学人的功利观有着诸多相似之处，承载着中国近代哲学转型在处理个人与国家关系的历史特征。

总的来说，新文化运动的国民启蒙深受日译西学的影响是明显的，其中日本思想界的言论间接推动了某些思维方式的变革运动。素有日本"启蒙思想之父"的福泽谕吉在《文明论概略》的"以西洋文明为目标"一章中曾明确提出："汲取欧洲文明，必须先其难者而后其易者，首先变革人心，然后改革政令，最后达到有形的物质。"② 近代赴日学人通过引介日译西学，以马克思主义、社会主义思想等新思想来变革人心，进而变革思想文化，助推了中国哲学的近代转型。林毓生认为，这是"借思想文化以解决问题的途径"，其信念是"文化改革为其他一切必要改革的基础"，实质上，"实现文化改革——符号、价值和信仰体系的改革——的最好途径是改变人的思想，改变人对宇宙和人生现实所持的整个观点，以及改变对宇宙和人生现实的关系所持的全部概念，即改变人的世界观"③。确然，在救亡图存的历史使命感召下，赴日学人正是"借思想文化以解决问题的途径"，将思想启蒙与实际行动（救亡）相结合，以迎合社会之需来变革人心，而开拓出新思想和新境界的路向。不无道理地说，五四新文化运动是与之前"改变人的世界观"有着

---

① ［美］史华慈：《中国的共产主义和毛泽东的崛起》，北京：中国人民大学出版社2006年版，第3—4页。
② ［日］福泽谕吉：《文明论概略》，北京编译社译，北京：商务印书馆1992年版，第14页。
③ ［美］林毓生：《中国意识的危机》，穆善培译，贵阳：贵州人民出版社1986年版，第44页。

直接持续性的关系。更为重要的是，近代国民意识的"启蒙"在赴日学人身上深深烙下了西方近代以来的民主意识与平等观念、人道精神与博爱价值、科学知识与科学思维等新兴文化因素。正如李泽厚在《启蒙与救亡的双重变奏》一文中所言，新文化运动的自我意识并非政治，而是文化，目的是国民性改造，是旧传统的摧毁；它把社会进步的基础放在意识形态的思想改造上，放在民主启蒙工作方面①。在国民性改造过程中，赴日思想家们借鉴西学精神，创造出新的国民性改造哲学范式，如梁启超的"新民说"、孙中山的"心理改造"以及李大钊的"立宪国民"到"无产阶级新人"、陈独秀的"最后之觉悟"等。但在各种文化启蒙的交集和碰撞中，社会主义实现人的全面解放的思想启蒙顺应了中国救亡图存的时代潮流，中国人最终接受了以马克思主义为代表的价值抉择。

## 第三节　世界向度与中国特色：
## 马克思主义早期中国化的历史机遇

马克思指出："理论在一个国家实现的程度，总是决定于理论满足这个国家的需要程度。"② 一个国家的现实发展需要与之相匹配的理论，印证着理论与现实的统一。然而，当一个理论思想相对落后，而社会现实向前跨越式发展时，就可能需要"移植"外来文化为我所用，这可以解释社会变革的近代中国能够接受产生于欧美土壤的西学，尤其是脱胎于西方文化土壤的马克思主义为什么能够植根于有着异质文化特质的中国。对近代中国而言，要充分考虑到当时的政治、经济、思想文化和各民族、各阶级的地位等，这决定了拿来主义与可选择性是同时并存的。20世纪初中国近代思想家站在世界前沿，拥有着勇于变革自我的时代精神，力图诉求一种基于世界意识之上的文化转型，以"世界语"的对话交流平台方式展现出民族文化价值。正如有学者指出的，世界哲学的发展是以不同民族哲学转型为内容，同时也见证着不

---

① 李泽厚：《中国思想史论》（下），合肥：安徽文艺出版社1999年版，第828页。
② 《马克思恩格斯选集》（第1卷），北京：人民出版社1995年版，第11页。

同民族哲学的发展与转型，尤其"自19世纪以来，西方哲学伴随着以西方近现代文化为模式的全球性现代化运动向前近代的非西方民族传播，与这些民族原有的哲学发生冲突与融合，促使它们由古代形态转向近代形态再转向现代形态，从而促成了不同民族的哲学走向世界哲学。正是在这一过程中，西方哲学由于这种示范和推动作用，被赋予了一种世界性，使得前近代的非西方民族在进入全球性现代化运动后，必须引入、学习、吸纳西方哲学的思想内容"①。本文正是在这"世界向度"参照系下来探究中国哲学的近代转型。通过汲取西学新知，近代赴日学人在重新认识、检讨、批判古代哲学基础上开创了"西学精神中国化"和"马克思主义中国化"的近代哲学逻辑环节和逻辑进程，从而使得中国哲学形成了具有自身特色思想理论，同时也在对话中走向了世界。

关于马克思主义传播中国一事，德国汉学家李博教授在其《汉语中的马克思主义术语的起源与作用》一书中广泛收集日译西文词汇，而特别指出了五四时期"中国人对欧洲各社会主义流派的了解，包括对马克思、恩格斯创立的社会主义学说的了解几乎全部来自日语，或是欧洲语言原著的日文翻译，或是日语的社会主义著作"②。这些包括马克思主义在内的日译术语在中国的传播是广泛的，随着"主义"的抉择，国人有意识地选择马克思主义传播，使其在中国文化土壤中开始生根，且推进了马克思主义中国化过程，而逐渐生发出马克思主义哲学中国化的基本词汇。可以说，中国早期对马克思主义的传播完全依赖于日译西学的术语、范畴，并在此基础上进行运用和发展，衍生出马克思主义中国化早期进程。然而，追根溯源，这些日译词之所以能牢牢在中国文化氛围中扎根，成为当今中国文化的组成部分和思维范式的合成要素，是有着特定和深刻的文化根基和国情背景的。

马克思主义的早期传播承载着一种历史必然性，应当被视为马克思主义中国化的逻辑起点。马克思主义传入中国的过程，是伴随着日译西学传入中

---

① 李维武：《中国哲学的现代转型与传统更新——关于19—20世纪中国哲学史观的思考》，载《哲学研究》，2012年第4期，第56页。

② ［德］李博：《汉语中的马克思主义术语的起源与作用》，赵倩等译，北京：中国社会科学出版社2003年版，第79页。

国的过程，共同潜藏着译介者迎拒的心理取舍、译介的思想变化，甚至于运用某些理论观点时所带有归化或异化的心理活动，终归于"诠释"为被现实所接受的理解方式和表达形式。起初赴日学人尚有些"盲目"引入和使用某些西学新知的话，但随着时代的发展，他们越发地以"理性"为武器，更加理智地接受新事物和分析新问题。我们当今所使用的"社会主义"概念，虽然与清末民初的赴日学人传播的社会主义思想有一定的理解差异性，但其内在的关联性是不可忽视的，因为这些概念和思想演变轨迹是反映了社会主义在近代中国的发展历程。可以说，没有这时期的马克思主义早期传播，就无法完整呈现出马克思主义早期中国化。在马克思主义早期中国化进程中，不能仅仅理解为接受社会主义思想的人士来推进的，像资产阶级革命派和改良派等人士却充当了"主角"。他们中的很多人经过多年的传播西学，渐渐发现西方国家发展的弊端，不同程度地对资本主义社会形成贫富差距的不平等现象加以谴责和批判，认为资本主义社会的阶级矛盾激化会越演越烈，基本认同社会主义是全人类社会将来发展的必然趋势。在梁启超看来，社会主义是资本主义由于社会分配不均以及自由竞争带来的结果，指出"劳工问题"将是"往后全世界第一大问题"；社会主义最大功用就是均衡贫富，当时的中国虽然不能照搬西方的社会主义革命，但是完全可以学习与借鉴西方的社会主义政策。孙中山对劳工的待遇深表同情，认为资本主义的发展成果全被富人所垄断，贫民连生存都不能得到保障，表现为"人民的贫穷甚于前代不止数千倍"①，所谓的民主与自由也不过是徒有其表的空话。他强调"吾国言改革"，为避免他日"更衍"贫富不均的"重恶"，就要在革命时将政治、社会革命并举，做到"毕其功于一役"。

清末民初，一些包括马克思主义的社会主义学说相继被赴日学人传入到中国，对先进知识分子探究国家出路拓展了知识视野，给予了认识论上的比观，也就意味着开阔了可供选择的"中国向何处去"的路向。马克思主义的艰难抉择就是在此时代背景下进行的。尤其到了五四时期，一些中国先进知识分子自从接受社会主义和马克思主义，他们的世界观有了根本的改变，对

---

① 孙中山：《孙中山选集》（第一卷），北京：中华书局1984年版，第75页。

中国社会现状和国家发展具体走向，即"中国向何处去"的问题，作出了新的认识。可以说，社会主义和马克思主义的传播，"推进了早期中国知识精英世界观的转变，为马克思主义中国化准备了主体条件。留日学生在传播马克思主义的同时，他们的世界观也发生了转变，尤其在十月革命后，随着马克思主义在世界范围内影响的扩大和在俄国革命实践上的成功，使留日学生或已学成归国的留学生中，一部分倾向于科学社会主义的先进分子逐渐转变为马克思主义者"①。虽然这个转变的过程很漫长，主要得益于十月革命的催化，但日本社会主义思潮传入中国所起到的思想启蒙作用是不可忽视的，特别是像李大钊、陈独秀等赴日学人的思想转变则表征了马克思主义中国化的早期进程。

首先，马克思主义早期中国化与日本社会主义思潮的传播与影响有着密不可分的关系。日本社会主义思潮对中国赴日学人（乃至五四时期的中国知识分子）主要有三种影响：一是有些早期赴日学人宣传和参与了"社会主义"的传播活动，在欣然接受"社会主义"思想过程中逐渐地向社会主义者靠近，并开始形成了"马克思主义观"。二是这些赴日学人传播的社会主义思想及其他们"马克思主义观"的形成，与十月革命后苏俄的社会主义思潮的传播形成巨大汇合，一前一后形成了巨大的思想影响力，成为社会上具有广泛群众基础的指导思想，对早期中国共产党的成立提供了坚定的舆论基础。三是他们在不断的探索、证明与辩论中，将马克思主义学说与中国实际相结合，不断寻求正确的道路，为中国革命的方法和未来的可能路径提供了强大的思想指导。

我们不可否认，十月革命给早期马克思主义者带来新启示，寄希望走俄国道路来拯救中国已成为一种历史使命。事实证明，重视"革命的马克思主义"性质，特别强调马克思主义的唯物史观、阶级斗争学说、无产阶级专政理论等，这些直接与社会主义革命和建设相关的理论大都来源于日译西学中的马克思主义学说。有理由说，日译西学始终是早期共产主义者们接受、理

---

① 王刚：《日本语境下"学理的马克思主义"——兼论对马克思主义中国化的影响》，载《日本研究》，2009年第1期，第68—69页。

解、选择马克思主义的现实起点;如果"没有新文化的传播,就没有包括青年毛泽东在内的一大批先进知识分子对种种新思潮、新主义的探讨和实践,中国人民接受马克思主义,建立共产党,也将是一个更为艰难和长期的过程"①。无疑,中国早期日译西学中马克思主义学说的传播有着不可磨灭的引擎作用,是不可或缺的。

其次,赴日学人是以社会主义思想契合中国传统文化精神来传译,经过由不自觉到自觉运用马克思主义学说的转变,或批判现实,或指导实践运动。在马克思主义早期传播过程中,梁启超、孙中山对社会主义理解有着相似的致思路向,共同受到中国传统文化和西方社会主义流派思想的双重影响,生成共有的中西方的文化情结。梁启超的社会主义观深受中国传统文化中的"大同"和"均平"观念的影响,认为中国自古就有社会主义思想。孙中山也持有相同的观点,认为社会主义所力图实现的平等与中国传统文化中的"大同"理想如出一辙,"古代的井田制就是一种'均产主义','累世同居'可以说是'共产主义之嚆矢',所以,社会主义国家就是'自由、平等、博爱'的大同境域,届时'民幼有教、老有所养,病有所医',人人'各尽操守,各得其所'。"② 无疑,这种传译方式奠定了马克思主义中国化的文化融合的基础、价值引领的源泉和时代精神的动力。

社会主义思想与中国传统文化的内在关联,是近代中国进程中的一件大事,体现出时代性与民族性相结合的特征。赴日学人在引进包括社会主义在内的西学过程中,单方输入的"洋为中用"形势又蕴含着文明互鉴与融合,能够将西方文明与中国传统文化相交融,催生出将西学与中学相互糅合的学术思维模式,启发一大批人的思想转型,标志着民族文化的转向,也代表着时代转型。处理好外来文明与优秀传统文化之间的价值对接关系,是站在世界高度和中国文化未来走向的角度看中国,通过借鉴与融合的形式来推进中国近代化发展,潜藏着实现现代性国家转向的社会功能转换形式,那就是马克思主义与中国实际相结合的马克思主义中国化的融合机制,是走向未来的

---

① 陈晋:《毛泽东的文化性格》,北京:中国青年出版社1991年版,第83页。
② 孙中山:《孙中山选集》(第四卷),北京:中华书局1986年版,第450页。

学理建构。无疑,这种转换形式被历史证明是正确的。

再次,从近代化的程度上看,赴日学人对马克思及其马克思主义的传播在译介方式上更富有中国化。其一是马克思主义传播是将西方语言和内容转换为适合中国人理解的话语系统和语境,从转换的过程来说就意味着逐渐中国化了,否则马克思主义便无法得以广泛的传播,很难实现马克思主义中国化。对于早期赴日的一群人,接触的马克思主义基本上是日译西学,极少的人能够看到原著,有时是无能力解读,因而他们要辗转几次,并以一种符合中国人品味的"中文"来表达,才能实施有效的传播,这个过程就体现了马克思主义的被接纳。从某种意义上说,马克思主义早期传播就是时代化的产物,潜藏着中国化的过程,中国化离不开译介和传播,反过来亦如此。如此看来,马克思主义传播的最早表现便与中国化有着不可割离的关系。

其二是为考虑接受者的接受程度,而必须使马克思主义中国化。从接受者的角度看,马克思主义的传播是要先通过学习、研究、理解的形式展开,并得到受众者的吸收、接受,才能把握马克思主义的实质。从接受程度而言,马克思主义的传播应符合中国人的思维方式和语言特点,需要语言化的加工,才能被理解。从接受者的现实需求看,马克思主义的传播还必须结合中国实际需求,解决中国现实问题,才能得以实现传播的意义。这个过程需要有两个重要转换:一是认知德国式的语言表达习惯,有时还通过英语等外语转译,还要懂得其他国家的语言习惯,这是译介的第一环节;二是更多情况下是以"日译西学"的形式转换的,还必须了解日本的语言习惯和生活习惯。实质上,这些都是从思维习惯、表达方式的转换,内涵着文本的创造性解读和思想的创新性发展。可以说,早期的译介者对马克思主义的传播和中国化做了前期性的、最基础的工作。

又次,赴日学人大都能既着眼于国内,又放眼于全世界,不少进步分子在引介社会主义思想过程中附上自己的理解和认识,并对中国如何发展社会主义得出自己的解读方式,但这些始终未能从根本上把握马克思主义精神实质,如关于"人的解放"的根本性问题。赴日学人由于缺乏对马克思主义历史语境、出场路径的完整了解,也对马克思主义传播中国在场方式的理解不同,造成他们对社会主义引导中国社会发展持有不同的接受程度,既有包含着基于社会革命和政治革命之上的共同结论,又有各自分析社会主义的思想认识、价值追求。梁启超与孙中山作为社会主义学说传播的先行者,二人都认为将来中国实现社会主义是必然之事,但又都觉得社会主义于当下中国仅仅起着过渡的手段,因为近代中国的当务之急是振兴实业来拯救中国,而不是通过阶级斗争来推翻旧政权。实际上,二人的社会主义观都不是马克思主义指导下的科学社会主义观,都是从各自的阶级立场出发,对社会主义在中国何去何从的问题分别提出了不同的见解和主张,以梁启超为首的改良派对以孙中山为首的革命派的民生社会主义观的抨击,更多的是体现在对土地国有和平均地权的主张持反对意见,是不同于马克思主义精神的。

虽然说像梁启超、孙中山等人的社会主义观都带有时代的局限,都与马克思主义指导下的科学社会主义观有所偏差,但是他们都能够主动地将社会主义与彼时中国的国情和社会现实相结合,提出与社会发展水平相匹配的时代共识,并从中国传统文化中寻找社会主义在中国发展的契合点,使得社会主义思想能够更好地为民众所接纳,这也为将来社会主义以及马克思的科学社会主义在中国的传播打下了坚实的思想基础。他们虽然反对在近代中国立即推行社会主义,甚至因为害怕人民群众的暴力革命会破坏社会稳定,但是他们持续关注社会主义学说,使得与社会主义相伴而生的权利、平等和自由的民权意识也开始在国人的头脑中生根发芽,而且他们的思想受到马克思主义思想影响而有"易变"的致思倾向。

最后,早期马克思主义者们虽然比较全面地接触了马克思主义的理论体系和主要内容,但他们比较重视的无疑是唯物史观和阶级斗争学说。李泽厚曾指出:"尽管李大钊、陈独秀等人介绍马克思主义时,都要介绍剩余价值学说,但如果细看一下,便会发现,他们介绍的重点,真正极大地打动、影响、渗透到他们的心灵和头脑中,并直接决定或支配其实际行动的,更多是马克思主义的唯物史观。其中,又特别是阶级斗争学说。"[①] 确实,李大钊在《我的马克思主义观》中比较多地具体介绍了马克思的"经济论",包括"余工余值说",即所谓的"劳工价值论""平均利润率论""资本说"

---

① 李泽厚:《马克思主义在中国》,北京:生活·读书·新知三联书店 1988 年版,第 5 页。

和"资本集中说"的"剩余价值论",并且李大钊此后多次做了关于"马克思经济学说"的讲演。之后,他批判"马克思派的社会主义者""专取这唯物史观(又称历史的唯物主义)的第一说,只信这经济的变动是必然的,是不能免的,而于他的第二说,就是阶级竞争说,了不注意,丝毫不去用这个学理作工具,为工人联合的实际运动,那经济的革命,恐怕永远不能实现,就能实现,也不知迟了多少时期"①。而且,李大钊对唯物史观和"阶级竞争说"的关系问题进一步探究,并且将唯物史观运用于史学研究中,开创了中国马克思主义史学方向。陈独秀早期对唯物史观的理论研究虽不如李大钊深入,但他不仅将其用于关于社会主义的探讨,而且以唯物史观为武器与非马克思者进行论战;对于"剩余价值"问题,他在《马克思学说》中专节介绍,并指出剩余价值是马克思经济学说的核心。从某种意义上说,无论是李大钊还是陈独秀都是偏爱用唯物史观和阶级斗争学说来论及中国社会实际问题,主张采取社会主义革命和建立社会主义制度。

同样地,李达也是由起初关注"剩余价值说",后来转向唯物史观探讨,并且以"社会革命"的形式理解社会发展问题,指出"若说资本制度的解体是资本集中的结果,则由旧社会推移到新社会的途径,完全可以离却人的精神的要素和意识的行动,马克思的唯物史观就变为机械的史观了。若是这样解释,社会党无须干社会革命,只听资本主义自然发展好了。社会主义者也无须鼓吹革命,只努力去开发实业好了,国家当然可以利用,阶级当然可以调和了。因为资本集中的结果,自然要发生革命的。所以照这样说,马克思一面运动革命,一面唱这种机械史观的宿命论,不是自相矛盾吗"②?基于此,他认为社会主义是"反对个人竞争主义,主张万人协同主义","反对资本万能主义,主张劳动万能主义","反对个人独占主义,主张社会公有主义","打破经济的束缚,恢复群众的自由"③。而且,"社会主义有两面最鲜明的旗帜,一面是救济经济上的不平均,一面是恢复人类真正平等的状

---

① 李大钊:《李大钊全集》(第3卷),北京:人民出版社2006年版,第6—7页。
② 李达:《李达文集》(第1卷),北京:人民出版社1980年版,第35页。
③ 李达:《李达文集》(第1卷),北京:人民出版社1980年版,第1—2页。

态"①。李达着重指出了社会主义的基本目的就是通过阶级斗争推翻资本主义，建立社会主义国家。

总的来说，马克思主义早期中国化的进程演绎着中西方文明互鉴之上的理论升华过程，且内含着古今文化新陈代谢的过程。这一过程更多见证了包括马克思主义在内的社会主义早期译介与传播是在一种崭新的语境下进行，进而通过再阐释的过程完成了马克思主义中国化的"历史使命"。此种使命的重担落在了赴日学人身上，其中的维新派、中国同盟会、早期无政府主义者等代表人物有梁启超、朱执信、马君武、孙中山、刘师培等人，以及后来成为中国共产党人的李大钊、陈独秀等人，都曾从各自不同的政治立场和思想主张出发，对马克思主义学说、社会主义思想进行"再读"，开辟了中西交融的文明借鉴范式。这种跨文化传播中的古今中外的思想融合，表现在译介方式上主要通过节译、摘译、编译方式进行，但这会造成译介内容的零散、片段和不系统性，尤其是译介主体的社会地位、文化水平、价值取向、政治立场等决定了内容的主观性、倾向性，还有为了迎合接受者的母语范式，文本解读有着理论再创造的过程。与之同时，读者对译介内容的理解和接受实际上也是一种阐释活动，包含着语境转换、理解多元的各种形式。实质上，这些归因分析应放眼于世界文明大潮的整个国家出路、民族复兴的探索，以争取民族独立和人民解放为目标，归根结底是基于近代中国国情和国民素质之上的文明互鉴与理论升华，展开对马克思主义早期中国化的文化语境探究。

---

① 李达：《李达文集》（第1卷），北京：人民出版社1980年版，第5页。

# 主要参考文献

一、报刊类

1. 《清议报》
2. 《新民丛报》
3. 《民报》
4. 《浙江潮》
5. 《国民报》
6. 《译书汇编》
7. 《湖北学生界》
8. 《江苏》
9. 《游学译编》
10. 《新译界》
11. 《民国日报》
12. 《国粹学报》
13. 《晨报》
14. 《新青年》
15. 《国粹学报》
16. 《大陆报》

二、原著类

1. 梁启超：《梁启超全集》（第1—10册），张品兴等主编，北京：北京出版社 1999 年版。

2. 梁启超：《饮冰室合集》，林志钧编，北京：中华书局 1996 年版。

3. 梁启超：《饮冰室合集》（集外文），夏晓虹辑，北京：北京大学出版社 2005 年版。

4. 李大钊：《李大钊全集》（第 1—5 卷），北京：人民出版社 2006 年版。

5. 任建树：《陈独秀著作选编》（第 1—6 卷），上海：上海人民出版社 2009 年版。

6. 孙中山：《孙中山全集》（第 1—11 卷），北京：中华书局 2006 年版。

7. 王耿雄等：《孙中山集外集补编》，上海：上海人民出版社 1990 年版。

8. 马君武：《马君武先生文集》，台北：中国国民党中央委员会党史委员会（台北）1984 年版。

9. 曾德硅：《马君武文选》，桂林：广西师范大学出版社 2000 年版。

10. 姜文华、朱维铮编注：《章太炎选集》（注释本），上海：上海人民出版社 1981 年版。

11. 上海人民出版社编：《章太炎全集》（一）（三）（四）（六），上海：上海人民出版社 1982、1984、1985、1985 年版。

12. 朱执信：《朱执信集》，北京：中华书局 1979 年版。

13. 李达：《李达文集》（第 1—4 卷），北京：人民出版社 1980 年版。

14. 《建国以来毛泽东文稿》（第 2 册），北京：中共中央文献出版社 1987 年版。

15. 瞿秋白：《瞿秋白诗文选》，北京：人民文学出版社 1982 年版。

16. 刘梦溪主编：《严复卷》，石家庄：河北教育出版社 1996 年版。

17. 金岳霖：《金岳霖学术论文选》，北京：中国社会科学出版社 1990 年版。

18. 中国科学院近代史研究所史料编译组：《辛亥革命资料》，北京：中华书局 1961 年版。

19. 《宋庆龄选集》，北京：人民出版社 1992 年版。

20. 胡适：《四十自述》，合肥：安徽教育出版社 1999 年版。

21. 郭沫若：《沫若文集》（六），北京：人民文学出版社 1958 年版。

22. 郭沫若：《郭沫若全集》（第 16 卷），北京：人民文学出版社 1989 年版。

23. 北京大学哲学系外国哲学史教研室编译：《十六——十八世纪西欧各国哲学》，北京：商务印书馆 2003 年版。

24. 北京大学哲学系外国哲学史教研室编译：《西方哲学原著选读》，北京：商务印书馆 2003 年版。

25. 周辅成：《西方论理学名著选辑》（下卷），北京：商务印书馆 1996 年版。

26. 葛力：《十八世纪法国哲学》，北京：社会科学文献出版社 1991 年版。

27. ［日］下河边半五郎：《新民丛报汇编》，东京：帝国印刷株式会社（东京）1904 年版。

28. ［日］《西周哲学著作集》，东京：日本岩波书店 1933 年版。

29. ［日］加藤弘之：《国体新论》，见植手通有《日本の名著》34，中央公论社，昭和 56 年版。

30. ［日］加藤弘之：《自然界的矛盾和进化》，王璧如译，北京：世界书局 1931 年版。

31. ［日］福泽谕吉：《文明论概略》，北京：北京编译社译，商务印书馆 1992 年版。

32. ［日］福泽谕吉：《福泽谕吉全集》（第 3 卷），东京：东京岩波书店 1959 年版。

33. ［日］福泽谕吉：《劝学篇》，北京：商务印书馆 1984 年版。

34. ［日］岸本英太郎：《片山潜．田添铁二集》，东京：青木书店 1955 年版。

35. ［日］家永三郎他：植木枝盛集（第 1 卷），东京：东京岩波书店 1990 年版。

36. ［日］三枝博音：《日本哲学思想全书》（第 3—5 册），东京：东京平凡社 1957 年版。

37. ［日］幸德秋水：《社会主义神髓》，马采译，北京：商务印书馆

1997 年版。

38. ［日］中江兆民：《一年有半·续一年有半》，北京：商务印书馆 1979 年版。

39. ［日］河上肇：《河上肇全集》(5)，东京：岩波书店 1985 年版。

40. ［日］河上肇：《新社会科学讲话》，雷敢译，北京：景山书社 1936 年版。

41. ［日］河上肇：《社会组织与社会革命》译者序，郭沫若译，北京：商务印书馆 1951 年版。

42. ［日］宫崎滔天：《三十三年之梦》，林启彦译，南宁：广西师范大学出版社 2011 年版。

43. ［日］《明治文化全集》（第 5 卷），日本评论社 1927 年版。

44. ［日］《西田几多郎全集》（第 1 卷），东京：日本岩波书店 1965 年版。

45. ［古希腊］亚里士多德：《亚里士多德全集》（第 7 卷），苗力田译，北京：中国人民大学出版社 1993 年版。

46. ［德］康德：《纯粹理性批判》，邓晓芒译，北京：人民出版社 2004 年版。

47. ［德］康德：《实践理性批判》，韩水法译，北京：商务印书馆 1999 年版。

48. ［德］黑格尔：《逻辑学》（下卷），贺麟译，北京：商务印书馆 1976 年版。

49. ［德］黑格尔：《小逻辑》，贺麟译，北京：商务印书馆 1980 年版。

50. ［德］《马克思恩格斯选集》（第 1—4 卷），北京：人民出版社 1995 年版。

51. ［苏联］《列宁选集》（第 3 卷），北京：人民出版社 1995 年版。

52. ［俄］克鲁泡特金：《互助论》，李平沤译，北京：商务印书馆 1963 年版。

53. ［英］穆勒：《功用主义》，唐钺译，北京：商务印书馆 1957 年版。

54. ［英］约翰·密尔：《论自由》，长春：吉林大学出版社 2004 年版。

55. ［英］霍布斯：《利维坦》，黎思复．黎廷弼译，北京：商务印书馆1985年版。

56. ［英］洛克：《政府论》（下篇），叶启芳等译，北京：商务印书馆2003年版。

57. ［英］哈耶克：《自由秩序原理》（上册），北京：三联书店出版1997年版。

58. ［法］孟德斯鸠：《论法的精神》，张雁深译，北京：商务印书馆1961年版。

59. ［法］卢梭：《社会契约论》，何兆武译，北京：商务印书馆1996年版。

60. ［法］笛卡儿：《谈谈方法》，王太庆译，北京：商务印书馆2000年版。

61. ［荷兰］斯宾诺莎：《神学政治论》，温锡增译，北京：商务印书馆1963年版。

### 三、研究性著作类

1. 丁文江、赵丰田主编：《梁启超年谱长编》，上海：上海人民出版社1983年版。

2. 李喜所、元青：《梁启超传》，北京：人民出版社1993年版。

3. 张朋园：《梁启超与清季革命》，台北：中央研究院近代史研究所1982年版。

4. 蒋广学：《梁启超与中国古代学术的终结》，南京：江苏人民出版社2001年版。

5. 郑匡民：《梁启超启蒙思想的东学背景》，上海：上海书店出版社2003年版。

6. 钟珍维、万发云：《梁启超思想研究》，海口：海南人民出版社1986年版。

7. 夏晓虹编：《追忆梁启超》，北京：中国广播电视出版社1995年版。

8. 陈其泰：《梁启超评传》，桂林：广西教育出版社1996年版。

9. 黄克武：《一个被放弃的选择：梁启超调适思想之研究》，台北：中央研究院近代史研究所 1994 年版。

10. 郑匡民：《西学的中介：清末民初的中日文化交流》，成都：四川人民出版社 2008 年版。

11. 陈鹏鸣：《梁启超学术思想评传》，北京：北京图书出版社 1999 年版。

12. 杨晓明：《梁启超文论的现代性阐释》，成都：四川民族出版社 2002 年版。

13. 汤志钧编：《章太炎年谱长编》（上），北京：中华书局 1979 年版。

14. 姜玢编选：《革故鼎新的哲理——章太炎文选》，上海：上海远东出版社 1996 年版。

15. 姜义华：《章太炎思想研究》，上海：上海人民出版社 1985 年版。

16. 肖万源：《朱执信思想研究》，北京：人民出版社 1985 年版。

17. 王晓秋：《近代中日文化交流史》，北京：中华书局 1992 年版。

18. 钟叔河：《走向世界》，北京：中华书局 1985 年版。

19. 郭湛波：《近五十年中国思想史》，济南：山东人民出版社 1997 年版。

20. 冯契主编：《中国近代哲学史》（上、下册），上海：上海人民出版社 1989 年版。

21. 冯友兰：《中国哲学简史》，北京：北京大学出版社 1995 年版。

22. 龚书铎主编：《中国近代文化概论》，北京：中华书局 2002 年版。

23. 赵敦华：《西方哲学简史》，北京：北京大学出版社 2000 年版。

24. 贺麟：《五十年来的中国哲学》，沈阳：辽宁教育出版社 1989 年版。

25. 王克非：《中日近代对西方政治思想的摄取》，北京：中国社会科学出版社 1996 年版。

26. 黄见德：《20 世纪西方哲学东渐史导论》，北京：首都师范大学出版社 2002 年版。

27. 黄见德等编：《西方哲学东渐史》，武汉：武汉出版社 1991 年版。

28. 徐水生：《中国古代哲学与日本近代文化》，台北：文津出版社 1993

年版。

29. 陈旭麓：《陈旭麓文集》（第 4 卷），上海：华东师范大学出版社 1997 年版。

30. 陈旭麓：《近代中国社会的新陈代谢》，上海：上海人民出版社 1992 年版。

31. 胡绳：《从鸦片战争到五四运动》（下卷），北京：人民出版社 1982 年版。

32. 倪正茂：《法哲学经纬》，上海：上海社会科学院出版社 1996 年版。

33. 武寅：《近代日本政治体制研究》，北京：中国社会科学出版社 1997 年版。

34. 朱学勤：《道德理想国的覆灭》，上海：三联书店 2003 年版。

35. 许全兴、陈战难、宋一秀：《中国现代哲学史》，北京：北京大学出版社 1992 年版。

36. 朱成甲：《李大钊早期思想与近代中国》，北京：人民出版社 1999 年版。

37. 周作人：《中国新文学的源流》，上海：华东师范大学出版社 1995 年版。

38. 郑大华、邹小站主编：《思想家与近代中国思想》，北京：社会科学文献出版社 2005 年版。

39. 熊月之：《西学东渐与晚清社会》，上海：上海人民出版社 1994 年版。

40. 熊月之：《中国近代民主思想史》，上海：上海社会科学院出版社 2002 年版。

41. 朱谦之：《日本哲学史》，北京：三联书店 1964 年版。

42. 田海林：《中国近代政治思想史》，济南：山东大学出版社 1999 年版。

43. 姜义华：《理性缺位的启蒙》，上海：三联书店 2000 年版。

44. 张海林：《近代中外文化交流史》，南京：南京大学出版社 2003 年版。

45. 李泽厚：《中国近代思想史论》，天津：天津社会科学院出版社 2003 年版。

46. 李泽厚：《李泽厚哲学文存》（上），合肥：安徽文艺出版社 1999 年版。

47. 冯天瑜、杨华：《中国文化发展轨迹》，上海：上海人民出版社 2000 年版。

48. 高菊村等：《青年毛泽东》，北京：中共党史资料出版社 1990 年版。

49. 侯外庐：《近代中国思想学说史》，北京：生活书店 1947 年版。

50. 何兆武：《中西文化交流史论》，北京：中国青年出版社 2001 年版。

51. 曹聚仁：《中国学术思想史随笔》，北京：三联书店 1996 年版。

52. 黄克武：《自由的所以然：严复对约翰弥尔自由主义思想的认识与批判》，上海：上海书店出版社 2000 年版。

53. 胡伟希主编：《辛亥革命与中国近代思想文化》，北京：中国人民大学出版社 1991 年版。

54. 胡适：《胡适自传》，合肥：黄山书社 1986 年版。

55. 汪向荣：《中国的近代化与日本》，长沙：湖南人民出版社 1987 年版。

56. 王守常等编：《马克思主义哲学在中国》，北京：首都师范大学出版社 2002 年版。

57. 楼宇烈、张西平主编：《中外哲学交流史》，长沙：湖南教育出版社 1998 年版。

58. 中国哲学编辑部：《中国哲学》（第二辑），北京：生活·读书·新知三联书店 1980 年版。

59. 冯友兰：《中国哲学简史》，涂又光译，北京：北京大学出版社 1996 年版。

60. 赵敦华主编：《外国哲学》（第 16 辑），北京：商务印书馆 2004 年版。

61. 钟叔河：《从东方到西方——走向世界丛书叙论集》，长沙：岳麓书社 2002 年版。

62. 商务印书馆编辑部编：《论严复与严译名著》，北京：商务印书馆 1982 年版。

63. 李维武：《徐复观学术思想评卷》，北京：北京图书馆出版社 2001 年版。

64. 张灏：《危机中的中国知识分子》，北京：新星出版社 2006 年版。

65. 郭刚：《中国早期马克思主义的传播——梁启超与西学东渐》，北京：人民出版社 2010 年版。

66. 李泽厚：《中国思想史论》（中、下），合肥：安徽文艺出版社 1999 年版。

67. 李泽厚：《马克思主义在中国》，北京：三联书店 1988 年版。

68. 顾肃：《自由主义基本理念》，北京：中央编译出版社 2003 年版。

69. 《孙中山轶事集》，上海：上海三民公司 1926 年版。

70. 尚明轩等编：《孙中山生平事业追忆录》，北京：人民出版社 1986 年版。

71. 姜义华：《大道之行——孙中山思想发微》，广州：广东人民出版社 1996 年版。

72. 中国社会科学院近代史研究所中华民国史组编：《孙中山年谱》，北京：中华书局 1980 年版。

73. 魏宏远：《孙中山年谱》，天津：天津人民出版社 1979 年版。

74. 陈锡祺：《孙中山年谱长编》（上下册），北京：中华书局 1991 年版。

75. 北京大学图书馆、北京李大钊研究会编：《李大钊史事综录》，北京：北京大学出版社 1989 年版。

76. 朱志敏：《李大钊传》，济南：山东人民出版社 1998 年版。

77. 朱文通：《李大钊传》，天津：天津古籍出版社 2005 年版。

78. 高力克：《五四的思想世界》，北京：学林出版社 2003 年版。

79. 晋荣东：《李大钊哲学研究》，上海：华东师范大学出版社 2000 年版。

80. 吕明灼：《李大钊思想研究》，石家庄：河北人民出版社 1983 年版。

81. 陶绪：《晚清民族主义思潮》，北京：人民出版社 1995 年版。

82. 安宇：《冲撞与融合——中国近代文化史论》，北京：学林出版社 2001 年版。

83. 陈万雄：《新文化运动前的陈独秀》，香港：香港中文大学出版社 1979 年版。

84. 秦淮红：《陈独秀学术文化随笔》，北京：中国青年出版社 1999 年版。

85. 怀恩：《周恩来生平大事记》，成都：四川人民出版社 1986 年版。

86. 陈晋：《毛泽东的文化性格》，北京：中国青年出版社 1991 年版。

87. 卞崇道、［日］藤田正胜、高坂史朗：《东亚近代哲学的意义》，沈阳：沈阳出版社 2002 年版。

88. 《郭沫若研究》（第七辑），北京：文化艺术出版社 1989 年版。

89. 高军等：《五四运动前马克思主义在中国的介绍与传播》，长沙：湖南人民出版社 1986 年版。

90. 林代昭、潘国华：《马克思主义在中国》（下册），北京：清华大学出版社 1983 年版。

91. 谈敏：《问溯历史——马克思主义经济学在中国的传播前史》，上海：上海财经大学出版社 2008 年版。

92. 梁漱溟：《我生有涯愿无尽》，北京：中国人民大学出版社 2011 年版。

93. 卢坦：《日本明治时期的社会主义思想研究》，北京：中国社会科学出版社 2016 年版。

94. 张静庐：《中国近代出版史料二编》，北京：中华书局 1957 年版。

95. 姜义华：《社会主义学说在中国的初期传播》，上海：复旦大学出版社 1984 年版。

96. 王继平、郑赤建、肖军芳：《中国社会主义思想通史简编》，长沙：湖南人民出版社 2007 年版。

97. 罗荣渠：《现代化新论——中国的现代化道路》，上海：华东师范大学出版社 2013 年版。

98. 孙江：《新史学》（第 2 卷），北京：中华书局 2008 年版。

99. 王中江、张宝明：《语境和语义——近代中国思想世界的关键词》，上海：上海人民出版社 2022 年版。

100. ［日］安藤彦太郎：《早稻田大学与中国——架起通向未来之桥》，李国胜、徐水生译，武汉：武汉大学出版社 2010 年版。

101. ［日］实藤惠秀：《中国人留学日本史》，谭汝谦、林启彦译，北京：三联书店 1983 年版。

102. ［日］江村荣一编：《自由民権と明治宪法》，吉川弘文馆 1995 年版。

103. ［日］铃木正［中］卞崇道等：《日本近代十大哲学家》，上海：上海人民出版社 1989 年版。

104. ［日］岸本英太郎：《明治社会运动思想》（上），青木书店 1955 年版。

105. ［日］伊原泽周：《从"毛谈外交"到"以史为鉴"——中日近代关系史探研》，北京：中华书局 2003 年版。

106. ［日］一海之义：《河上肇と中國》，东京岩波书店 1982 年版。

107. ［日］松尾章一：《自由民权思想の研究》，日本经济评论社 1990 年版。

108. ［日］丸山真男：《福泽谕吉与日本近代化》，区建英译，北京：学林出版社 1992 年版。

109. ［日］近代日本思想研究会：《近代日本思想史》（第一、二、三册），马采等译，北京：商务印书馆 1992 年版。

110. ［日］狭间直树编：《梁启超・明治日本・西方》，北京：社会科学文献出版社 2001 年版。

111. ［日］后藤延子：《李大钊思想研究》，北京：中国社会出版社 1999 年版。

112. ［美］劳伦斯・韦努蒂：《译者的隐身：一部翻译史》，上海：上海外语教育出版社 2004 年版。

113. ［美］菲利普・巴格比：《文化：历史的投影：比较文明研究》，夏克等译，上海：上海人民出版社 1987 年版。

114. [美] 林毓生：《中国意识的危机》，穆善培译，贵阳：贵州人民出版社 1986 年版。

115. [美] 勒文森：《梁启超与中国近代思想》，刘伟等译，成都：四川人民出版社 1986 年版。

116. [美] 梯利：《西方哲学史》，葛力译，北京：商务印书馆 2004 年版。

117. [美] 埃德加·斯诺：《西行漫记》，董乐山译，北京：生活·读书·新知三联书店 1979 年版。

118. [美] 史华慈：《中国的共产主义和毛泽东的崛起》，北京：中国人民大学出版社 2006 年版。

119. [美] 张灏：《梁启超与中国思想的过渡（1890—1907）》，崔志海、葛夫平译，南京：江苏人民出版社 2014 年版。

120. [美] 陶慕廉：《战前日本的社会民主运动》，赵晨译，北京：中国友谊出版公司 1987 年版。

121. [美] 伯纳尔：《一九〇七年以前中国的社会主义思潮》，丘权政、符致兴译，福州：福建人民出版社 1985 年版。

122. [美] 刘禾：《跨语境实践》，宋伟杰译，北京：生活·读书·新知三联出版社 2002 年版。

123. [德] 文德尔班：《哲学史教程》（上下卷），罗达仁译，北京：商务印书馆 2004 年版。

124. [德] E. 卡西勒：《启蒙哲学》，顾伟铭译，济南：山东人民出版社 1988 年版。

125. [德] 李博：《汉语中的马克思主义术语的起源与作用》，赵倩等译，北京：中国社会科学出版社 2003 年版。

126. [英] 费正清：《剑桥中国晚清史》（1800—1911），北京：中国社会科学出版社 1985 年版。

127. [英] 迪克·威尔逊：《周恩来传》，封长虹译，北京：国际文化出版公司 2011 年版。

### 四、论文报刊类

1. 徐水生:《日译西学与中国哲学的近代转型——以居日期间的梁启超为中心》,载《武汉大学学报》(人文科学版),2010 年第 6 期。

2. 徐水生:《西周在西方哲学范畴汉字化上的贡献》,载《延边大学学报》(社会科学版),2007 年第 4 期。

3. 郭刚:《论梁启超汲取日译西学的启蒙思想——以进化论和民权说为例》,载《理论月刊》,2006 年第 3 期。

4. 冯天瑜:《对五四时期陈独秀"反封建"说的反思》,载《中共党史研究》,2009 年第 7 期。

5. 冯天瑜:《五四时期陈独秀"反封建"命题评析》,载《江汉论坛》,2005 年第 11 期。

6. 李维武:《中国哲学的现代转型与传统更新——关于 19—20 世纪中国哲学史观的思考》,载《哲学研究》,2012 年第 4 期。

7. 王刚:《日本语境下"学理的马克思主义"——兼论对马克思主义中国化的影响》,载《日本研究》,2009 年第 1 期。

8. 毛传清:《马克思主义传入中国的三条渠道之比较》,载《武汉交通大学学报》(社会科学学报),2000 年第 4 期。

9. 陆祥琛:《社会主义思想在中国的早期传播》,载《党史研究与教学》,1998 年第 5 期。

10. 李晓彬:《日本近代哲学思想对马克思主义哲学在中国早期传播的影响》,兰州大学研究生学位论文(2010 年)。

11. 赵行大:《马克思主义在日本的传播及其特点》,载《日本问题研究》,1995 年第 5 期。

12. 金安平:《近代留日学生与中国早期共产主义运动》,载《近代史研究》,1990 年第 2 期。

13. 王奇生:《取径东洋转道入内——留日学生与马克思主义在中国的传播》,载《中共党史研究》,1989 年第 6 期。

14. 张明仓:《李大钊哲学思想的演变及其意义》,载《北京社会科学》,

2003 年第 1 期。

15. 高力克：《论李大钊的自由观》，载《北京师范大学学报》，1989 年第 6 期。

16. 高力克：《革命进化论与陈独秀启蒙激进主义》，载《华东师范大学学报》，2010 年第 3 期。

17. 彭明：《李大钊研究中的几个问题——李大钊同志百年诞辰答客问》，载《中共党史研究》，1989 年第 6 期。

18. 崔志海：《梁启超与日本——评郑匡民〈梁启超启蒙思想的东学背景〉》，载《近代史研究》，2004 年第 4 期。

19. 吕万和：《李大钊与吉野作造》，载《人民日报》1979 年 10 月 7 日。

20. 郭刚：《角力与诘难：梁启超对社会主义的传播》，载《长白学刊》2011 第 5 期。

# 后　记

　　本研究是以文化交流史的视角，通过对五四前赴日学人译介西学与马克思主义传入中国的相关文献进行系统整理，着重探寻马克思主义早期中国化文本理路。一方面，以再现型文本形式来考察日译西学在历史时空中的演变轨迹，梳理这一进程中具有决定意义的"历史路标"，以相对立体的形式呈现出赴日学人追求新思想的"历史使命"；另一方面，发掘赴日学人以一种"通变"形式在传播西方的天赋人权、自由平等、民族主义、社会主义思想过程中，将马克思主义学说（尽管说是"只言片语"且理解不够准确）夹杂在西方先进理论中传入中国，挖掘马克思主义早期中国化的形成脉络、学理结构和时代特征。实际上，这两个方面是同步进行的。从历史维度上看，赴日学人起初将启蒙国民和呼吁国家改革政治作为目的，却随着时代问题的凸现和转换而越发展现出对马克思主义的"好感""赞美"和"追求"，增进对马克思、恩格斯以及他们学说的认识和理解，这不仅增强中国化的马克思主义理论自信和文化自信，还对推进当今中国特色社会主义学科体系建设有着重要的借鉴意义。

　　若将清末民初的赴日学人传播马克思主义放在中国近代社会转型中考量，马克思主义早期中国化是与中国近代哲学的转型相匹配的，其中日译西学的传播贡献最大。赴日学人关注的焦点是日译西学中的新知识、新思想，着眼于国人启蒙的思潮新知、社会变革的政治主张和国家观念的进步思想，而对马克思主义和社会主义的引介充其量是作为工具意义的理解，传播的内容仅是只言片语，抓住的立论点各不相同、程度不一，加上理解社会主义和中国国情的差异，造成了他们对马克思主义理论和社会主义思想迎拒的态度各异，进而汲取的思想精神各不相同，于是出现了见解不同的现象。尤其注意的是，在救亡图存和民族复兴的急迫时代，中国先进知识分子没有精力探究西学学理，日本学者对马克思和社会主义学说的误读和误解，没有时间被赴日学人给予"纠正"，他们直接采取"拿来主义"策略，造成中日双方对马克思主义学说有着相似性的认知，带有比较粗浅、陋简的现象，应该说是可以被理解的。由此可见，关于对马克思主义早期中国化的认识，需要指出的是，日本学者的解读范式影响着早期赴日学人对马克思主义的传播，也造成马克思主义在中国被一定程度的误解。日本学者传播马克思主义学说存有两方面的弊端，一是侧重公有制的解读，二是忽视对封建主义的批判①。无论是日本学者还是赴日学人，他们将社会主义思想中解决社会问题理解为消除"贫富悬殊"，强调以追求经济上的人类平等思想为目标，是对马克思主义学说理解的偏差，这是其一。其二，他们对社会主义的未来发展抱有信心和热情，同时也对西方国家社会主义、打着社会主义旗号的无政府主义进行批判，揭露学说潜在的弊端，但他们的理据大都基于社会秩序稳定性，缺乏"斗争哲学"的行动纲领，本质上是没有坚持马克思主义唯物史观的理论。当然，日本学者引介社会主义时缺乏对封建主义的批判，是由于明治维新后日本由资本主义逐渐进入军国主义阶段，直接的批判对象更多是国内"贫富不均"的差异，而当时的中国不同，面临着国家崛起的反封建、反军阀、反对帝国主义的历史任务。这些决定着各自引介的目的性是不同的，因而有着各自对社会主义引介的解读范式。

　　进一步说，中国近代哲学的转型是以翻译和术语创生为基本形式，以汉语哲学化为基础，短时期内带来哲学史的"范式转换"，主要表现为译介的内容往往不可避免地将日本学者的解读方式和分析方法当作参照系，并对西方哲学的相应概念进行意会，这些势必影响哲学思想的建构，也造成对马克思主义的认知偏差。中国人对马克思主义学说的准确把握则是在"十月革命一声炮响，给我们送来了马克思列宁主义"之后，经过再次放在各种西学思

---

① 王刚：《日本语境下"学理的马克思主义"——兼论对马克思主义中国化的影响》，载《历史研究》，2009第1期，第69页。

潮、学说比较和鉴别后，中国人才深入了解社会主义思想的来龙去脉和马克思主义学说本质，且将其与中国实际相结合，这一思想逐渐成为中国人民争取斗争和走向胜利的理论指引。

　　清末民初至五四前是"输入学理，再造文明"的时代，用西学的概念、观点和方法融进中国哲学思想之中，以哲学思考形式"重新估定一切价值"。这种哲学领域的根本转换，既是西学涌进的"西学化"急速转向的时代，又是为适应解决中国本土问题的各种需求不得不"中国化"的年代。赴日学人是代表着中国思想界以一种开放的姿态、多元的形式接纳新事物、批判旧事物的"弄潮儿"，成为近代中国思想文化转换的主体角色，无论是他们传进来的西学新知，还是他们思想的转变，都预示着即将迎来了一个崭新的世界。这表现为：近代西方文明的输入为中国思想界注入了强有力的新因素，尤其为中国社会变革提供了源源不断的新思想，表现出各种思想流派纷呈、各种思潮不断涌现，进而引起中国近代思想的转型。具体言之，日译西学的传播使得中国哲学在思想传承与持续性上带来异质性，通过以"新异质"的文化定势启蒙国民，旨在吹起社会政治变动的新号角，且以思想碰撞的形式影响着中国近代思想家的致思理路，是引擎中国近代哲学思想转型的来源和向前推进的动力，体现出异质性和趋向性的统一。这种统一性揭开了中国近代赴日学人放眼于世界文明发展进程，通过译介西学新知对中西哲学的融合和创新。也就是说，赴日学人具有反思、通融、批判的精神，他们汲取日译西学来启蒙国民，拉开登场的序幕，以进化论作为王道成为国家复兴的时代命题，将追求自由、公正、平等的价值作为目标，潜藏着中西方思想文化内在的汇通，能够揭开中国近代哲学转型的内在机制和客观规律。

　　马克思主义早期中国化是赴日学人在寻求国家出路进程中不断对西学进行反思、鉴别、理解、认同等"身份认证"过程，是在中西哲学思想的视野置换、理论交锋、观点互动和综合创新之中生成文化自信，内涵着文化自觉的上下求索和自我思想转向的标志，经由"中国本位文化"转向"西学中国化"的历史见证。在马克思主义早期译介和传播进程中，赴日学人的主体角色不可替代，是在落后的文化形态中走出来，拥有转换成走向世界的文化意识，创造出与世界文化对话的机会和动力，也不断提升着文明交流互鉴的文化自信。由此看来，这种文化自信不是空穴来风，而是赴日学人热情拥抱各种外来的新思潮，广泛借鉴西学资源，围绕实现"中国化"的转向问题开展了"新旧""古今"以及"中西""体用"等文化探讨，也走过了从自由主义到民族主义、民主主义再到马克思主义的历史抉择。也就是说，西学新知给沉寂的中国思想界注入了新思维，近代中国思想文化的面貌焕然一新，开启了新场域的语境转换，自此以后中国哲学思想走向了世界文化对话的舞台。进而言之，正是以赴日学人为代表的近代中国的先进分子寻求国家出路，不仅引进新思想，而且他们的思想"为之一变"，时代思想坐标得到重新阐释，带来了重新界定中国未来的历史方位。历史方位的新解读对于呈现马克思主义中国化要比西学中国化①深刻得多，其不仅仅是因为马克思主义被接受的晚、历经的时间长，更为重要的是理论与实践相结合的证实。西学的引进充其量只是观念的问题，倘若要被中国人完全接受，必须达到实现解决现实问题的能力，否则仅是"纸上谈兵"。虽然说西学中国化的实践性更长，但这种实践性是片面的、不完善的，达不到能够解决中国社会实际问题的完美程度。通过比较，中国近代以来是处于文化多元化的时代，各种外来思想文化仍然在不断发生中国化的转向，只有马克思主义中国化才是最为成功的范例。这标志着中国近代以来是从文化的主体性自觉走向一种学术的规范性自觉，尤其是马克思主义作为一种文化现象能够解决中国现实问题，引导中国革命走向成功，取得了民族独立和人民解放，建立起人民当家作主的新国家，故而有了自我反思式的合法性证成；同时，它也体现了世界哲学中国化成功的范例，开启了中国近代以来以贯通融合的形式获得自身发展独立性的序幕，且拥有广阔的发展空间和诠释路径。

需要反省的是，近代以来的诸多仁人志士在寻找民族解放、国家崛起的过程中是以探索思想启蒙和国民性改造为前提，并将汲取西学新知来进行国民性改造活动，也采取了顺应时代变化的以适合民族性、国民性特色的乐于接受的改造方式，如新民、青春中国等有着时代特征的精神口号，带给转型

---

① 西学中国化是指宽泛意义的西方思想文化，与马克思主义学说相对来看待，是不同于马克思主义中国化的。

时期的中国人在思维方式、价值观念、社会心理等文化积淀和行为习惯方面的变化，是值得肯定的；但是，他们对挖掘本民族原有的精神是不够的，且忽视了传统文化中珍贵的财富，这便意味着是对传统传承的"断裂"。换言之，时代浪潮向前不断推进，他们睁眼向外看世界的同时，内观是不足的。进一步说，马克思主义早期中国化是马克思主义与中国实际相结合的进程，但这种进程是不能忽视中华民族的主体意识和创造精神的；历史证明，坚持以民族形式的理论创新与实践创新相统一，逐渐演进成具有鲜明中国特色的社会主义道路，是不断推进马克思主义中国化的必然要求。

图书在版编目（CIP）数据

五四运动前赴日学人传播马克思主义研究 / 郭刚著. —北京：中央编译出版社，2023.12
ISBN 978-7-5117-4433-3

Ⅰ.①五… Ⅱ.①郭… Ⅲ.①马克思主义 – 传播 – 研究 – 中国 – 近代 Ⅳ.①D61

中国国家版本馆 CIP 数据核字（2023）第 094599 号

## 五四运动前赴日学人传播马克思主义研究

| | |
|---|---|
| 责任编辑 | 彭永强　李媛媛 |
| 责任印制 | 李　颖 |
| 出版发行 | 中央编译出版社 |
| 网　　址 | www.cctpcm.com |
| 地　　址 | 北京市海淀区北四环西路69号（100080） |
| 电　　话 | （010）55627391（总编室）　（010）55627308（编辑室） |
| | （010）55627320（发行部）　（010）55627377（新技术部） |
| 经　　销 | 全国新华书店 |
| 印　　刷 | 北京印刷集团有限责任公司 |
| 开　　本 | 710毫米×1000毫米　1/16 |
| 字　　数 | 200千字 |
| 印　　张 | 12.5 |
| 版　　次 | 2023年12月第1版 |
| 印　　次 | 2023年12月第1次印刷 |
| 定　　价 | 75.00元 |

新浪微博：@中央编译出版社　　　微　信：中央编译出版社（ID: cctphome）
淘宝店铺：中央编译出版社直销店（http://shop108367160.taobao.com）　（010）55627331

本社常年法律顾问：北京市吴栾赵阎律师事务所律师　闫军　梁勤
凡有印装质量问题，本社负责调换，电话：（010）55627320